Johannes Gerster

Nicht angepasst

Mein Leben zwischen
Mainz, Bonn und Jerusalem

Für Regina

LEINPFAD
VERLAG

Dank an Christine Balters und Michael Grabenströer

© Leinpfad Verlag
Herbst 2010

Alle Rechte, auch diejenigen der Übersetzung, vorbehalten.
Kein Teil dieses Buches darf in irgendeiner Form (Druck, Fotokopie, Mikrofilm oder
ein anderes Verfahren) ohne die schriftliche Genehmigung des Leinpfad Verlages repro-
duziert oder unter Verwendung elektronischer Systeme verarbeitet, vervielfältigt oder
verbreitet werden.

Umschlag: kosa-design, Ingelheim (unter Verwendung eines Fotos von Jörg Henkel,
unten, und vier privater Fotos)
Fotos: S. 236: Presseservice, Bonn; S. 276: Jan Becker, Hennweiler; S. 302: Günter
Floch, Wackernheim; alle anderen Fotos stammen aus dem Archiv der Familie Gerster
Lektorat: Angelika Schulz-Parthu, Ingelheim
Layout: Leinpfad Verlag, Ingelheim
Druck: Druckerei Wolf, Ingelheim

Leinpfad Verlag, Leinpfad 5, 55218 Ingelheim,
Tel. 06132/8369, Fax: 896951
E-Mail: info@leinpfadverlag.de
www.leinpfad-verlag.de

ISBN 978-3-937782-95-9

Inhalt

Der 5. Juni 1997 – Statt eines Vorworts

Niemals in meinem Leben waren meine Gefühle so zwiespältig wie an jenem 5. Juni 1997, als mich die CDU auf einem offiziellen Empfang im rheinland-pfälzischen Landtag nach Jerusalem verabschiedete. Sechs Tage später wollten meine Frau und ich Deutschland für drei Jahre verlassen.

25 Jahre Politik lagen hinter mir, die ich als Bundes- und Landtagsabgeordneter mitgestaltet hatte. Vom stellvertretenden Stadtbezirksvorsitzenden in der Mainzer Innenstadt bis zum 13-köpfigen Präsidium der CDU Deutschlands hatte ich auf allen Ebenen Parteiämter wahrgenommen. Meine Frau Regina hatte gerade ihr Stadtratsmandat und das Amt der Ortsvorsteherin der Mainzer Altstadt niedergelegt, um mich in den „Orient" zu begleiten.

Meinen Ausstieg aus der Politik empfand ich einerseits als Befreiung. Die Herausforderung, im Nahen Osten für Israel und für den Ausgleich zwischen Israelis und Palästinensern zu arbeiten, elektrisierte mich. Und Israel und seine Geschichte hatten mich schon immer fasziniert. Auf der anderen Seite plagte mich ein schlechtes Gewissen, das zwei Gründe hatte: Ich verließ erstens politische Freunde, die gerade bei der rheinlandpfälzischen Landtagswahl auf mich als Zugpferd gesetzt und mich unterstützt hatten. Zweitens verlassen normalerweise Kinder früher oder später ihr Elternhaus. In unserem Fall verließen die Eltern ihre durchaus besorgten Kinder Thomas (27), Maria (25) und Anna (21). Auch mischten sich in die Freude des 56-Jährigen, in einem anderen Teil der Welt ganz neu anfangen zu können, Sorgen, wie das alles in Jerusalem, in der Stadt mit der ständigen „Bombenstimmung", ausgehen sollte.

In die Wiege war mir dieser Sprung ins Ungewisse ebenso wenig gelegt worden wie meine politischen Jahre zuvor. Von wegen Wiege – für die Geburt war zunächst ein Taxi angesagt!

Teil I: Mainz

1. Eine Mainzer Kindheit im Krieg und in der Nachkriegszeit (1941 – 1950)

Mainz war tief verschneit.

Es war mitten im Zweiten Weltkrieg, in der Nacht vom 1. auf den 2. Januar 1941. Um 4 Uhr morgens setzten bei meiner Mutter die Wehen ein, die Ankunft ihres sechsten Kindes stand unmittelbar bevor.

Meine Familie wohnte damals in der Mainzer Altstadt, im Weihergarten 11, zwischen Dom und St. Stephan. Der Transport meiner Mutter in das St. Vinzenz-Krankenhaus sollte mit dem Taxi bewerkstelligt werden. Mein Vater war dabei und – wie in solchen Situationen nicht unüblich – nervöser als meine Mutter. Diese hatte zum Thema Väter und Kinder ohnehin ihre eigene Philosophie, die da lautete: „Wenn die Männer die Kinder bekommen würden, wäre die Menschheit schon längst ausgestorben."

Mitten in der Augustinerstraße blieb das Taxi im Schnee stecken. Fast wäre ich im Taxi geboren worden. Doch meine Eltern erreichten gerade noch frühzeitig das rettende Krankenhaus – rauf auf eine Bahre und schon war ich da.

Mein Vater war damals Chef des Luftschutzwarnkommandos in Mainz. Diese Dienststelle hatte die bevorstehenden Fliegeralarme zu registrieren und dann die schrecklich lauten Sirenen in Gang zu setzen, wodurch die Leute aufgefordert wurden, rasch in die Keller und Schutzräume zu fliehen. Mein Vater bekleidete den Rang eines Majors der Luftwaffe. Im NS-Staat war ja alles militarisiert, auch der Feuerwehrchef war mit einem militärischen Rang dekoriert.

Meine Eltern gehörten zum Umfeld des Mainzer Bischofs Albert Stohr, der gegenüber den Nazimachthabern äußerst kritisch eingestellt war. Die Menschen strömten während des Zweiten Weltkrieges massenweise in den Mainzer Dom, wo ihnen Stohr mit seinen

Mein Vater, Gottfried Gerster, 1916 mit 22 Jahren als Funker im Ersten Weltkrieg.

Predigten unter den Augen der Geheimen Staatspolizei, der Gestapo, Halt und Hoffnung vermittelte. Ab Sommer 1944 musste der Bischof auf einem Bauernhof in Engelstadt in Rheinhessen untertauchen, um der Verhaftung durch die Gestapo zu entgehen. Er war rechtzeitig von einem Katholiken, der aber mit den Nazis zusammenarbeitete, gewarnt worden. Meine Eltern waren keine Parteimitglieder, keine NSDAP-Mitglieder, im Gegenteil. Sie waren viel zu gut katholisch und damit immun gegen das atheistische Gift des Nationalsozialismus. Dafür waren sie mit zahlreichen Mainzer Juden eng befreundet. In einem konspirativen Kreis um den Bischof berieten sie, wie sie ihnen helfen konnten, zunächst in Mainz unterzutauschen, um dann auf teilweise abenteuerlichen Wegen Deutschland zu verlassen. Je länger der Krieg andauerte, umso gefährdeter waren die Juden und ihre stillen Helfer in Mainz.

Mein Vater entstammte als Jüngstes von sieben Kindern der Ur-Mainzer Familie Gerster. Sein Vater war Gründer einer großen Holzfabrik auf der Ingelheimer Aue, GAG, was für Gabriel Anton Gerster stand. Sie soll einmal die größte Holzfabrik Europas gewesen sein, die von der Rohbearbeitung des Holzes bis zu Möbeln alles produziert hat. Während des Zweiten Weltkriegs wurde sie bereits von der zweiten Generation, meinem Patenonkel Johannes als kaufmännischem und meinem Onkel Josef als technischem Direktor, durchaus erfolgreich geführt. Nach dem Krieg, in der dritten Generation, machte sie dann pleite. Sie hatte die Brände des Krieges, aber nicht dessen Folgen überstanden. Auch fehlte der dritten Unternehmergeneration die Klasse ihrer Vorfahren.

Hatte mein Großvater mit der Übergabe der Fabrik an seine beiden ältesten Söhne Johannes und Josef bestens vorgesorgt, ergaben sich für die beiden jüngeren Söhne Theo und Gottfried, letzterer mein Vater, zunächst auch gute berufliche Chancen. Theo heiratete in die Dampfmühle Schmidt auf der Großen Bleiche in Mainz ein, übernahm die Leitung dieser Firma und brachte meinen Vater Gottfried als Prokuristen mit in die Firma ein. Das ging zunächst gut. Eine Dampfmühle, die Getreide zu mahlen hatte, konnte aber in einer Innenstadt ohne einen Anschluss an eine Bahnlinie und an eine Wasserstraße auf Dauer nicht wirtschaftlich arbeiten. Also machte die Dampfmühle Mitte der 30er-Jahre des letzten Jahrhunderts zu.

Meine Mutter, Elisabeth Gerster geborene Köllner, 1917 im Alter von
18 Jahren.

Onkel Theo lebte sehr gut aus den Verkaufserlösen der Betriebsgrundstücke in bester Stadtlage und mein Vater stand mit damals vier Kindern zunächst auf der Straße. Er verdingte sich dann als Versicherungsvertreter, bis ihm zu Kriegsbeginn und als ehemaligem Ersten-Weltkriegs-Soldaten der Aufbau des Luftschutzwarnkommandos übertragen wurde.

Die Gersters galten in Mainz als neureich, zumindest bis zum Ende der Dampfmühle und der Holzfabrik. Sie waren Kaufleute, eher wirtschaftlich als musisch interessiert. Meine Mutter dagegen entstammte der Familie Köllner/Schiffmacher, die mehr intellektuell geprägt war. Ihr jüngerer Bruder war der Domkapellmeister in Mainz, Professor Dr. Georg Paul Köllner.

Vater und Mutter waren völlig verschieden

Meine Eltern verfolgten sehr unterschiedliche private Interessen. Mein Vater hatte zu keiner Zeit das Bedürfnis, Urlaub zu machen oder gar Deutschland zu verlassen. Neben seinem täglichen Kampf um Versicherungskunden, bedeutete ihm sein Stammtisch ebenso viel wie seine morgendlichen Pausen im Café Diehl oder im Café Dinges. Es war ihm wichtig, mit guten Freunden zusammenzusitzen und die Probleme der Welt zu erörtern, einfach Määnzer unter Määnzern zu sein. Er war ein gefragter Unterhalter und ein guter Witze-Erzähler.

Meine Mutter dagegen war voller Neugierde auf alles Weite, Grenzüberschreitende, Unbekannte. Nachdem sie dreißig Jahre lang den Familienhaushalt geführt und sechs Kinder großgezogen hatte, begann sie – bei aller Treue zu Ehemann und Kindern – sich auf ein zweites Leben vorzubereiten. Sie frischte ihre Schulkenntnisse in Französisch auf und begann Italienisch und Spanisch zu lernen. Natürlich konnte sie aus der schmalen Familienkasse kein Geld für Reisen abzwacken. Also sammelte sie Altpapier, Flaschen und Sonstiges und brachte dieses Sammelsurium zum Altwarenhändler Burkhold am Eingang zum Kirschgarten. Der Erlös war für künftige Reisen bestimmt. So fuhr sie im Heiligen Jahr 1950 zum ersten Mal nach Rom, mit einem Bahnticket 2. Klasse, Ausstieg Rom Termini. Zuerst ging sie mitten in der Nacht zum Petersplatz, wo sie ganz

Die Hochzeit meiner Eltern im Jahre 1921.

glücklich auf einer Absperrkette saß und jedes Gefühl für die Zeit verlor. Am frühen Morgen begann sie dann, sich nach einer preiswerten Unterkunft umzusehen. Ihre ca. 500 Mark mussten für die Bahnfahrt und 14 Tage Rom reichen.

Im folgenden Jahr hatte sie wieder auf diese Weise Geld angespart und fuhr mit dem Ventimiglia-Express an die Riviera. Ab Genua stand sie an der Waggontür und wartete zwischen den Bahntunneln auf eine schöne Bucht, wo sie dann spontan aussteigen wollte. So lernte sie das Fischerdorf Laigueglia neben Alassio kennen, suchte wieder eine preiswerte Unterkunft und genoss fortan mehrere Sommerurlaube in derselben Pension im immer gleichen Fischerdorf. Meine Frau Regina und ich verbrachten dort über Ostern unsere Hochzeitsreise und weitere sieben Osterurlaube. Inzwischen waren sogar schon unsere Kinder mit Enkeln in Laigueglia. Das heißt: Mit der vierten Generation bereisen sie den Zufalls-Urlaubsort meiner Mutter.

Mein Vater war ein großer starker Mann. Meine Mutter war kaum etwas mehr als ein „laufender Meter", eine kleine Frau. Mein Vater war mehr lethargisch, meine Mutter voller Energie. Ich frage mich heute noch, wie die beiden zurechtgekommen sind, aber sie sind zurechtgekommen, denn sie waren bis zum Tode meines Vaters 45 Jahre verheiratet und haben sechs Kinder großgezogen.

Mein ältester Bruder, Wolfgang, war 19 Jahre älter als ich. Nach dem Abitur wurde er in den Krieg eingezogen. Da bekannt war, dass er Priester werden wollte, blieben ihm Kampfeinsätze erspart. Er beendete den Krieg als Obergefreiter in englischer Kriegsgefangenschaft, wo er im Land der Anglikaner, katholische Theologie studieren durfte. Er promovierte und wurde Pfarrer und Religionslehrer in Oberhessen.

Mein Bruder Theo, 17 Jahre älter, flüchtete mit 17 Jahren vor ungeliebten Lehrern, üblen Nazis, wie er meinte, direkt in den Reichsarbeitsdienst und wurde anschließend zur Wehrmacht eingezogen. Als Leutnant überstand er die Ostfront und auch die russische Kriegsgefangenschaft, der er erst Ende 1949 entkam. Als Kind in den Krieg gezogen, kam er als 25-jähriger Mann ohne jede Berufsausbildung, körperlich und geistig angeschlagen, nach Mainz zurück. Er trat in die Fußstapfen meines Vaters bei der

Mein Bruder Wolfgang nach Kriegsgefangenschaft, Studium und Priester-
weihe im Jahre 1951.

Victoria-Versicherung. Seiner Familie entstammen fünf Kinder.

Meine Schwester Hildegard, zwölf Jahre älter, absolvierte eine Ausbildung als Schneiderin, wurde Hausfrau und bekam sechs Kinder.

Meine Schwester Elisabeth oder Lisel, sieben Jahre älter, ging in der Unterprima vom Gymnasium ab, blieb ledig und schied mit 63 Jahren als „Postamtmännin" aus dem Berufsleben aus.

Mein Bruder Franz-Josef oder Seppi, drei Jahre älter, wurde Elektriker und Berufssoldat, heiratete und wurde Vater von zwei Töchtern.

Freunde der Familie behaupteten des Öfteren, die sechs Gersters seien Helden und Heilige. Jedenfalls waren wir sechs Geschwister zumindest beruflich breit aufgestellt, familiär aber sehr aneinander gebunden. Das heißt Schwiegertöchter und Schwiegersöhne hatten es in unserer Familie nicht immer leicht.

Wolfgang, Hilde, Lisel und Seppi sind alle im Alter zwischen 60 und 64 Jahren verstorben; Theo ist inzwischen fast 86 Jahre alt.

Das Jahr 1941, mein Geburtsjahr, war natürlich beherrscht von den Kriegsereignissen. Zwei Söhne waren an der Front. Die Sorgen um sie bewahrten mich als jüngstes von sechs Kindern davor, zu sehr im Mittelpunkt zu stehen und zu sehr verwöhnt zu werden. Ganz im Gegenteil: In den schrecklichen Kriegs- und Nachkriegsjahren lief ich in der Großfamilie eher unauffällig mit.

Mutter lehnte das Mutterkreuz ab

Meine Mutter wurde nach meiner Geburt einbestellt, um ihr das Mutterkreuz zu verleihen. Sie hatte zwei Einladungen negiert. Dann kam eine Kommission zu ihr nach Hause. Als es klingelte, lag ich gerade auf der Wickelkommode, meine Mutter war mit mir allein zu Hause. Sie legte mich auf frische Windeln in die aufgezogene unterste Schublade der Kommode, damit ich nicht herunter- oder herausrollen konnte, ging an den Abschluss und öffnete zwei Damen. Als diese ihr mit einer kleinen Ansprache das Mutterkreuz überreichen wollten, sagte meine Mutter, sie bekäme ihre Kinder nicht wegen des Führers, sondern weil sie ihren Mann liebe und weil sie

Mit meiner Mutter und vier meiner Geschwister (v.l.n.r.): Franz-Josef, Hildegard, Theo und Elisabeth.

Kinder liebe. Sie hat die Leute hinausgeworfen und das Mutterkreuz hinterher. Die beiden Damen haben über diesen Vorgang keine Meldung gemacht, sonst wäre meinen Eltern Schlimmes widerfahren. Auch sie gehörten nämlich zum katholischen Mainz und schützten meine Eltern. Mich aber konnten sie nicht schützen. Nach diesem unerfreulichen Vorgang holte mich Mutter aus der Schublade, gab mir unter Tränen in großer Aufregung einen Klaps auf das blanke Hinterteil und sagte: „Du bist an allem schuld! Nur du bist schuld." So wurde es mir später erzählt.

Wir haben im zweiten Stock des Hauses Weihergarten 11 gewohnt. Dieses Haus war Ende des 18. Jahrhunderts als Domkurie erbaut worden, mit einem starken Tonnengewölbe im Keller. Es hat Verwandten von uns gehört. Während des Krieges standen in unserem sehr großen Flur im 2. Obergeschoss ständig Koffer und Rucksäcke mit den notwendigsten Dingen des täglichen Lebens griffbereit. Selbst für meinen nur drei Jahre älteren Bruder Seppi gab es dort einen kleinen Rucksack. Wenn die Sirenen ertönten, sind alle auf den Flur gerannt, haben das ihnen zugeteilte Gepäckstück gepackt und sind in den Keller geeilt. In diesem Keller waren nicht nur die Hausgemeinschaft und Nachbarn untergekommen, sondern auch wildfremde Menschen, die sich gerade in der Nähe unseres Hauses befunden hatten. Also es waren immer jede Menge Leute in diesem relativ großen Keller. Ich erinnere mich, dass ich einmal auf einem Hocker stand und ein fremder Soldat mir auf mein Kindermützchen seinen Helm gesetzt hat. Ob das ein Gag war oder ob er geglaubt hat, er kann ein dreijähriges Kind schützen, wer weiß? Jedenfalls stand ich wohlbehelmt und stolz auf meinem Hocker.

Was mich ebenfalls stark beeindruckt hat, war der Brand der evangelischen Johanniskirche, die etwa 200 Meter entfernt von unserem Haus stand. Ich weiß nicht, warum wir nicht im Keller waren. Meine Mutter hatte mich offensichtlich aus dem Schlaf gerissen, das muss 1944 gewesen sein, und hat mir die brennende Johanniskirche gezeigt. Ich habe das Geräusch, die Hitze, das brennende Gebäude, also dieses Fanal habe ich bis heute in meinem Bewusstsein. Ich habe auch davon geträumt: Brennende Gebäude, Hitze, Brandgeräusche. Das war für mich das wichtigste Ereignis, das mir unmittelbar aus dem Krieg in Erinnerung geblieben ist. Ich war zum Ende des Krieges 4 Jahre alt. Deshalb blieben mir andere Grausamkeiten des Krieges weitgehend erspart und wurden mir erst viel später bewusst.

Schmalhans war der Küchenmeister

Meine Mutter musste schon ein sehr hartes Regiment führen. Sie war nicht berufstätig, sie hat sich voll der Familie gewidmet. Aber das war in einer Zeit, in der es keine Waschmaschinen, keine Spülmaschinen gab. Sie musste einschließlich der beiden Söhne an der Front, die von Zeit zu Zeit mit dreckiger Wäsche und zum Auffüttern nach Hause kamen oder denen Päckchen an die Front gesandt wurden, eine achtköpfige Familie versorgen. Im Krieg gehörten dann vorübergehend ihr Bruder, der Domkapellmeister, die gemeinsame Mutter sowie die Haushälterin mit zu unserer Familie. Zweimal war ihre Wohnung bombardiert und zerstört worden, zweimal hatten sie Hab und Gut verloren.

Zum Ende des Krieges kam bei uns zusätzlich die siebenköpfige Familie Christgen unter. Auch sie hatte ihre Wohnung im Bombenhagel verloren. Der Vater wurde danach Schulleiter in Gau-Algesheim, wohin die gesamte Familie umzog. Was meine Mutter in diesen Zeiten klaglos leistete, war gigantisch. Sie war, wie das so diskriminierend gesagt wurde, Nur-Hausfrau. In Wahrheit war sie eine Heldin, die bei uns den gesamten Laden zusammenhielt, einen Laden, in dem des Öfteren weit über zehn Personen satt werden wollten und in dem Mutter morgens nicht wusste, was sie mittags auf den Tisch stellen sollte. In jedem Fall war Schmalhans der Küchenmeister.

Bei Tisch sprachen meine Eltern des Öfteren Französisch. Das waren kurze Bemerkungen, die wie im Ping-Pong-Spiel hin- und hergeworfen wurden und uns Kinder befremdeten. Wer will schon beim Gespräch der Eltern ausgeschlossen werden? Erst viel später erfuhren wir, warum sie nicht verstanden werden wollten. Während der Kriegsjahre waren uns Pflichtjahrmädchen zugeteilt worden. Diese sollten in einer kinderreichen Familie der Mutter unter die Arme greifen und zugleich die Hauswirtschaft erlernen. Wenn sich meine Eltern, vor allem meine Mutter, über die Nationalsozialisten und deren „Oberverbrecher Adolf Hitler" aufregten, erfolgte dies aus Sicherheitsgründen vor dem Pflichtjahrmädchen aber auch in Anwesenheit der Kinder, die sich nicht außer Haus verplappern sollten, in Französisch. Nach der Nazizeit blieben diese französischen Einlagen zunächst erhalten. Dann ging es um harmlosere Sachen, zum Beispiel um Weihnachtsgeschenke für uns Kinder. Erst als wir selbst begannen, im Gymnasium Französisch zu lernen, gaben sie diese Gewohnheit auf.

Zu Weihnachten gelangen meiner Mutter im Krieg und in der Notzeit nach dem Krieg immer zwei kleine Wunder: Am Heiligen Abend gab es Ochsenzunge zu essen. Eine Tradition, die meine Kinder heute fortführen. Und für Weihnachten wurden ab November Plätzchen gebacken. Davon wurden zwei Portionen in Blechdosen verpackt und zwar für unsere zwei Frontsoldaten beziehungsweise unsere Kriegsgefangenen Wolfgang und Theo. Diese Plätzchen wurden bis nach Pfingsten aufbewahrt und erst dann den Kindern zu Hause zum Aufessen überlassen. Wir, die daheim Gebliebenen, spürten fast physisch, dass unsere Mutter täglich um das Leben der beiden Großen zitterte und betete, im Krieg und danach.

Wolfgang kam in der zweiten Hälfte des Jahres 1946 aus englischer Gefangenschaft zurück. Meine Mutter hatte mich aus dem Mittagsschlaf geholt, aus meinem kleinen Holzbettchen im Schlafzimmer der Eltern und Wolfgang auf den Arm gegeben. Als dieser mir einen Kuss gab, fragte ich: „Warum küsst mich dieser fremde Mann?" Der fünfjährige Jüngste kannte seinen 24-jährigen, ältesten Bruder nicht.

Theo kam in der zweiten Hälfte des Jahres 1949 völlig abgemagert aus russischer Gefangenschaft zurück. Er war über Jahre Thema der Familiengespräche gewesen. Es hatte keinerlei Nachrichten von ihm gegeben, allenfalls sehr veraltete von ehemaligen Kriegskameraden. Niemand wusste, ob er tot war oder noch lebte. Nur meine Mutter glaubte felsenfest an seine Rückkehr. Ich werde nie ihr Gesicht vergessen, als Theo eines Tages unangemeldet an unserer Haustür klingelte. Mutter war entsetzt über sein heruntergekommenes Aussehen nach über vier Jahren russischer Gefangenschaft und war zugleich glücklich, dass er zwar kränklich aussehend, aber lebend vor ihr stand. Erst mit der Rückkehr dieses zweiten Sohnes

Mein Elternhaus im Weihergarten 11.

aus der Kriegsgefangenschaft war für unsere Mutter der Krieg zu Ende.

Meine Mutter war sehr religiös. Ihr Vater war im Alter von nur 53 Jahren verstorben, als sie die Oberstufe der Maria-Ward-Schule besuchte. Nach dem Abitur wollte sie studieren und später in das Kloster der Maria-Ward-Schwestern eintreten, also Nonne werden. Als dann der Vater so früh verstarb und die Familie in finanzielle Schwierigkeiten geriet, wurde der Tochter gesagt, du kannst nicht studieren, du wirst verheiratet, damit der jüngere Bruder studieren kann. Der wollte nämlich Theologe werden. Er wurde ja auch Dompräpendat und Domkapellmeister. Meine Mutter wurde, was damals nicht unüblich war, verheiratet. Sie blieb aber Zeit ihres Lebens mit den Maria-Ward-Schwestern in unserer Nachbarschaft, am Ballplatz, eng verbunden. Jeden Sonntag ging sie dort um 7 Uhr in die heilige Messe. Und, wenn es der Familienbetrieb zuließ, auch noch sonntagabends in die Andacht der Nonnen. Jeden Herz-Jesu-Freitag, das ist einmal im Monat, war sie um sieben ebenfalls dort. In ihrem starken Glauben an eine göttliche Vorsehung und an eine bessere Welt hat sie den Krieg, die Zeiten des Elendes und der Not gelassener überlebt als andere. Von ihrer positiven Lebenseinstellung gab sie auch meinem Vater ein ganzes Stück ab. Er war gläubig, aber skeptisch gegenüber dem benachbarten Kloster. Wenn er meine Mutter ärgern und provozieren wollte, sagte er und prompt ging meine Mutter in die Luft: „Die Nonnen hat der Herr im Zorn ersonnen." Vater ging nur sonntagmorgens um 10 Uhr in den Dom, in das Stiftsamt oder das Pontifikalamt. Wenn ein schlechter oder zu langatmiger Prediger drohte, ging er zu Beginn der Predigt für 20 bis 30 Minuten in das Domcafé und kam danach in den Gottesdienst zurück. Meine Nichte Marietheres ging gerne mit Opa in den Dom, „weil das nie langweilig wurde".

Jedenfalls hielten meine Eltern Abstand zum atheistischen Nationalsozialismus. So wie viele gute Katholiken am Rhein, die wirklich zur Kirche standen und diese verlogenen Nazi-Parolen früher als andere durchschauten. Ich entsinne mich, wie meine Mutter explodierte, wenn das Gespräch auf Adolf Hitler kam. Eine ihrer Redewendungen war: „Man muss diesen Menschen im Frack gesehen haben. Die Uniform verdeckt eher, was das für ein Prolet ist, was

27

das für ein Verbrecher ist." Dann redete sie sich in Rage, wie ein solcher Verbrecher ein Volk, einen ganzen Kontinent ins Verderben reißen konnte.

Die Mainzer Gersters waren eine Großfamilie. Der Großvater hatte sieben Kinder, also die vier Söhne, zwei in der Holzfabrik, zwei in der Dampfmühle, dazu drei Töchter, die verheiratet wurden. Nach dem Krieg kamen einmal im Jahr zu Familientreffen über hundert Gersters aus ganz Deutschland und über vier Generationen zusammen. Die meisten zählten zum liberalen Bürgertum, durchaus vermögend, aber kaum mehr reich. Politisch quer durch die damalige politische Landschaft, das heißt CDU, SPD oder FDP. Wenige waren so eng an die katholische Kirche angebunden wie meine Eltern, weshalb einige auch durchaus Sympathien für den Nationalsozialismus entwickelt hatten. Wirkliche Nazi-Aktivisten gab es unter den Gersters allerdings kaum oder sollte mir da etwas entgangen sein?

Zu diesem Gerster-Clan zählte auch die Familie Dr. Hans Gerster aus Worms, Hans war ein bedeutend älterer Cousin von mir. Mit zwei seiner prominenten Kinder sollten sich später meine Wege kreuzen. Florian war zu meiner Zeit als CDU-Landesvorsitzender Arbeitsminister von Rheinland-Pfalz. Er hätte SPD-Spitzenkandidat bei den Landtagswahlen 1996 in Rheinland-Pfalz und damit mein Gegenkandidat werden können. Der Vorteil: In jedem Fall wäre ein Gerster Ministerpräsident dieses schönen Landes geworden. Dessen jüngere Schwester Petra wurde als ZDF-Journalistin noch bekannter. Sie hat auch durch ihre Bücher, vor allem mit „Reifeprüfung. Die Frau von 50 Jahren" maßgeblich zu einem moderneren Frauenbild in Deutschland beigetragen. Mit ihrer Familie pflegen wir freundschaftliche Kontakte.

Meine Mutter war im religiösen, musischen, intellektuellen Leben von Mainz zu Hause. Die Generaloberin der Maria-Ward-Schwestern, Schwester Edelburga, Bischof Stohr, die Mainzer Archivdirektorin Dr. Ella Darapsky, die im KZ gesessen hatte und deren Bruder die Nazis ermordet hatten, ihr Bruder Professor Georg Paul Köllner – das war die Welt meiner Mutter. Mein Vater dagegen war der Mann der Wirtschaft im doppelten Sinne. Wirtschaft, was wirtschaftliche Betätigung angeht und die Wirtschaft als Refugium für Stammtischbrüder. Er hat vor 17 Uhr glatt gesagt: „Es geht los." Was geht um 17 Uhr los? Sein Stammtisch im Weinhaus Bacchus. Wenn also nicht gerade die Welt zusammenbrach, hat er seinen Schreibtisch aufgeräumt und ist pünktlich zu seinem Stammtisch abmarschiert. Meine Eltern waren völlig verschieden, aber beide haben auf ihre Weise positiv gedacht. Auch in schwierigsten Zeiten gab es an unserem großen Esszimmertisch immer etwas zu lachen. Und es wurde vor und nach jedem Essen gemeinsam gebetet, ebenso morgens nach dem Aufstehen und abends vor dem Einschlafen.

Meine Eltern gehörten zu den Menschen, die sehr früh erahnten oder wussten, dass der Krieg verloren gehen würde. Ihre Zweifel an einem Erfolg begannen spätestens mit dem Russland-Feldzug. Ja, sie gehörten zu denjenigen, die im vertrauten Kreis sagten, je schneller der Krieg verloren gehe, umso besser. Dass das brandgefährlich war, so etwas auszusprechen, war ihnen bewusst. Nach Einschätzung meiner Eltern waren die Mainzer erst durch die 80-prozentige Zerstörung der Mainzer Innenstadt am 27. Februar 1945 von den Siegparolen der Nazis geheilt.

Als die Amerikaner bereits auf Bad Kreuznach zumarschierten, um danach den Brückenkopf Mainz einzunehmen, bekam mein Vater als Chef des Luftschutzwarnkommandos den Befehl, mit den in Mainz verbliebenen älteren Jahrgängen den Volkssturm aufzustellen. Die alten Männer mussten auf dem Halleplatz, dort wo heute das Mainzer Rathaus steht, antreten. Mein Vater hat das alles für sinnlos gehalten und hat seinen Stellvertreter angewiesen, zu einer bestimmten Uhrzeit die Sirenen in Gang zu setzen. Dieser hat also „Alarm geblasen". Mein Vater hat daraufhin die angetretenen Männer aufgefordert, die Luftschutzkeller aufzusuchen, sich in Sicherheit zu bringen. Manche haben sich auch über den Rhein abgesetzt. Der Wahnsinn, kaum ausgebildete alte Männer gegen die hochgerüstete amerikanische Armee in die sichere Niederlage, ja in den Tod zu jagen, ist somit ausgefallen. Die US-Armee war schneller in Mainz als ein erneuter Versuch eines Altmännerkrieges starten konnte. Noch bis in die 90er Jahre haben mir, mehr noch meiner Frau als Ortsvorsteherin, Mainzer erzählt, dass sie dieses Verhalten meinem Vater hoch angerechnet haben. Jedenfalls haben die US-Truppen bei ihrem siegreichen

Einzug in Mainz zahlreiche weiße Flaggen, aber keine kämpfenden Truppen gesehen.

Zunächst unter amerikanischer, später unter französischer Besatzung wurde mühevoll eine Art Notverwaltung für Mainz aufgebaut. Bischof Stohr, längst aus Engelstadt wieder aufgetaucht, war ein gefragter Mann. Wen er als „sauber", das heißt als „Nichtnazi" charakterisierte, war erwünschter Gesprächspartner der Besatzungsoffiziere und wurde vorläufig mit einem öffentlichen Amt betraut.

Auch mein Vater wurde offenbar empfohlen, fühlte sich aber für ein hohes Amt in der vorläufigen Polizei als ungeeignet.

Die Not in Mainz war unter französischer Besatzung ungleich größer als in der rechtsrheinischen amerikanischen Zone. Es gab keinen öffentlichen Nahverkehr, alle Brücken über den Rhein waren zerstört. Relativ rasch bauten die Besatzungstruppen eine Notbrücke auf der Höhe der Kaiserstraße über den Rhein. Diese konnte allerdings nur nach entsprechendem Antrag mit einer Art Passierschein von der französischen in die amerikanische Zone benutzt werden. Ausgenommen waren Kinder bis 10 Jahre, die durften ohne Schein passieren. Also wurde ich von meinen Eltern, behängt mit einem kleinen leeren Rucksack, des Öfteren mit einem Bettelbrief zu Freunden und Bekannten nach Kastel geschickt. Dort gab es zwar keine Reichtümer nach heutigen Maßstäben, aber für damalige Verhältnisse fast überlebenswichtig ein Brot oder eine Wurst, einmal sogar einen kleinen Schinken. Der Rücktransport war nicht ganz risikolos. Einmal durchsuchten die französischen Wachsoldaten auf der Mainzer Seite den kleinen Rucksack, zogen die bescheidenen Lebensmittel ein und schickten mich weinend und mit leerem Rucksack nach Hause. Heute weiß ich natürlich, dass die französischen Besatzungssoldaten selbst gehungert haben.

Damals waren das die Feinde. Während in den 30er-Jahren Juden mit dem Judenstern den Bürgersteig verlassen mussten, wenn ihnen die „Nazis" oder sogar „Bürgerliche" entgegenkamen, mussten nach dem Krieg die geschlagenen Mainzer den Bürgersteig verlassen und französischen Besatzungssoldaten ausweichen. Die Zeiten hatten sich geändert, manche Herrschaftsmethoden nicht. Wir Kinder reagierten die allgemeine Abneigung gegen die Besatzungsmacht auch musikalisch ab. Das schmalzige Lied „Warum ist es am

Rhein so schön" war schon nach dem Ersten Weltkrieg umgedichtet worden und wurde von uns aufgewärmt und laut singend verbreitet: „Warum ist es am Rhein nicht schön? Weil der Franzmann, der Drecksack, das Rheinland besetzt hat. Darum ist es am Rhein nicht schön." Meine Eltern waren nicht amüsiert; verhindern konnten sie unsere Gesänge außer Haus aber nicht.

„Bluns" war mein Spitzname

Mein Brückenproblem löste ich nach dem ersten Raubzug mit einem Trick. War der Rucksack gefüllt, wartete ich mitten auf der Brücke, bis die Wachablösung auf Mainzer Seite kam. Dann huschte ich an den beschäftigten Franzmännern vorbei. Neben der Schweizer Speisung, die vor allem für Kinder und Jugendliche von Schweizer Wohltätigkeitsorganisationen regelmäßig nach Mainz geliefert wurde, waren meine Beutegüter aus Kastel für meine Großfamilie überlebenswichtig.

Mein Vater war wieder Versicherungsvertreter mit den großartigen Titeln Generalagent und Subdirektor der Victoria Versicherung. Das klang gut, aber wer schließt nach einem Krieg schon Versicherungen ab? Die Leute hatten ganz andere Sorgen. Sie mussten überleben, wieder auf die Füße kommen. Und genauso war es bei uns. Es gab keinen Grundbesitz, kein Vermögen, kein geregeltes Einkommen und viele hungrige Münder. Wir waren bitter arm. In der Woche gab es in der Regel kein Fleisch, keine Wurst. Unser Mittagessen war Himmel und Erde, also Kartoffelbrei und Apfelbrei, beides selbst gemacht. Mit viel Glück kam mal ein Stück Blutwurst dazu. Dann hieß das Ganze Himmel, Erde und Hölle. Für uns Kinder war dieses Essen gar nicht so übel, aber unsere Eltern fürchteten ständig, wir bekämen zu wenig Nährstoffe. Also wurde vor allem in mich, den Jüngsten, hineingestopft, was gerade da war. Mit zwei Folgen: In Schule und Domchor trug ich, der Dicke, den Spitznamen „Bluns", oder hochdeutsch „Blutwurst". Für den Rest des Lebens hatte ich offenbar mitgenommen, immer zu viel und zu gut zu essen und immer übergewichtig zu sein. Das soll keine Entschuldigung und schon gar kein Vorwurf an meine Eltern sein, sondern allenfalls eine Erklärung für eine eigene Schwäche: Ich esse

Mit Klaus Krost (links) 1950 im Mainzer Domchor.

halt gern, gut und viel und mir schmeckt am Besten, was auch richtig dick macht.

Das familiäre Freizeitangebot für die Wochenenden war in dieser Zeit sehr überschaubar. Entweder ging es nach Wiederherstellung der Eisenbahnbrücke und der Kostheimer Mainbrücke zu Fuß dorthin zum Gasthaus Engel. Später kam auch schon einmal eine Tour mit dem Kostheimer Bootchen in Betracht oder zu Fuß auf den Rabenkopf oberhalb von Heidesheim. Auch der Lennebergwald war eine Alternative. Ausflüge mit der Bahn, dem Omnibus oder einem größeren Schiff war für die Großfamilie nicht finanzierbar.

Die Lage besserte sich spürbar nach meiner Aufnahme in den Mainzer Domchor. Mein Onkel, der Domkapellmeister, hatte den Chor durch den gesamten Krieg und die Nachkriegszeit geführt und über das ganze liturgische Jahr seinen Knaben- und Männerchor immer wieder zusammenbekommen. Es gab zeitweise keinerlei öffentliche Verkehrsmittel, der Dom war im Winter ohne die im Krieg zerstörten Fenster bitterkalt. Aber der Chor sang und sang. Um in Zeiten allgemeiner Unterernährung vor allem den Kindern wenigstens ab und an ein gutes, warmes Mittagessen, vielleicht auch einen Kakao mit Kuchen zu verschaffen, organisierte Köllner mit örtlichen Kirchengemeinden auf dem Land im Umkreis von bis zu 100 Kilometern Konzerte am frühen Sonntagnachmittag. Einzige Bedingungen: Die Gemeinde musste den Transport organisieren. Das waren dann zum Beispiel Opel-Blitz-Plattenwagen, auf denen Brauereibänke standen, auf denen wir Buben unter freiem Himmel oder unter einer Plane Platz nahmen. Heute wäre Derartiges glatt verboten. Außerdem mussten wir zum Mittagessen und nach dem Konzert zum Kuchen-Essen in die Familien der jeweiligen Landgemeinde eingeladen werden. Ländliches Mittagessen mit Fleisch und nach dem Konzert noch Kuchen: Für uns Stadtkinder ein Leben im Schlaraffenland! Wir haben gern auf dem Land gesungen.

Darüber hinaus ging der Knabenchor in den Sommerferien in das Jugendbildungszentrum der Diözese Limburg nach Kirchähr, wo wir ebenfalls besser und mehr zum Futtern bekamen als im zerstörten Mainz. Einmal gaben wir ein Abendkonzert in Worms-Herrnsheim und kamen spät abends wieder in Mainz an, „völlig betrunken"! Was war passiert? Die Amerikaner hatten Unmengen

Kästen mit Coca Cola für den Chor gestiftet. Wir soffen das bis dahin unbekannte Getränk mit Begeisterung in solchen Mengen in unsere kleinen Körper hinein, dass wir wirklich trunken zu Hause ankamen, jedenfalls völlig überdreht und ein wenig verrückt.

Domchor und Straßenschlachten

Die Mainzer Innenstadt war weitestgehend zerstört, für Kinder und Jugendliche jedoch ein Paradies. Wir haben uns in Trümmergrundstücken heimlich Räume gebaut, Zugänge zu Kellern freigeschaufelt. Dort saßen wir dann unbeobachtet und brüteten mancherlei Unsinn aus. Es wurde heimlich geraucht, von mir aber nur einmal, denn mir war nach den ersten Lungenzügen kotzübel. In diesen Verliesen wurden Kriegszüge gegen die Banden aus der Neustadt geplant. Ja es gab damals Stadtteilbanden, und die wurden von Älteren streng geführt. Ich war immer einer der Jüngsten und froh, dabei sein zu dürfen. Wenn ein Bandenmitglied von einer Nachbarbande geärgert, vielleicht auch auf dem Schulweg verprügelt wurde, wurde ein Rachefeldzug organisiert. Dabei waren echte Straßenschlachten, ja Steinschlachten angesagt. Von einer derartigen Schlacht trage ich heute noch eine Narbe auf der Stirn. Wir sind in der ganzen Stadt herumgestreunt. Es gab kein Rauschgiftproblem, auch kein Alkoholproblem, aber jede Menge Unsinn und auch die Bereitschaft, gewalttätig zu werden. Wir waren eine Art Straßenkinder, die in ihrer Freizeit völlig unkontrolliert und in Schule, Domchor oder katholischer Jugendgruppe sowie zu Hause dennoch steuerbar waren.

Der Domchor war wieder eine andere, eine etwas feinere Welt. Wir haben uns vor den Chorproben getroffen und haben am Willigisplatz oder auf dem kleinen Plätzchen in der Willigisstraße Fußball gespielt. Natürlich sind wir auch mit dem Domchor durch die Stadt gezogen, dankbar für jede Gelegenheit, Erwachsene durch einen Streich zu ärgern. Mit dem Ruf „Knaus aus dem Haus" haben wir jahrelang einen Oberstudienrat aus dem Haus geklingelt und dieser bzw. sein Bruder, ebenfalls Junggeselle, ist uns auch noch erfolglos durch die Straßen nachgelaufen. Letztlich waren das ganz harmlose Sachen.

Der Chorsaal war an die Wohnung des Domkapellmeisters angeschlossen. Ein Raum, eine völlig veraltete Toilette auf halber Treppe mit einem Steinwaschbecken für 60 (!) Buben. Alles eher ärmlich als bescheiden. Köllner wollte immer Um- und Neubauten für seinen Chor, wofür weder Geld noch Lust vorhanden war. Also ließ der Chef, wie er bei uns hieß, seinen Frust beim Dombauamt mit folgendem Satz ab: „Wenn das Dombauamt Mainz den Stall von Betlehem hätte bauen müssen, wäre Jesus Christus heute noch nicht geboren." Genutzt hat es nichts, aber wir haben den Chef geachtet, ja sogar verehrt. Er hat zu uns gestanden, wenn sich ehrbare Bürger über die unerzogene Domchorbande beschwert haben, er hat für uns beim Domkapitel manche Vergünstigung erkämpft und wir fühlten uns von ihm ernst genommen und verstanden. Er war unser Chef!

Den Sommer verbrachten wir, wann immer es die Luft- und Wassertemperaturen zuließen, am oder besser im Rhein. Dort gab es auf der Höhe des Winterhafens zwei Rheinbadeanstalten, Watrin und Schell. Beide hatten auf verbundenen Luftfässern Aufbauten konstruiert und als Badeanstalten ausgebaut. Watrin war größer und eleganter, Schell kleiner und billiger. Eine Zehnerkarte kostete 2 DM, die man sich zu Weihnachten, Geburts- und Namenstagen schenken ließ, also für die Sommerzeit bunkerte. Der Schell bestand aus zwei Teilen: In Kabinen konnten Leute, die zu Hause kein Badezimmer hatten, für billiges Geld ein warmes Wannenbad nehmen. Das interessierte uns nicht. Daneben gab es ein etwa 25 Meter langes Schwimmbecken, durch das der Rhein hindurchfloss und ein wunderbares 1-Meter-Sprungbrett. Wir lernten dort im fließenden Wasser „mit Kordel um den Bauch" schwimmen. Dort spielten wir in, um und unter der Badeanstalt mit gewagten Tauchmanövern „Nachlauf". Wurde uns das verboten, da zu laut, oder wurde es zu langweilig, da zu eng, gab es vier Alternativprogramme: Wir liefen in der Badehose nach Weisenau und schwammen im offenen Rhein mit der Strömung zur Badeanstalt zurück. Alternativ dazu gingen wir auf die Eisenbahnbrücke und sprangen die 12 bis 15 Meter hinab in die Mitte des Flusses, um von dort zum Schell zurückzuschwimmen. Besonders attraktiv war es auch, von Weisenau über

Am 14. Januar 1951, dem Primiztag meines Bruders Wolfgang, im Weihergarten auf einem Käfer mit einem Nummernschild der fanzösischen Besatzungszone.

den Rhein auf die Mainspitze und nach einer Ruhepause dort wieder auf die linke Rheinseite zuzuschwimmen. Je älter wir im und mit dem Rhein wurden, desto verwegener wurde unser Programm. So schwammen wir dann gerne auf Lastkähne, fuhren mit diesen einige Kilometer zu Berg, also rheinaufwärts, um dann nach einem Kopfsprung zurück in die Fluten und mit der Strömung wieder zur Badeanstalt zurückzukommen. Das alles war nicht ungefährlich, da damals auf dem Rhein ein starker Schiffsverkehr herrschte. Meistens zog ein kleiner Schlepper mehre Lastkähne, bis die Schubschiffe und Selbstfahrer diese Schiffsverbände ablösten. Schon die Wendemanöver dieser Verbände aus dem Main zu Berg in den Rhein, oder vom Rhein zu Tal in den Main, waren wahre Kunststücke der Steuerleute und risikoreich für uns Schwimmer mitten im Strom.

Wenn meine Kinder, die im Kindergarten und in der Schule waren, Musik- und Sportstunden am Nachmittag und eine Vollzeitbetreuung durch meine Frau hatten, solche waghalsigen Unternehmungen gestartet hätten wie wir in der Nachkriegszeit, ich glaube, ich hätte einen Herzschlag bekommen.

Mit sechs Jahren kam ich in die Neutorschule am heutigen Bahnhof Römisches Theater und zum 3. Schuljahr in die Eisgrubschule in der Nähe der Stephanskirche. An diese vier Volksschuljahre habe ich praktisch keine Erinnerung mehr. Sie müssen langweilig gewesen sein. Ich war garantiert kein Einser-Kandidat, aber offenbar gut genug, um anschließend für die Sexta des humanistischen Gymnasiums empfohlen zu werden. Meine Mutter wollte, dass alle ihre Kinder Abitur machen sollten. Am Schluss waren es nur zwei, die es schafften: Wolfgang, der Älteste, und ich, der Jüngste. Die Auswahl unter mehreren Gymnasien fiel auf das heutige Rhabanus-Maurus-Gymnasium, weil dort mit Latein in der Sexta begonnen wurde. Ich glaube, meine Mutter wollte, dass ich wie der Älteste Pfarrer werde. Sie hat mich aber nie ermuntert und schon gar nicht bedrängt.

Dass ich noch katholisch bin, ist ein Wunder
Dass ich überhaupt noch katholisch bin, ist vielleicht ein kleines Wunder, wenn ich mir meine Dauereinsätze als Domchorsänger

Bei meiner Ersten Heiligen Kommunion im März 1951 zusammen mit Renate Falk.

und Dommessdiener vor Augen führe. Mein Dienst am 1. Weihnachtsfeiertag sah über Jahre so aus: 5 bis 6.15 Uhr Domchor in der Mette, 6.30 bis 7.15 Uhr Messdiener meines Onkels, der die drei Weihnachtsmessen hintereinander still und Gott sei Dank zügig zelebrierte, 9.30 bis 11.45 Uhr Domchor in Terz und Pontifikalamt, 15 bis 16 Uhr Domchor in der Vesper, 18 bis 19 Uhr Messdiener bei den Maria-Ward-Schwestern. Fast sieben Stunden liturgischer Dienst, dazu ständiges An- und Ausziehen der Talare und Chorhemden, dreimal Einsingen, An- und Abmarschzeiten, dazwischen Mahlzeiten, das alles war für einen – sagen wir einmal – 11-Jährigen ein übervolles Programm!

Bischof Albert Stohr hatte offenbar nicht nur Sympathie für meine Eltern, offenbar schätzte er auch meinen Bruder Franz-Josef und mich als Messdiener. Bei ganz besonderen Einsätzen in der Diözese, die mit unseren schulischen Pflichten nicht kollidierten, nahm er uns, seine Dommessdiener, gerne mit. Dieser konservative Bischof, der noch mit Hermelin und 12 Meter langer Schleppe, der Capa Magna, an hohen Feiertagen wie der letzte Kurfürst in den Hohen Dom einzog, wurde dann ganz menschlich.

„Ihr Bube seid gut katholisch, aber nicht zu arg", womit er meinte: nicht zu viel. Also wir sollten mit den Füßen auf dem Boden bleiben. Ich glaube, das sind wir auch.

Wenn es abends zu später Stunde bei uns klingelte und Leute ohne Anmeldung kamen, waren das meistens Bischof Stohr, unser Kinderarzt Dr. Otto Berger oder ein Cousin meines Vaters, der Benediktinerpater Alban aus dem Kloster Maria Laach.

Wenn Stohr kam, kam er im allgemeinen von einer Dienstreise. Sein Fahrer wohnte uns gegenüber. Er stieg dann mit aus und trank mit meinen Eltern ein Glas Wein. Unser Eindruck: Er wollte in einer Familie mit sechs Kindern unter normalen Leuten sein und eine ganz andere Weltsicht sehen und erleben. Er suchte Abstand vom Bischöflichen Ordinariat mit all seinen Problemen.

Otto Berger machte intensiv Hausbesuche und dies bis in den späten Abend. Er kam dann zu uns als Letzte, weil er wusste, dass meine Eltern spät zu Bett gingen und es ihnen gefiel, wenn er ohne Zeitdruck gleich alle Kinder für das gleiche Geld mituntersuchte. Der Lohn: ein gemütlicher Tagesausklang, eine Weinrunde mit meinen Eltern. Auch für meine Kinder war Otto Berger noch ein beliebter und gesuchter Arzt. Er wurde mehr als 90 Jahre alt.

Seltener und dafür intensiver kam Pater Alban. Er war der Ökonom des Klosters Maria Laach, also dort ein höchst wichtiger Mann nach dem Abt. Dennoch bekam er von Zeit zu Zeit den Klosterkoller, warf dem Abt seine Kutte vor die Füße und haute schlicht und ergreifend ab. Das Ritual war dann immer dasselbe: Er kam bei uns an, raste mit uns Kindern, Kissenschlachten eingerechnet, durch die Wohnung. Mein Vater ging derweil in den Keller, einen guten Wein holen und Mutter rief heimlich im Kloster an, um zu melden, dass Alban wieder einmal da war. Es wurde eine lange Nacht für die Eltern und Alban, der sich einfach einmal aussprechen musste. Nächsten Morgen ging er mit unserer Mutter auf den Markt, half in der Wohnung, verschwand mittags im Dom, um abends wieder mit uns herumzutoben und anschließend wieder mit den Eltern zu reden. Tags darauf setzte sich Pater Alban reumütig, vielleicht auch erleichtert, wieder in Richtung Kloster in Bewegung. Vater oder Mutter riefen den Vater Abt an, baten ihn, Alban wieder gnädig aufzunehmen, was dann auch geschah, bis zum nächsten Ausbruch aus dem Kloster.

Pater Alban betrieb intensive Familienforschung, Gerster-Forschung, und verfolgte die Vorfahren bis 1504 zurück. Ein riesiger, mit viel Präzision und Liebe hergestellter Stammbaum ziert die Wohnungen vieler Gersters, die übrigens im 17. Jahrhundert erstmals und dann auf Dauer in Mainz auftauchten. Dank Alban wissen wir, woher wir kommen: aus dem Elsass und aus Württemberg.

2. Meine Schulzeit
(1950 – 1962)

Die Zeit direkt nach dem Zweiten Weltkrieg, in der es praktisch keine Kindergärten gab, als Schüler in Schulen ohne Fenster unterrichtet wurden und im Winter ein Brikett zum Heizen mitbringen mussten, also Mängelverwaltung an allen Ecken und Enden herrschte, brachte langsam erste Ansätze für ein neu erwachendes gesellschaftliches Leben. Die Fastnacht war nach ihrer Zwangspause vorne dran. Im Brauhaus „Zum Rad" fanden bereits 1946 wieder Sitzungen statt. Für uns Kinder wurde sie aber erst mit dem ersten Rosenmontagszug nach dem Kriege im Jahre 1950 unter dem Motto „Lachen spende – Trübsal wende" erlebbar.

Bereits 1946 wurden unter strengen Auflagen politische Parteien neu gegründet. Die französische Besatzungsmacht hatte nur vier Parteien zugelassen: Eine christliche, eine sozialdemokratische, eine liberale und eine kommunistische. Mein Vater, als unbedenklich eingestuft, was seine Vergangenheit im NS-Staat anging, war Gründungsmitglied der Christlich Demokratischen Union in Mainz. Diese CDU war die einzige wirklich neue Partei. Sozialdemokraten, Liberale und Kommunisten hatte es bereits in der Weimarer Republik gegeben. Der ökumenische Zusammenschluss von katholischen und evangelischen Christen in der CDU war dagegen ein Novum und wurde zur Erfolgsgeschichte. Bis heute stellte diese Union in 62 Jahren Bundesrepublik Deutschland 42 Jahre lang den Bundeskanzler bzw. die Kanzlerin. Mein Vater wurde 1946 der erste Schatzmeister der Mainzer CDU und blieb in dieser Funktion 20 Jahre lang bis zu seinem Tod im Jahre 1966. Damit bekleidete er ein Amt mit falschem Namen. Denn die CDU Mainz hatte nie Schätze, sondern durchgängig blanke Not zu verwalten. Unvergessen bleibt mir der 70. Geburtstag meines Vaters im Jahre 1964. Der halbe Kreisvorstand rückte an. Es gab Lobreden und ein Geschenk, eine hässliche Stehlampe. Beim Abgang der Delegation übergab ein Vorstandsmitglied meinem Vater die Rechnung für die Stehlampe. Natürlich hat mein Vater dieses Geschenk der CDU Mainz nicht abgerechnet, sondern selbst bezahlt, was keinem aufgefallen ist.

Erster beim Seifenkistenrennen

Das erste Großereignis nach dem Krieg in Mainz war der Deutsche Katholikentag im Jahre 1948, exakt 100 Jahre nach dem ersten Katholikentag 1848, der ebenfalls in Mainz stattgefunden hatte. Unsere gesamte Familie befand sich in heller Aufregung, dem Domchor standen Dauereinsätze im Dom und bei der Schlussveranstaltung auf dem Jugendwerk bevor. Mein Vater wirkte im Vorbereitungskomitee mit, meine älteren Geschwister transportierten und schleppten Tische wie Bänke, stellten Fahnen auf und legten Hand an, wo immer sie gebraucht wurden. Ich war immer dabei, mein Beitrag, der eines 7-Jährigen, war allerdings sehr überschaubar, wenn nicht störend. Die Menschen im zerstörten Mainz setzten auf die Kirche, es gab eine religiöse Renaissance. Allerdings war sie kaum zehn Jahre später durch das Wirtschaftswunder, die Fresswelle, durch Camping- und sonstige Urlaube vorzugsweise im sonnigen Italien, also durch sehr profane Bedürfnisse schon wieder abgelöst. Der Bundes-Campingnese, ein Fastnachtsvortrag des unvergessenen Rolf Braun, brachte die Gefühlswelt dieser Zeit wie nichts anderes auf den Punkt.

Noch erlebten wir aber das karge Unterhaltungsprogramm einer zerstörten Stadt an der Schwelle zu den 50er-Jahren. Es gab weder Fernsehen, noch Computer, allenfalls Kino für einen Eintrittspreis von einer Deutschen Mark. Dies konnten wir uns nicht leisten, vielleicht bin ich deshalb bis heute kein Kinogänger.

1951 gab es ein Seifenkistenrennen auf der Salvatorstraße runter bis zur Rheinstraße. Mein Cousin Franz-Josef Hohoff hatte mit einer Seifenkiste, die ihm die Holzfabrik auf der Ingelheimer Aue gebaut hatte, schon den ersten Preis in Wiesbaden gewonnen. Ich wurde Erster in meiner Altersklasse. Der Preis: ein Laubsägekasten.

Der Brand, ein von Trümmern geräumter, großer Platz war Ort ganz besonders aufregender Ereignisse. Von dort wurde ein Stahltau auf den Westturm des Domes gespannt, über das Motorradartisten ohne Netz und doppelten Boden rauf- und runterfuhren. Uns blieb fast das Herz stehen.

Dort predigte vor tausenden Leuten der berühmt-berüchtigte Jesuitenpater Leppich, genannt das Maschinengewehr Gottes. Keiner hat den Zeitgeist so schnell und aggressiv auseinandergenommen und die Leute auf den Glauben eingeschworen wie er. Natürlich kamen auch viele, nicht um sich überzeugen oder bekehren zu lassen, sie kamen, weil Pater Leppich eine Attraktion in wenig attraktiver Zeit war, weil er ein Spektakel lieferte.

Die Einzelhändler, Familienbetriebe, kaum Handelsketten wie heute, versuchten mit außergewöhnlichen Aktionen potentielle Kunden vor ihre Schaufenster zu locken, den Handel anzukurbeln. Wortmann am Dom hatte unter der Überschrift „Mensch oder Maschine?" tagelang ein „Etwas" ausgestellt, das sich nicht rührte, nicht einmal mit den Augen klimperte. Nach einer Stunde wurde ein Vorhang vorgezogen, eine kurze Pause, dann stand das Unbewegliche wieder sichtbar dar. Ich stand stundenlang vor dem Fenster und wusste immer noch nicht, ob Mensch oder Maschine. Das machte mich ganz nervös, zumal meine Eltern und Geschwister mich hängen ließen: Niemand sagte mir, dass es ein Mensch war.

Es war die Zeit der wahren Jakobs, der fliegenden Händler, die wortgewaltig, laut und äußerst unterhaltsam irgendwelche Neuheiten, z. B. Küchengeräte, anpriesen. Auf dem Markt hatte Vater einen derartigen wahren Jakob beobachtet, der etwas präsentierte und plötzlich ausrief: „Wie leicht die Anwendung dieses Gerätes ist, führt Ihnen nun meine Assistentin vor: Lulu von Casablanca!" Vater war leicht überrascht, als sich diese Lulu als seine Tochter Lisel entpuppte. Sie hatte sich in die Dienste dieses Händlers begeben und war plötzlich ganz wichtig. Fortan hatte sie in der Familie bis zu ihrem frühen Tod ihren Spitznamen weg: „Lulu von Casablanca".

Es waren Zeiten großer Not und kleiner Freuden. Die Menschen waren bescheiden, bescheidener als heute und freuten sich auch über kleine Abwechslungen in einem doch tristen Alltag.

Am Samstag, dem 6. Januar 1951 wurde mein Bruder Wolfgang im Mainzer Dom zum Priester geweiht, natürlich von Bischof Albert

Stohr. Am Sonntag, dem 14. Januar, feierte Wolfgang ebenfalls im Dom seine erste Heilige Messe, die Primiz, der eine bescheidene Familienfeier in unserem Wohnzimmer folgte. Damals durften nur Priester, keine Laien die Kommunion austeilen. Meine Mutter hatte arrangiert, dass ich – nach einem Einzelkommunionunterricht durch eine Nonne – von Wolfgang in seiner ersten Heiligen Messe als erster meine erste Heilige Kommunion empfing. Solche liturgischen Symbole waren für meine Mutter ganz wichtig.

Vor dem Primizamt war meine Mutter noch rasch in das St. Vinzenz-Krankenhaus gelaufen, um ihrer erkrankten Mutter, unserer geliebten Oma, „Chère Catrine", einen Kurzbesuch abzustatten. Das französische „Chère Catrine" stand für „liebe Katharina", eine Oma, die in schlechter Zeit immer ein gutes Wort, immer Zeit und immer ein kleines Stück Schokolade für ihre Enkel übrig hatte. Drei Tage zuvor war sie zum Entsetzen unserer Mutter und ihres Bruders, des Domkapellmeisters, erst bereit gewesen, ins Krankenhaus gefahren zu werden, nachdem sie sich von uns Enkeln verabschiedet hatte. Über eine halbe Stunde musste das Taxi auf der Straße warten.

Im Krankenhaus passierte Sonderbares: Plötzlich sagte die im Sterben liegende Oma „Eben läuten die Domglocken für Wolfgang". Es war 9 Uhr, also genau die Zeit, zu der sonntags das erste Mal zum 10-Uhr-Hochamt im Dom geläutet wird. Meine Mutter und eine Krankenschwester waren verblüfft. Beide haben diese Glocken nicht gehört, nur meine sterbende Oma, die wiederum viel zu schwach war, um eine Uhrzeit wahrzunehmen. Zwei Tage später verstarb sie – versehen mit der Krankensalbung durch den Neupriester Wolfgang – im Alter von 81 Jahren.

Nach 45 Jahren gebe ich das geklaute Klassenbuch zurück

Im gleichen Jahr wechselte ich von der Eisgrub-Schule in das humanistische Gymnasium, das in der Marien-Schule, dem heutigen Willigis-Gymnasium, untergekommen war. Die damalige bescheidene und heruntergekommene Bausubstanz verbindet mit dem heutigen modernen Gymnasium nur die Lage am Willigisplatz. Erst um 1954 herum zog unser Gymnasium wieder in das neu errichtete Stammhaus an der Christuskirche, um dort sein 400-jähriges Bestehen zu feiern und sich den Namen Rabanus-Maurus-Gymnasium zu geben. Unser Gymnasium verstand sich als bestes Gymnasium am Ort. Latein, Französisch und Altgriechisch waren Pflichtfächer. Deutsch, Geschichte, politische Gemeinschaftskunde wurden ebenso ernst genommen wie Mathematik, Physik und Chemie. Wichtige Fächer konnte man nicht abwählen, also war für normal Begabte wie mich pauken, pauken, pauken angesagt. Die Mehrheit der Lehrer fühlte sich durch Kriegsdienste und teilweise Gefangenschaft um ihre Jugend, zumindest um wichtige Jahre ihres Lebens betrogen. Manche waren Vertriebene oder Flüchtlinge, die ihre Heimat verloren hatten, kurzum es herrschte ein ziemlich verbiestertes, teilweise extrem autoritäres Klima in dieser „Eliteschule"! Um uns zu motivieren oder unsere Nichtigkeit deutlich zu machen, wurden uns regelmäßig der Religionsphilosoph Romano Guardini, der Schriftsteller Carl Zuckmayer und der deutsche EU-Politiker Walter Hallstein als vorbildliche Abiturienten dieser Schule, nicht selten mit dem Zusatz, dass wir an diese niemals heranreichen würden, vorgehalten. Besonders peinlich empfand ich derartige Reden durch einen Alt-Nazi, dessen Ideologie Zuckmayer zur Flucht aus Deutschland gezwungen hatte. Als ich ihm im Alter von 15 Jahren entsprechende Vorhaltungen machte, schmiss er mich aus der Klasse raus und betrieb meinen Rauswurf aus der Schule. Dem Schulleiter, dem Religionslehrer und einigen anderen danke ich es heute noch, dass er damit nicht durchkam. Als Feind blieb er mir in dieser Schule erhalten.

Im Prinzip hatten wir drei Sorten von Lehrern:

— Die Gutmenschen, die für manchen Schüler eine Art Ersatzvater, Beichtvater, Hilfsaggregat in schwierigen Lagen waren. Dummerweise waren das vor allem Lehrer, die im Schulbetrieb nicht so wichtig waren, wie zum Beispiel die Religionslehrer beider Konfessionen, der Turnlehrer, der Musiklehrer. Diese Menschenfreunde waren garantiert keine Nazis gewesen. Sie hatten die Nazizeit in einer Art geistiger Emigration überlebt.

— Die Mitläufer der NS-Zeit, bei denen man den Eindruck gewann, dass sie ständig in Sorge waren, über die jüngere deutsche Vergangenheit reden zu müssen. Sie schienen immer auf der Flucht zu sein. Vielleicht bekamen sie ja zu Hause von ihren eigenen Kindern schon genug peinliche Fragen gestellt. In Geschichte und Gemeinschaftskunde endete ihr Unterricht regelmäßig vor der Nazizeit mit dem Ersten Weltkrieg.

– Die Alt-Nazis, die bei uns eine an sich zu vernachlässigende Minderheit darstellten, aber durch meine selbstverschuldete Schulzeitverlängerung mir immer wieder über den Weg liefen. Als ich 1972 mit 31 Jahren überraschend in den Bundestag gewählt wurde, erhielt ich von einem dieser Alten regelmäßig politikkritische Briefe. Er war ein hochintelligenter, kultivierter Altphilologe, ständig stark parfümiert, mit zahlreichen Frauengeschichten. Als er mir im Juni 1985 stolz mitteilte, dass er Bundespräsident Richard von Weizsäcker wegen Volksverhetzung angezeigt habe, weil dieser behauptet hatte, dass der Nationalsozialismus die Verantwortung für 6 Millionen ermordete Juden trage, habe ich keinen seiner Briefe mehr beantwortet: Dem Mann war nicht zu helfen.

In diesem Gymnasium habe ich mich zu keinem Zeitpunkt wohl gefühlt. Mich störte der ständig neu formulierte anmaßende Anspruch „Wir sind die Besten". Ich empfand ständig Spannungen zwischen dem Geschichtsbild meines Elternhauses und dem von genau fünf Nazi-Lehrern, die mir immer wieder übel aufstießen. Als ich einmal von Mainzer Juden erzählte, die mithilfe meiner Eltern gerade noch vor den Nazi-Schergen entflohen waren und jetzt wieder Mainz besucht hatten, meinte einer dieser feinen Herren, diese seien wohl zum Geldabholen zurückgekommen. Ich hätte ihm am Liebsten eine gescheuert. Der entscheidende Grund für meine miserable Schulkarriere waren jedoch keine politischen Reibereien, entscheidend war, dass ich in diesem Schulklima stinkfaul sein wollte. Deshalb blieb ich auch gleich zweimal sitzen. In der Quinta, das war die 6. Klasse, und in der Obersekunda, das war die 11. Klasse. Der einzige Unterschied zu meinen Geschwistern Theo, Hildegard, Elisabeth und Franz-Josef, die alle ohne Abitur das Gymnasium verlassen hatten, war, dass ich dieses Abitur unbedingt in der Tasche haben wollte. Warum man neun Jahre Tour der Leiden auf 11 Jahre verlängern musste und sich nicht kürzer durchbiss, kann ich heute nur als eigene Blödheit verstehen. Natürlich bin ich später dem Freundeskreis der Schule beigetreten, sogar voller Dankbarkeit, denn wir haben doch eine Menge gelernt. Auch habe ich als Bundestagsabgeordneter und während meiner Israelzeit immer wieder Vorträge in der alten Penne gehalten. Seitdem ich bei einer derartigen Gelegenheit das 1958 von mir zum Schuljahresende gestohlene Klassenbuch der Untersekunda II b öffentlich zurückgegeben habe – und das nach 45 Jahren! –, wurde ich nicht mehr eingeladen.

Aufnahme in die Marianische Congregation

Vieles, was nichts mit der Schule zu tun hatte, interessierte mich mehr. Das war zunächst der Domchor. Gerne war ich auch Messdiener, ja sogar Obermessdiener im Mainzer Dom. Zeitgleich war ich in der Marianischen Congregation (MC), einer von Jesuiten gegründeten internationalen Jugendorganisation, die nicht nur gut katholisch, sondern sehr stark der Marienverehrung verpflichtet war. In Mainz war die MC dank unseres geistlichen Leiters, Professor Dr. Josef Schmitz, allerdings bedeutend offener und liberaler als an anderen, vorzugsweise süddeutschen Orten und Internaten. Lange vor dem 2. Vatikanischen Konzil, das dies eigentlich erst erlaubte, feierten wir in der Krypta des Domes deutsche Betsingmessen. Auch lehnten wir alle Verlockungen der Schönstatt-Bewegung ab, die zur dreimal wunderbaren Muttergottes betete; uns hat einmal wunderbar gereicht. Wir hatten wöchentlich eine Gruppenstunde, die den gesamten Nachmittag andauerte und Spiele einschloss, und einen gemeinsamen Gottesdienst; außerdem erlebten wir wunderbare Wander- oder Radtouren und Sommerzeltlager. Dort fühlten wir uns sowohl aufgenommen wie auch ernst genommen. Ab einem Alter von 14 Jahren konnte man selbst Gruppenführer werden und übernahm Verantwortung für zehn bis vierzehn jüngere Buben. Einer dieser Knaben war der spätere Mainzer Weihbischof Dr. Werner Guballa. Mit mir wurden dann die Gruppenmitglieder älter, bis ich im Oberstufenalter Präfekt, das heißt Chef der Mainzer Marianischen Congregation, wurde. Die Anerkennung, die ich in der Schule als schlechter Schüler nie erfuhr, genoss ich als katholischer Jugendführer, der unter anderem das Sommerzeltlager für 80 junge Leute maßgeblich zu organisieren und über zwölf Tage zu leiten hatte. Natürlich stand der Präses, der geistliche Leiter, dem Präfekten, in diesem Fall mir, auch im Zeltlager zur Seite. Dennoch hatte ich als 18/19-Jähriger ganz schön Verantwortung zu tragen. Und das tat mir gut. Als Student wurde ich sogar Verbandspräfekt, das heißt Bundesvorsitzender, dieser Jugendorganisation. Manche behaupteten, diese Lehrlingszeit als Jugendführer mit Reisen durch ganz Deutschland und Reden vor Jugendlichen und Erwachsenen sei mir später als Politiker zugutegekommen; geschadet hat sie jedenfalls nicht.

Mit 16 und 17 Jahren liebäugelte ich mit dem Gedanken, katholische Theologie zu studieren. Am liebsten wäre ich Benediktinerpater in Maria Laach geworden, sicherlich von Pater Alban inspiriert und als Domchorsänger vom gregorianischen Choral fasziniert. Derartige Pläne scheiterten an zwei Dingen: erstens am Zölibat. Mir haben die Mädchen viel zu gut gefallen, als dass ich mir ein eheloses Leben vorstellen konnte. Und die spätere Unterscheidung zwischen Ehelosigkeit und Geschlechtslosigkeit nach dem Motto, das Zölibat verbietet nur die Ehe und nicht heimliche geschlechtliche Beziehungen, war uns damals fremd. Dazu schreckte mich am Beruf des Benediktinerpaters die „Stabilitas loci" ab, die damals noch strenger als heute praktizierte Pflicht, als Benediktinermönch das ganze Leben hinter ein- und denselben Klostermauern zu verbringen. Dem Abkömmling einer reiselustigen Mutter war dies unheimlich. Mich hätte, wie Pater Alban manches Mal, wahrscheinlich immer der Klosterkoller heimgesucht.

Dennoch waren die sehr religiös geprägten Jugendjahre im Dreiklang zwischen Domchor, Messdiener und MC, die heute Gemeinschaften des christlichen Lebens heißen und damals 30 000 Mitglieder allein in Deutschland zählte, bestimmend für mein ganzes Leben. Deutschland wurde zwar 1954 erstmals Fußballweltmeister und plötzlich waren wir Deutschen wieder wer. Dies konnte aber nicht darüber hinwegtäuschen, dass das geteilte Deutschland, dass die Deutschen nach der Schande der NS-Diktatur und dem Elend des Zweiten Weltkrieges ein gebrochenes Verhältnis zu ihrer Geschichte, zur Nation, zu einem gesunden Patriotismus hatten und pflegten. Man kann von einem Karussell der Gefühle sprechen. Der Holocaust wurde in den Schulen und in der Öffentlichkeit verdrängt, dennoch gab es unausgesprochen überall ein schlechtes Gewissen. Die Deutschen, die später als andere in der zweiten Hälfte des 19. Jahrhunderts erst zu einer nationalen Identität gefunden hatten und dann in der ersten Hälfte des 20. Jahrhunderts den Nationalismus gleich in krimineller Weise übertrieben hatten, schwankten jetzt wie haltlose Schilfrohre im Winde umher. Manches wurde durch das Wirtschaftswunder überdeckt und kompensiert. Unsicherheit und geistige Leere fühlten dennoch diejenigen, die etwas tiefer als die Fußballwelt gruben und kritisch den Sinn des Lebens hinterfragten. Die gesellschaftlich gefühlte Leere wurde für uns durch die Religion, den Glauben und unser Engagement im Dom und in der MC ausgefüllt. In einer schwankenden Welt fühlten wir uns geborgen und aufgehoben, ohne bigott zu sein. Die vier „Eff" vom Turnvater Jahn konnten auch für uns gelten: frisch, fromm, fröhlich, frei. Durchaus fromm, aber keinesfalls eng oder verklemmt. Ich verdanke meinem Engagement während dieser Zeit rund um die katholische Kirche Halt und Stabilität, Verhaltensmuster, die mich auch in schwierigen Lebenslagen, trotz zwischenzeitlicher Zweifel, bis heute vor Abstürzen schützen.

Wäre ich damals älter gewesen, hätte ich Hitler erschossen
Stattdessen interessierte mich in der Folgezeit mehr und mehr die Politik. Wir waren ein politischer Haushalt. Bei gemeinsamen Mittag- und Abendessen wurde die politische Lage, Entscheidungen der Adenauer-Regierungen oder weltpolitische Fragen ausgiebig erörtert. An Silvester wurde die Neujahrsansprache von Bundespräsident Theodor Heuss ebenso gemeinsam am Radio verfolgt wie wichtige Reden oder Regierungserklärungen von Bundeskanzler Konrad Adenauer. Diese wurden danach oft auch streitig diskutiert. Schon die vereinzelten Besuche ehemaliger Mainzer Juden sorgten dafür, dass die NS-Verbrechen nicht verdrängt, sondern besprochen wurden. Ich gehörte mit 15 oder 16 Jahren zu denjenigen Jugendlichen, die sicher waren, Hitler erschossen zu haben, wenn ich nur so alt wie meine beiden ältesten Brüder gewesen wäre. Damit waren

kritische Fragen an diese und an die Eltern verbunden. Ich war stolz darauf, dass meine Eltern den Juden geholfen hatten, aber auch enttäuscht, dass sie nicht zum Widerstand gegen Hitler gehört hatten – so viel Selbstgerechtigkeit und Vorwurf gegen Ältere mussten einem jungen Menschen schon zugestanden werden!

Vor Wahlen schickte mein Vater, der Kreisschatzmeister, meinen Bruder und mich in der Nachbarschaft herum, um gegen Belege im Wert von 50 Pfennig, einer Mark, zwei Mark, fünf Mark oder zehn Mark Kleinspenden für die CDU zu sammeln. Natürlich schellten wir nur bei Bekannten, die wussten, wo wir herkamen. Fast alle gaben uns etwas. Meistens ein oder zwei Mark. Ich bin mir nicht sicher, ob alle die CDU unterstützen oder manche nur uns Jungs nicht enttäuscht fortziehen lassen wollten.

Mein Weltbild war klar und unerschütterlich: Die Russen wollten uns kommunistisch machen, die Sozialisten wollten uns verraten und ein Wahlsieg der Sozialdemokraten wäre eine Gefahr für unsere Freiheit, eine Katastrophe gewesen. In diesem Geist half ich im Bundestagswahlkampf 1957 mit. Ich war mit meinen 16 Jahren kein Parteimitglied, auch kein Mitglied der Jungen Union, aber mindestens so besessen, den Sozis zu einer Niederlage zu verhelfen, wie die damaligen Parteifunktionäre. Wochenlang wurden Flugblätter verteilt, Plakate aufgestellt und neu beklebt. Damals wurde auch noch wild, das heißt, auch an geeignete Hauswände plakatiert. In der letzten Nacht vor dem Wahlsonntag fuhren wir mit den Restbeständen an Plakaten und Kleister durch halb Rheinhessen.

In Oppenheim beklebten wir den gesamten Marktplatz mit CDU-Plakaten und Wahlaufrufen. Als wir etwa eine Stunde später dorthin zurückkamen, waren alle unsere schönen Plakate mit SPD-Plakaten überklebt. Idiotischerweise fingen wir an, diese wieder mit unseren Plakaten zu überdecken. Plötzlich kamen Jusos und Sozis, die uns ganz offensichtlich aufgelauert hatten, um die Ecke herum und lieferten uns eine Schlägerei. Wir hatten die Eimer mit Kleister und Pinseln zur Hand und wehrten uns mit diesen wunderbaren Waffen. Ist Ihnen schon einmal ein Pinsel voll Kleister durchs Gesicht und durch die Haare gezogen worden? Kurz: Obwohl wir in Unterzahl waren, erreichten wir sicher unser Auto und brausten nach Mainz zurück.

Für meinen Bruder und mich war die Nacht der nachpubertären Dummheiten noch nicht zu Ende. Wir wurden so gegen 4 Uhr am Schillerplatz abgesetzt. Dort klauten wir einen etwa drei mal zwei Meter großen Wahlständer der SPD und stellten diesen leise im Schlafzimmer unserer Eltern, die tief schliefen, auf. Mein Vater, ein ansonsten relativ ruhiger Mensch, wachte zwei Stunden später im Angesicht der überdimensionierten Genossengesichter mit einem Schrei auf.

Die Stimmung war mies und hellte erst am späten Sonntagabend nach den ersten positiven Wahlergebnissen auf. In einer weiteren Nacht- und Nebelaktion wanderte der SPD-Wahlständer wieder auf die Straße. Ich bin mir absolut sicher: Mit unserem Nachteinsatz vor dem Wahltag haben wir keine einzige Wählerstimme gewonnen, eher Stimmen von Hausbesitzern, die sich über die unerbetene Wahlwerbung an ihrem Haus ärgerten, verspielt. Aber wir haben gekämpft und gewonnen. Die CDU/CSU hatte die absolute Mehrheit der Mandate gewonnen, das blieb bis heute bei einer Bundestagswahl ein einmaliges Ergebnis. Was waren wir stolz!

1959 feierte die Nato ihr 10-jähriges Bestehen. Ich war mit Freunden aus der MC mit dem Fahrrad unterwegs, in der Nähe von Aachen. Am Morgen lasen wir in der dortigen Zeitung, dass das Nato-Jubiläum am nächsten Tag, einem Samstag, ausgerechnet in Mainz gefeiert werden sollte, und zwar mit einer Parade von Streitkräften aus allen damaligen Mitgliedsstaaten. Wir waren alles andere als Militaristen, aber begeistert davon, dass gerade einmal drei Jahre nach Gründung der Bundeswehr unsere Stadt im Mittelpunkt des westlichen Verteidigungsbündnisses stehen sollte. Das wollten wir nicht verpassen. Also fuhren wir gegen Mittag, mit kurzen Erholungspausen über 250 km in einem Stück, nach Mainz zurück, das wir morgens nach 4 Uhr todmüde erreichten. Pünktlich vor Beginn der Parade auf dem damals noch freien Halleplatz standen wir auf dem Flachdach des Hauses der Familie von Jungenfeld und bestaunten, wie Soldaten mit ganz unterschiedlichen Schritten – die Franzosen mit kürzeren Trippelschritten, die Deutschen mit weiter ausgreifenden Schritten – das gleiche Tempo halten konnten. Natürlich faszinierte uns das militärische Spektakel, auch gefiel uns die Marschmusik. Viel wichtiger war uns politisch Denkenden aber, dass die Gegner des gerade einmal 13 Jahre zurückliegenden Krieges in Eintracht für eine friedliche Welt demonstrierten und das mit einer Militärparade.

Wie oft wehrte ich Versuche, den Aufbau der Bundeswehr als Kriegsvorbereitung zu diffamieren, ab, schon lange vor meiner Zeit als Politiker. Wir glaubten, dass von der Europäischen Gemeinschaft und auch von der Nato eine Botschaft des Friedens, der Freiheit und der Demokratie ausgehen werde und die gesamte Welt erfassen könne. Für uns war das ein echtes Kontrastprogramm zu dem den 50er Jahren angedichteten Geist der Enge. Natürlich war die Adenauer-Zeit sehr konservativ. Für mich aber gab es den oft behaupteten Muff und Mief der 50er-Jahre nicht: Mein Elternhaus, meine Freunde, die gesamte Umgebung waren dafür viel zu liberal und tolerant.

Das galt sogar partiell auch für die römisch-katholische Kirche in Mainz. Ausgerechnet der konservative Bischof Stohr weihte in den 50er-Jahren zwei ehemals evangelische, verheiratete Pfarrer zu katholischen Geistlichen, den früheren Oberkirchenrat Goethe und Pfarrer Melchers, die beide in der Zeit der Konversion und ihrer Weihe verheiratet waren, wobei Pfarrer Melchers zugleich mit fünf kleinen Kindern gesegnet war. Beiden wurde in unserer Nachbarschaft, in der Weihergartenstraße, ein Haus mit einer Hauskapelle, das „Domus Pacis", das Haus des Friedens, eingerichtet. Dieses wurde zum Treffpunkt hoch interessanter Leute aus aller Welt. Ich wurde dort Messdiener, Betreuer ausländischer Gäste und Hilfskraft für alles Mögliche, natürlich nur für ein fröhliches „Vergelt's Gott!" und vielleicht ein Buchgeschenk zu Weihnachten. Vor allem Pfarrer Goethe und seine Frau, eine geborene Gräfin von Dennewitz, haben mich stark beeindruckt. Für uns stand die damalige katholische Kirche für Dogmen, Gebote und Gesetze. Natürlich konnte man diese missachten und übertreten, danach beichten und von Neuem sündigen. In diese Denkungsart kam nun der urprotestantisch erzogene und gebildete Pfarrer Goethe, für den die Gewissensentscheidung des Individuums ohnehin entscheidender war als allgemein verbindliche Gebote und Gesetze. Daraus entstanden spannende Gespräche und Diskussionen.

Eintritt in die CDU und gleich enttäuscht

1960 trat ich in die Junge Union und die CDU ein. Kurt Dörr, der allzu früh verstorbene Fachhochschulprofessor und spätere Beigeordnete der Stadt Mainz, hatte mich angeworben. Meine Eltern spielten bei dieser Entscheidung keine Rolle. Meine Mutter war parteilos, mein Vater klug genug, mich nicht beeinflussen zu wollen.

Gerade in der Partei angekommen, hätte ich diese fast wieder verlassen. Der Grund war der Verlauf meines ersten CDU-Kreisparteitages im Neuen Saal des Kurfürstlichen Schlosses. Der Kreisparteitag, heute als Delegiertenversammlung üblich, war damals eine Mitgliederversammlung. Jedes Mitglied hatte gleiches Stimmrecht. Als ich mich vor dem Saaleingang in eine Liste eintrug und die Stimmkarten entgegennahm, wurde ich ungewollt Zeuge eines Gespräches eines älteren Herren mit einem jungen Mann. Der Alte beredete den Jungen, für den Vorstand zu kandidieren. Ich fand das gut. Im Saal nahm ich, da ich relativ früh gekommen war, im vorderen Drittel Platz. Der grauhaarige Jugendförderer setzte sich einige Zeit später an den Nachbartisch. Nach einem für mich langweiligem Bericht des Kreisvorsitzenden wurde gewählt, und zwar ohne jede Aussprache: Vorsitzender, stellvertretender Vorsitzender, Schriftführer, Schatzmeister – mein Vater – alle ohne Vorstellung, ohne Kandidatenbefragung, alles schien vorher festgelegt zu sein. Zur Wahl der Beisitzer gab es Vorschläge des Vorsitzenden und wenige Vorschläge aus dem Saal. Die Kandidaten mussten sich vorstellen. Der junge Mann aus dem Vorraum war dabei und stellte sich vor und der ergraute Herr war dabei und stellte sich auch vor. Er war ein „hohes Tier". Am Ende seiner Vorstellung erklärte er zu meiner Überraschung, in den Vorstand sollten nur die Erfahrensten gewählt werden. Junge Leute sollten sich erst einmal in der Jungen Union und in Wahlkämpfen bewähren. Ich war sprachlos. Als nach der Vorstellungsrunde sofort gewählt werden sollte, verlangte ich unter Murren der Versammelten eine in dieser Zeit offenbar unübliche Personaldebatte, die wiederum unter Murren vom Vorsitzenden eingeräumt wurde. Da sich ansonsten niemand meldete, erzählte ich die Geschichte des älteren Herren: Draußen anders reden als drinnen. Da brach ein Sturm der Entrüstung aus. Ich konnte nur noch mit großer Mühe erklären, dass in einer christlichen Partei Menschen mit gespaltener Zunge nicht in Führungsgremien gehörten. Tatsächlich hatte ich nicht nur einen ganz wichtigen Mann der Gegenwart, sondern auch einen aufrechten Katholiken während der Nazizeit als Intriganten bloßgestellt. Die Versammlung konnte sich nur langsam beruhigen. Ich wurde unter starkem Beifall vom Vorsitzenden als vorlauter Schnösel oder so ähnlich abgekanzelt: Der Alte wurde gewählt, der Junge wurde nicht gewählt. Ich war fest entschlossen, mit Pokerface bis zum Ende des Parteitages zu bleiben, in der gleiche Nacht aber diese „verlogene" Partei wieder zu verlassen.

Meine Nachbarn an meinem Tisch behandelten mich übrigens wie einen Aussätzigen. Nach einiger Zeit stand mein bereits wieder gewählter Vater vom Vorstandstisch auf und setzte sich demonstrativ neben mich und erklärte, wir sollten zusammen nach Hause gehen.

Zu Hause angekommen, erfolgte der bei wichtigen Anlässen übliche Gang in den Weinkeller. In einer Nachtsitzung erklärte mir mein Vater: „Bub, damit Schwindler und Intriganten nicht die Macht in den demokratischen Parteien bekommen, musst du in der Partei bleiben. Wenn die Guten und Intelligenten gehen, haben die Schlechten und die Dummen das Sagen. Bleib bitte drin, mach dich beruflich unabhängig und bleib in der CDU unabhängig. Wir brauchen eine starke Demokratie, diese braucht starke Parteien und diese brauchen die besten Leute."

Mein Vater hat mich überzeugt. Ich blieb dabei.

Vielleicht hat dieses Nachtgespräch bei mir dazu geführt, dass ich bei aller Leidenschaft für die Politik und bei allem Eifer in der CDU immer eine gewisse Distanz zur Partei und Politik bewahrt habe. Ich wollte und konnte mich nie voll vereinnahmen lassen.

3. Studienjahre in Mainz, Freiburg und Bonn (1962 – 1967)

Die Vier ist die Eins des kleinen Mannes

Das Abitur am Rabanus-Maurus-Gymnasium im März 1962 war eine Zäsur. Ich bin in die Prüfungen mit einem schlechten Gefühl hineingegangen, denn ich gehörte zu der Sorte Kandidaten, die auf der Kippe standen. Auf die alles entscheidende mündliche Prüfung musste ich mich anhand eines lateinischen Textes vorbereiten. Warum nur Latein, das ich ebenso hasste wie fürchtete? Und dann hat ausgerechnet der Aufsicht führende evangelische Religionslehrer Petermann mir, dem Urkatholiken, so geholfen, dass es für ein glattes „ausreichend" gelangt hat. Ich dachte, die Vier ist die Eins des kleinen Mannes und war froh, dass ich die ungeliebte Schulzeit überstanden hatte.

Für die Bundeswehr war ich bereits gemustert und als tauglich eingestuft worden. Offenbar gab es damals mehr Kandidaten als gebraucht wurden. Jedenfalls verzichtete das Vaterland auf meinen prinzipiell guten Willen, es im Notfall mit der Waffe zu verteidigen.

Mein Traum: Als Jugendrichter Jugendliche aus der Kriminalität führen

Die Frage war, was studiere ich? Im Lauf der Jahre hatte es nach der für Buben üblichen Phase, Lokomotivführer oder Feuerwehrmann werden zu wollen, eigentlich nur drei ernsthafte Alternativen gegeben: Die erste, Theologie zu studieren, war zu meiner Abiturzeit schon lange erledigt. Die zweite war Medizin, es hat mich gereizt, Chirurg zu werden. Damit konkurrierte die Idee, Jura zu studieren. Jugendrichter zu werden, um den viel größeren Entscheidungsspielraum des Jugendstrafrechtes unter pädagogischen Gesichtspunkten

1961 bei unserer Abifahrt im Deutschen Museum in München: Jürgen Schmidt (von hinten), Jochen Krüger, Fritz Rüssler, ich, Lothar Grüne-wald und Michael Neidlinger.

nutzen zu können, das reizte mich. Ich wollte Jugendliche aus der Kriminalität heraus in ein besseres Leben führen. Die Welt besser zu machen, war eine Vision meiner Generation. Alfred Fritzen, den ich von der MC und der Domjugend her kannte, war bereits Richter. Ich suchte ihn um Rat suchend auf und ließ mich in zwei Stunden so sehr überzeugen, dass Jura für mich die beste Wahl sei, dass ich keinen Mediziner mehr fragte. Das Arbeitszimmer Alfred Fritzens, also der wirkliche, heimliche Ort meiner Studienentscheidung, lag im zweiten Obergeschoss des Hauses Fischtorplatz / Ecke Uferstraße. Genau in diese Wohnung zogen wir elf Jahre später, im Jahre 1973, als junge Familie ein. Das Arbeitszimmer von Alfred wurde über mehr als 30 Jahre mein privates Arbeitszimmer. Übrigens hatte der Abiturkalender meines Jahrgangs wegen einer Juristenschwemme vor dem Jurastudium gewarnt. Ich wusste, dass ich nach schlechter Schulzeit jetzt als freier Student im Geiste Humboldts ein erfolgreicher Jurist werden wollte und war sicher: Wer gut ist, wird auch immer einen guten Beruf finden. So viel Selbstbewusstsein nach bescheidenen Abiturnoten musste schon sein.

Stolz schrieb ich mich an der Johannes-Gutenberg-Universität Mainz für die Fächer Rechts- und Staatswissenschaften ein und genoss einerseits die Freiheit des Studenten, sich den Stundenplan selbst aufstellen und unkontrolliert durchziehen zu können und andererseits die Anonymität der Universität. Ich war für mich selbst verantwortlich und lud mir die größtmögliche Zahl von Vorlesungen auf. Bereits im zweiten Semester hörte ich Sachenrecht, das normalerweise erst im dritten Semester ansteht, bei einem auf mich arrogant wirkenden, Professor im Hörsaal 7 im Zentrum des Campus. Zur Vorlesung kam er mit dem Taxi an, nach der Vorlesung fuhr er mit dem Taxi wieder weg. Ältere Semester munkelten, der Professor sei ein hoher Nazi gewesen. Der Katheder stand vor dem Ausgang. Als er nach einigen Vorlesungen erklärte, wer ihn verstehen wolle, müsse ihn wenigstens zweimal hören, stand ich auf, quälte mich zwischen sitzenden Kollegen und hochgeklappten Schreibtischen durch die Sitzreihe heraus und strebte zum Ausgang, am Professor vorbei. Dieser giftete mich an, ich solle nächstes Mal darauf achten, nicht in den falschen Hörsaal zu gehen, ich störe seine Vorlesung. Ich blieb ihm gegenüber stehen und erklärte, ich sei schon im richtigen Hörsaal. Meine Zeit sei aber zu schade, um dieselbe Vorlesung zweimal hören zu müssen. Die Kommilitonen klopften Beifall, mein erster Beifall in einer Universität, und ich ging. Dabei war ich gar nicht so frei. Zum einen war ich noch Verbandspräfekt der Marianischen Congregation. Unsere Zentrale war in einem Jesuitenkolleg in der Sterngasse in Augsburg, unsere Jugendgemeinschaften in ganz Deutschland in Internaten und an Gymnasien angesiedelt. Ich war für die MC viele, viele Wochenenden unterwegs, traf interessante Leute und ging in der Aufgabe, eine bundesweite Jugendgemeinschaft zu führen, begeistert auf. Der geistliche Leiter mit dem Titel Verbandspräses der MC, Pater Fackler und der hauptamtliche Geschäftsführer Pater Moll hatten die Fähigkeit, mich zu beraten, ohne mich zu bevormunden. Ich lernte ungemein viel von ihnen in Sachen Menschenführung und Konfliktlösung.

Als Werkstudent in der Putztruppe und als Laufbursche
Zum anderen hatte ich aus der Oberstufe des Gymnasiums die Gewohnheit mitgenommen, durch Gelegenheitsarbeiten Geld zu verdienen. So war ich zeitweise, vor allem in den Ferien, in der Buchhandlung Krichtel in der Bahnhofstraße oder im Bierverlag Emrich in der Emmerich-Josefs-Straße beschäftigt. Danach bekam ich eine Fast-Festanstellung im Kaufhof Mainz. Unsere Aufgabe: Fünf Tage in der Woche, jeweils um 18.30 Uhr, zusätzlich samstags um 14 Uhr, also genau zum Ladenschluss, rückten neun Schüler oder Studenten an. Jeder verteilte auf einem Drittel einer Verkaufsetage so etwas wie feuchtes Sägemehl und kehrte dann mit einem breiten Besen die ihm genau zugeteilten Wege zwischen den Verkaufsregalen. Das musste rasch, staubfrei, sauber und ohne Streifen am Boden erledigt werden. In zwanzig Minuten waren wir fertig und kassierten pro Einsatz zuerst 3, später dann 3,50 DM, also 18 bzw. 21 DM die Woche. Als so nebenbei mitgenommen, ein ganz schöner Verdienst. Der Nachteil: Außer an Sonntagen mussten wir 6 mal die Woche eine zeitgenaue Punktlandung hinbekommen. In den Semesterferien arbeitete ich zusätzlich ganztags in der Haus-

inspektion des Kaufhofes oder bei Hakle, in der Kühlschrankfabrik Küleg oder auf dem Bau. Jedenfalls hatte ich in meinen Mainzer Semestern Geld und kaufte mir eine BMW-Isetta. Dieses kugelförmige, zweisitzige 300 PS-Fahrzeug, das ich einem vertrauenswürdigen katholischen Geistlichen gutgläubig und gebraucht abkaufte, war allerdings ständig reparaturbedürftig. Es brauchte meine, durch harte Jobs angesparten Reserven mehr und mehr auf. Als die nicht umsonst sogenannte „Knutschkugel" eines Wintersonntags mit mir und einer Freundin einen Berg im verschneiten Taunus herabrollte, kam ich zwar der Freundin, nicht aber der Isetta näher. Ich ließ das Groschengrab abholen und verschrotten. Erst als verheirateter Rechtsreferendar sollte mithilfe meiner Frau Regina, die ebenfalls als Lehrerin in Sold und Brot stand, die Anschaffung eines Motorfahrzeuges wieder auf der Tagesordnung stehen. Keine BMW Isetta, sondern ein gebrauchter VW-Käfer.

Meine ersten beiden Studiensemester in Mainz waren sorgenfrei und sorgenvoll zugleich. Mein Vater, immerhin schon 68 Jahre alt, war an Prostatakrebs erkrankt. Für einen Freiberufler, dessen Leben nicht gerade die Anlage von Reserven ermöglicht hatte, ein persönlicher und ein wirtschaftlicher Schlag. Meine Mutter sah ihre Chance, von sechs Kindern nach Wolfgang wenigstens mich noch als examinierten Akademiker zu erleben, schwinden. Sie drängte mich förmlich aus dem Haus, da sie die Gefahr witterte, ich könne für den kränklichen Vater zunächst aushilfsweise und letztlich ganz in das Versicherungswesen hineinrutschen. Ich selbst war hin- und hergerissen. Zu Hause immer mehr Elend und draußen ein sorgloses und irgendwie treuloses Studentenleben? Meine Mutter setzte sich durch und ich begann Anfang Mai 1963 mit dauerhaft schlechtem Gewissen mein drittes Semester an der Universität in Freiburg.

Meine erste Bude fand ich in der Wohnung eines Reichsbankinspektors. Ein kleines, sauberes Zimmer mit einer kleinen Loggia. Der Bankinspektor erzählte mir, dass er noch nach dem Krieg bis zu seiner Pensionierung bei der Bundesbank gearbeitet hatte. Auf meine Frage, warum dann Reichsbank- und nicht Bundesbankinspektor auf dem Briefkasten und an der Wohnungstür zu lesen sei, meinte er, Reichsbankinspektor würde besser und höher klingen. Ich nahm es mit Humor. Die Leute waren trotz dieser Macke ganz nett, aber es gab einen Grund, bald wieder auszuziehen. Jede, wirklich jede Nacht stand der Mann so gegen 2, 3 Uhr auf und wanderte mindestens eine Stunde durch die kleine Wohnung. Nach einiger Zeit ging mir das so auf die Nerven, dass ich auf Budensuche ging und mit viel Glück in der Thomas Morus Burse, einem katholischen Studentenwohnheim in Littenweiler, auf dem Weg zum Höllental, landen konnte. In drei großen Gebäuden waren etwa 300 Studenten untergebracht. Je Wohneinheit gab es 20 Studentenzimmer mit einem gemeinsamen Flur und einer Gemeinschaftsküche. Die Universität hatte gerade eine neue Mensa eingeweiht, die jedoch an normalen Werktagen sofort überfüllt war. Wer bis 13 Uhr Vorlesungen besuchte, hatte keine Chance auf ein warmes Mittagessen. Also gingen wir in eine Art Stehbierhalle am Sterntor, wo wir für sage und schreibe eine Mark eine Bratwurst und Pommes frites bekamen. Als nach einiger Zeit dieses, unser Luxuslokal geschlossen wurde, weil dort angeblich auch Haustiere wie Hund und Katze in die Bratwürste gewandert waren, organisierte ich auf unserer Etage im Wohnheim gemeinsame Mittagessen. Jeder musste nach einem Rotationsverfahren für alle kochen; ein anderer musste den Tisch decken und ein Dritter spülen und aufräumen. Dies alles wurde auf einer Liste, die in der Küche hing, genau eingetragen. Bis zum Vorabend musste man erklären, ob man mitisst oder nicht.

Dieses Verfahren klappte zumindest in der Zeit, in welcher ich dort wohnte, perfekt. Das Essen durfte pro Person nur 1 DM kosten, was sofort beim Essen vom Koch eingesammelt wurde. Da ich nie ein Kochkünstler war und übrigens bis heute Kochbücher und Kochsendungen konsequent meide, gab es bei mir immer das gleiche Gericht: Spaghetti, Tomatensoße (natürlich aus der Tube oder Dose!) und ein Würstchen. Das war weder gesund, noch originell, noch abwechslungsreich, hatte aber einen Vorteil: Es war immer für eine Mark pro Person umzusetzen. Die Studenten meiner Etage genossen mein Angebot jedenfalls klaglos.

Unser Studentenwohnheim war international besetzt. Auf meiner Etage wohnten z. B. ein Ägypter, ein Libanese, ein Inder, zwei Afrikaner. An den Wochenenden oder abends saßen wir natürlich zusammen und diskutierten die Weltpolitik im Allgemeinen und die Nahostpolitik im Besonderen. Ich war als Israelfreund bekannt, was meiner Freundschaft mit Ibrahim und Mohammad aus der israelischen Nachbarschaft keinerlei Abbruch tat. Samstags oder sonntags fuhren wir in den Schwarzwald oder ins Elsass. Wann immer die MC mich freigab, war ich dabei. Die Autos stellten die älteren Semester gegen eine Benzinbeteiligung zur Verfügung. Oft kauften wir im Elsass frische Brötchen für ein Picknick. Wenn wir unsere Wünsche dann in der Bäckerei auf Deutsch vortrugen, geschah es nicht selten, dass wir weder beachtet noch bedient wurden. Der Zweite Weltkrieg lag gerade 18 Jahre zurück. Mit Deutsch und Deutschland wollte man nichts zu tun haben, auch nicht mit deutschen Studenten. Heute strömen viele Deutsche ins Elsass, um gut zu essen und zahlreiche Elsässer arbeiten in Baden, weil dort die Löhne höher sind. Natürlich spricht man auf beiden Seiten der Grenze Deutsch und Französisch. Es gibt keinerlei Berührungsängste mehr – Europa lässt grüßen!

In Freiburg musste ich monatlich mit 300 Mark, Miete eingeschlossen, auskommen. 100 Mark bekam ich von meinen Eltern, die nicht mehr leisten konnten. 200 Mark entnahm ich meiner Rücklage, die ich mit Jobs in den Semesterferien jeweils für das folgende Semester bildete. Da mein Kehrjob beim Mainzer Kaufhof mit dem Umzug nach Freiburg geendet hatte, verdingte ich mich bei den Badischen Nachrichten in Freiburg für einen kleinen Nebenverdienst als Laufbursche. Dieser Job hatte den Vorteil, dass er abends, nach den Studien anfiel. So wurde ich am 22. November 1963 Zeuge, als der Chefredakteur, der Chef vom Dienst und weitere Journalisten gegen 20 Uhr darüber diskutierten, ob sie am nächsten Tag mit der Schlagzeile „Kennedy ermordet" aufmachen sollten. Noch war nicht klar, ob Kennedy tot war oder in der Nacht sterben werde, und bis 20 Uhr musste diese Frage mit Rücksicht auf die damals lange Druckdauer endgültig entschieden werden. Ich, der kleine Student, warf ein: „Nehmt doch einfach ‚Attentat auf J.F. Kennedy'!" Dieser Vorschlag wurde angenommen und ich in doppelter Weise überrascht: Überrascht, dass Journalisten unter Druck so kompliziert denken konnten und dass ich kurz danach für einen so simplen Vorschlag eine Leistungsprämie in Höhe von 50 Mark bekam. So wurde ich zu einem der ganz wenigen Menschen in der Welt, die vom Tod J. F. Kennedys profitierten …

Nie mehr am Rosenmontag weg von Mainz!

Freiburg war bevorzugter Studienort für Kinder reicher Leute aus ganz Deutschland. Im Sommer reizte das Dreiländereck für Cabriolet- und Sportwagenbesitzer aus gutem Hause ebenso wie im Winter die Skipisten des Schwarzwaldes oder der naheliegenden Schweizer Berge. Für mich gab es meistens nur die Arbeit: Nach den zwei Schnuppersemestern in Mainz wollte ich in drei Freiburger Semestern die für die Zulassung zum 1. Staatsexamen notwendigen Scheine erarbeiten, um mich danach konsequent auf dieses Examen vorzubereiten. Das gelang mir im ersten Anlauf mit einer Ausnahme: Im Wintersemester 1963/64 war Ablieferungstermin für eine Hausarbeit am Freitag nach Fastnacht. Klar war für mich: Dieses Mainzer Highlight wurde der Hausarbeit geopfert. Am Rosenmontag sollte ich mit der Korrektur und Reinschrift der rund 40 Seiten in meiner Studentenbude beginnen. Im Radio hörte ich die 7-Uhr-Nachrichten und direkt anschließend den Narrhalla-Marsch. Ein Nicht-Mainzer wird kaum verstehen, was das für einen Mainzer in der Fremde bedeutet. Mir, dem 23-Jährigen, kamen die Tränen und ich kämpfte, ob ich nicht doch noch zum Rosenmontagszug nach Mainz fahren und abends zurückkommen sollte. Zeitlich wäre das mit dem Zug möglich gewesen und mir wären noch drei Nächte als Reservezeit zum Tippen der Arbeit geblieben. Das Pflichtgefühl aber siegte, ich blieb verbiestert in Freiburg und begann mit meinem Zwei-Finger-Such-System, meine Arbeit sauber und korrekt niederzuschreiben. Am Donnerstagabend lieferte ich sie fristgerecht ab. Erleichtert fuhr ich am folgenden Sonntag mit Freunden zur weltberühmten Basler Fasnet, die mich tief beeindruckte, aber nicht wirklich begeisterte. Meine allgemeine Erleichterung endete darüber hinaus mit der Rückgabe der Arbeit etwa vier Wochen später. Ich hatte eine glatte 5 bekommen und musste den notwendigen Schein im nächsten Semester nachholen. Damals habe ich mir geschworen, keinen Rosenmontag mehr in Mainz zu versäumen. Das habe ich bis heute gehalten. Auch während meiner Israeljahre legte ich jedes Mal zu den hohen Fastnachtstagen nach Mainz ungefähr 3333 Kilometer zurück.

In Freiburg bekam ich berühmte und berüchtigte Rechtsprofessoren zu sehen und zu hören. Die Fakultät gehörte zu den besten in

Deutschland. Aus dem Rahmen fiel der relativ junge Professor Horst Ehmke. Er war lange nicht so reserviert und unnahbar wie es dieser traditionellen, etwas steifen Universität ansonsten entsprach. Er war mehr kumpelhaft, zog im heißen Sommer als einziger das Sakko aus und brachte uns das Staatsrecht bild- und beispielhaft bei. Damals vertrat er die SPD bereits häufig als Prozessvertreter vor dem Bundesverfassungsgericht in Karlsruhe, was mich als CDU-Mann überhaupt nicht störte, sondern ihn noch interessanter machte.

Elf Jahre später sollte Ehmke mir als Chef des Bundeskanzleramts im Guillaume-Untersuchungsausschuss des Bundestages als Zeuge gegenüber sitzen. Er war mitverantwortlich für die Einstellung des DDR-Agenten Günther Guillaume in das Bundeskanzleramt und damit in das unmittelbare Umfeld des Bundeskanzlers Willy Brandt. Inwieweit Ehmke mitschuldig war an den Schlampereien bei den Sicherheitsüberprüfungen im Zuge der Einstellung Guillaumes wurde nie so ganz geklärt. Jedenfalls hat er den Entscheidungsdruck auf die nachgeordneten Behörden, der zu einer Art „Persilschein" für Guillaume führte, zu verantworten. Ich hatte ihn als Obmann der CDU/CSU-Arbeitsgruppe im Untersuchungsausschuss zu befragen, das heißt: Ich nahm meinen ehemaligen Professor hart ran. Später sagte er mir, ich sei ein ganz schön scharfer Hund geworden. Als ich ihm antwortete, das hätte ich bei meinem Freiburger Staatsrechtsprofessor gelernt, antwortete „Hotte" Ehmke, der für seine scharfe Zunge berüchtigt war: „Dann wären Sie besser bei mir durchgefallen."

Ringkampf mit Regina Linden

Zum Wintersemester 1964/65 wechselte ich an die Universität Bonn. Zuvor hatte ich meinen Posten als Verbandspräfekt der MC in die Hände eines bayerischen Nachfolgers übergeben. Für Studium Teil III, nach Mainz und Freiburg, war Pauken, Pauken, Pauken angesagt. Für Bonn sprach nur ein einziger Grund: „Die einzige Hochschule Deutschlands"! So jedenfalls nannte Rechtsanwalt Schneider sein eigenes Repetitorium, das Jurastudenten relativ schnell und sicher durch das 1. juristische Staatsexamen führte beziehungsweise quälte. Schneider verspottete im Schatten der Bonner Alma Mater von früh bis spät den schwerfälligen, unfähigen Apparat der deutschen Hochschulen und war fest davon überzeugt, dass er Jurastudenten den besten und sichersten Weg in den juristischen Olymp vermitteln konnte. Dort versammelten sich die Söhne und Töchter der Bonner Politikszene, die er in seinen Vorlesungen gerne aufrief, vor versammeltem Publikum genüsslich examinierte und blamierte. Schneider war eine Art Examensversicherung. Seine Vorlesungen und Klausurkurse ließ er sich gut bezahlen, dafür lernten wir von ihm, einem Unterhaltungskünstler erster Güte, fast spielerisch und doch geistig sehr anspruchsvoll die Ur- und Abgründe der Juristerei und vor allem die Klausurtechnik. Ich vertraute ihm und seinem Weg.

Eine bezahlbare Bude fand ich rechts des Rheins bei Gertrude Becker, einer lebensfrohen Rheinländerin von fast 70 Jahren. Sie hatte ihre Eltern bis zum Tod versorgt, ein Haus geerbt und dies an acht Studenten vermietet. Die Mietzahlungen der Studenten waren ihre Altersversorgung. Für sie waren in diesem Haus nur ein Zimmer und eine kleine Wohnküche übrig geblieben. Sie war großzügig, feierte mit uns gern Feste und hatte nur eine Macke: privater Damenbesuch war verboten. Dagegen hatte sie nichts einzuwenden, wenn der etwas spleenige Engländer Simon im Anzug mit Weste und in Schuhen auf seinem Bett ein Mittagsschläfchen hielt.

Mein Arbeitsplan war klar und hart. Zu den Vorlesungen und Klausurkursen des Repetitors kam die konzentrierte Durcharbeitung seiner Skripten. Für dieses Gesamtprogramm veranschlagte ich insgesamt 60 Arbeitsstunden pro Woche. Hatte ich dieses freitagabends nicht erreicht, paukte ich samstags und gegebenenfalls auch noch sonntags weiter. Das war Zwang, das war harte Arbeit und das war idiotisch. Denn der Kopf braucht auch frische Luft und Erholung. Etwas weniger wäre damals sicherlich mehr gewesen.

Meine einzigen Kontakte waren die kleine, internationale Studentengruppe im Hause Becker, die dort von Zeit zu Zeit von der Vermieterin zum Spätzle-Essen eingeladen wurde, und die Studentengruppe der MC an der Universität, die mehrheitlich aus höheren Semestern und einigen Dauerstudenten bestand. Dort lernte ich Rolf Neumann und über ihn eine feierfröhliche Studentenclique kennen. Als wieder einmal so zwanzig bis fünfundzwanzig Studentinnen und Studenten einen Geburtstag feierten, begegnete ich in diesem Kreis zum ersten Mal Regina Linden. Sie interessierte mich zunächst überhaupt nicht, auch war ich zu sehr damit beschäftigt, die vielen Unbekannten erst einmal einschätzen zu lernen. Regina sagte mir später, ich hätte den gesamten Abend mit einem Pokerface herumgesessen und nicht einmal getanzt. Der Nachhauseweg wurde gemeinsam angetreten und führte uns zu den Studentenbuden von Regina und ihrer Freundin Doris Zimmermann, die bei einer Gräfin von Spee in der Lessingstraße 71 wohnten. Zuvor musste aber einer der zahlreichen Bahnübergänge in Bonn überwunden werden. Die Schranke war geschlossen und blieb auch geschlossen, obwohl wir alles andere als leise waren. Schließlich griff ich durch ein Abgrenzungsgitter und setze die dortige Glocke manuell in Betrieb, die sonst beim Schließen der Bahnschranke automatisch ertönte. Urplötzlich ging die Bahnschranke auf und der Bahnwärter, der offenbar bei geschlossener Bahnschranke eingeschlafen war, sprang die Außentreppe des gegenüber liegenden Wärterhäuschens herab, um mich zur Rede zu stellen. Als er bemerkte, dass ich ihm nicht nur die Meinung sagen wollte und dass die gesamte Gruppe zusammengehörte, lief er völlig verängstigt über die Geleise wieder auf sein Häuschen zu und ich ihm hinterher. Vom Alkohol des Abends durchaus beflügelt, wollte ich den Mann verprügeln; außerdem wollte ich auch „unseren" Damen imponieren. Jedenfalls sprang der Mann wieselflink die Treppe hinauf, ich war ihm direkt auf den Fersen, bis mich jemand an einem Bein festhielt. Es war Regina. Und dies war unser erster intensiver, körperlicher Kontakt. Sie war die Einzige, die mir hinterhergelaufen war und die damit sowohl von diesem Mann wie auch von mir größeren Schaden abgewendet hat. All die anderen haben dieses nächtliche Schauspiel aufmerksam verfolgt und nicht geahnt, dass da ein künftiges Ehepaar auf der Eisentreppe miteinander rang.

Regina war im Januar 1944 in Rummelsburg in Pommern zur Welt gekommen. Heute heißt dieser inzwischen polnische Ort Mlatzko. Sie ist ein Steinbock wie ich. Ihr Vater, Josef Linden, stammte aus Urft in der Eifel und stand während der Zeit ihrer Geburt als Soldat im Krieg, genauer gesagt als Flugzeugwart auf dem Flugplatz in

Regina Linden 1965.

Berlin, später dann in Riesa. Da er dort erwischt wurde, als er auf Kaninchen schoss, wurde er degradiert und erreichte zum Kriegsende den Rang eines Unteroffiziers. Die Mutter von Regina, Dorothea Linden, geborene Fritz, stammte aus Pommern und war wegen der ständigen Bombardierungen Berlins zur Geburt ihrer Tochter zur Verwandtschaft nach Pommern ausgewichen. Vor der Hochzeit war sie zum katholischen Glauben konvertiert, ihrem Mann zuliebe. Wie viele Konvertiten wurde sie besonders „gut katholisch". Die kleine Familie überstand wohlbehalten, wenn auch getrennt, den Krieg. Reginas Vater wurde jedoch nach Kriegsende bei Scheveningen in Holland zum Minen-Räumen eingesetzt, trat am 13. Juni 1945 auf eine Mine und flog in die Luft. Seine damals 22-jährige Frau stand nun als sogenannte Kriegerwitwe mit Regina allein im großen Berlin. Josef Linden war der dritte Sohn der Familie Linden, der als Soldat im Zweiten Weltkrieg sein Leben verlor. Mutter Linden sagte zum Tod ihres dritten Sohnes in drei Jahren: „Der Herr hat sie gegeben, der Herr hat sie genommen."

Seit ich diese Familiengeschichte kenne, frage ich mich, warum zur gefährlichen Beseitigung von Kriegshinterlassenschaften nicht zuerst die Generäle und Offiziere statt der Soldaten und Unteroffiziere abkommandiert werden. Und für mich gehören die Großmutter und Mutter von Regina zu den wirklichen Helden des Zweiten Weltkrieges. Wie sie den Verlust dreier Söhne und des Ehemannes hinnahmen, nötigt mir noch heute den größten Respekt ab.

Natürlich spielten die Geschichten unserer beiden Familien in unserer jungen Beziehung keinerlei Rolle. Wir sahen uns, wann immer mein 60-Stunden-Studienplan das zuließ. Regina akzeptierte diese Einschränkung. Als ehemaliges Schlüsselkind, das durch eine berufstätige Mutter gelernt hatte, sich selbst zu beschäftigen, bedrängte sie mich zu keiner Zeit, mehr Zeit mit ihr zu verbringen. Wir unternahmen kleine Sonntagsausflüge, trafen uns werktags zum Mittagessen in der Mensa der Universität. Regina studierte Pädagogik und erschien mir bis zum ersten Examen eher unterfordert. Da sie das sogenannte Puddingabitur in Trier gemacht hatte, gab es allerdings keine alternative Studienmöglichkeit an der Universität, sondern nur die Zulassung zur pädagogischen Hochschule.

Regina war sehr weltoffen, neugierig auf alles, was in der Welt vorging, eher etwas links und durchaus emanzipiert. Ich war eher konservativ, auch was die Familienplanung anging. Ich wollte erst heiraten, wenn ich eine Familie ernähren konnte, und wollte eine Frau, die bereit war, zugunsten von Kindern auf eine eigene berufliche Karriere zu verzichten. Dieser absolute Anspruch, mit dem ich ihr Leben verplante, brachte kräftig Zoff. Wiederholt beendeten wir nach solch ausgiebigen Streitereien unsere Beziehung, gaben die jeweiligen kleinen Geschenke zurück, begannen nach der Überwindung von Trotzphasen mit allgemeiner Trauer, die wir höchstens ein oder auch mal zwei Wochen aushielten, mit reumütigem Zurückrudern. Meistens fiel mir der Part zu, wieder bei Regina aufzutauchen. Sie war nicht kälter als ich, hatte aber offenbar die besseren Nerven. Wir waren rasch wieder ausgesöhnt, die Geschenke wurden wieder ausgetauscht; nur unsere Freunde hatten ihren Spaß an dem hin und wieder stotternden Motor unserer Beziehung.

Später stellte sich heraus, dass Regina für sich das gleiche Familienmodell favorisierte wie ich. Mit Beginn des Mutterschaftsurlaubes vor der Geburt unseres ersten Kindes schied sie aus dem Schuldienst aus und war dort nicht mehr gesehen. Streitpunkt war demnach nicht ihre Lebensplanung, sondern mein chauvinistischer Absolutheitsanspruch. Das war für mich eine heilsame Lehre.

Eine mittlere Katastrophe bahnte sich beim ersten Lehrerexamen von Regina an. Ihre Kommilitonin Doris Zimmermann tauchte eines Tages bei mir auf und erklärte mir, dass Regina nach den erfolgreichen mündlichen Prüfungen nicht mit der Examenshausarbeit zurechtkäme. Damals erfuhr ich zum ersten Mal, dass Regina, wann immer sie in Schwierigkeiten steckte, nicht darüber sprechen konnte und andere Leute nicht mit ihren Problemen belästigen wollte. Das galt später sogar bei Krankheiten: Regina wollte nie über Schmerzen reden oder gar klagen – wie oft musste ich dafür sorgen, dass sie endlich zum Arzt ging!

Das Problem der Hausarbeit haben wir zu dritt, Regina, Doris und ich, gemeinsam besprochen. Regina hatte zu dem anspruchsvollen Thema ihrer Examensarbeit in Religion „Auferstehung und Leben nach dem Tode im Buch der Weisheit und heute" zu viel Material gesammelt und kam jetzt nicht vom Fleck. Ich habe mich genau zehn Tage von meinem Jurastudium suspendiert und mich in der Studentenbude von Doris Zimmermann mit einer Schreibmaschine niedergelassen. Regina musste in ihrem Zimmer ihre Arbeit schreiben. Wann immer ich eine Seite getippt hatte, stand ich vor ihrer Tür und drängelte, bis eine neue handgeschriebene Seite unter der Tür durchgeschoben wurde. So erzwang ich mit Doris Hilfe die Erstellung der Hausarbeit. Auf ähnliche Weise entstand später die Hausarbeit des zweiten Staatsexamens in Mainz, beide Examen bestand Regina glänzend. Sie ist noch heute der Auffassung, dass sie ohne meinen Druck keines der beiden Examen geschafft hätte.

Kurze Zeit später, Regina befand sich in Sachen Examen in der Warteschleife, begleitete ich Regina und Doris an einem Samstagabend gegen 23 Uhr in die Lessingstraße, wo sie ihre Studentenbuden hatten. Im zweiten Obergeschoss sah Gräfin von Spee, ihre Vermieterin, zu dieser späten Stunde aus dem Fenster heraus und rief mir zu, ich solle bitte in ihre Wohnung kommen: Mein Vater war am Abend im St. Vinzenz-Krankenhaus in Mainz verstorben.

Obwohl ich von mehreren Besuchen im letzten Vierteljahr wusste, dass es ihm nicht gut ging, kam sein Tod für mich doch sehr überraschend. Ich lief sofort nach Bonn-Beuel in meine Studentenbude zurück, packte meinen Koffer und fuhr mit dem nächsten Zug nach Mainz. Für meinen Vater war es wahrscheinlich eine Erlösung, meine Mutter meinte, er wollte nicht mehr leiden. Für mich war der Verlust des Vaters ein schwerer Schlag, der noch schwerer wog, weil ich seiner Krankheit ein Stück entflohen war und jetzt mit doppelt schlechtem Gewissen Abschied nahm.

Verschleierungstaktik: Nebel über Mainz

Als Nächstes stand die Entscheidung an, wo Regina ihren Referendardienst antreten solle. Ich hatte ihr bei einer unseren Sonntagstouren längst einen Heiratsantrag gemacht, vielleicht nicht ganz passend und zufällig, auf dem Drachenfels. Sie hatte ausweichend geantwortet, was ihr nicht viel nutzte, denn geheiratet haben wir – wenn auch später – doch. Bis dahin war es aber noch ein langer Weg.

Regina wollte zunächst nicht nach Mainz und sie wollte schon gar nicht alleine nach Mainz gehen. Sie zog als Bonner Studentin Nordrhein-Westfalen vor und träumte merkwürdigerweise von Brilon, wo sie einmal in ihrem Leben gewesen war und die Symbiose von Wasser, Wald und Bergen schwärmerisch in Erinnerung behalten hatte. Also bewarb sie sich in Düsseldorf und wurde nicht Brilon, sondern Mettmann zugewiesen. Jetzt war meine Chance gekommen. Ich lud Regina nach Mainz ein und der Wettergott kam mir entgegen. Es war der 1. November 1966. Über der Stadt und dem Rhein lag eine ungewöhnlich dicke Nebeldecke und zwar während des ganzen Wochenendes. Ich ging mit ihr an den Rhein, man konnte vielleicht eine Wasserfläche von 30 Meter Breite sehen, ahnte aber den Strom. Wir kamen in den Stadtpark und erahnten, dass da ziemlich viele Bäume standen, die ich als Wald anpries. Wir saßen im Stadtparkrestaurant, wo ich ihr den Taunus direkt am gegenüber liegenden Ufer empfahl. Dem Nebel sei Dank, auch das überzeugte: Regina war bereit, Mainz eine Chance zu geben und dort als Referendarin auf mich zu warten, bis ich mein 1. Staatsexamen geschafft hätte. Mein Besuch beim Regierungsvizepräsidenten Fritz Weber war kurz, freundlich und erfolgreich. Die katholische Ludwig-Schwamb-Schule suchte eine Referendarin mit dem Fächerzuschnitt von Regina, vor allem für Religion. Weber half und verabschiedete mich mit einem kleinen Seitenhieb: „Gerster, vor drei Jahren haben Sie mir schon einmal eine Junglehrerin, die Sie heiraten wollten, angedreht. Wenn Sie demnächst mit der dritten kommen, werfe ich Sie raus." Es stimmte, ich hatte das Gedächtnis von Fritz Weber unterschätzt. Ein Grund mehr, Regina zu heiraten.

Vor Silvester zog Regina nach Mainz um. Wir hatten ihr eine kleine Wohnung in der Rheinstraße 46 besorgt. Ihre Hauptfrage war: Wo ist das Wasser, wo der Wald, wo sind die Berge?

Mit dem Wasser des Rheines konnte ich zufriedenstellend dienen, mit dem Wald nur mäßig und mit den Bergen kaum. Regina ist dennoch geblieben. Sie war mit der Schule zufrieden, mit meiner Familie zunächst teils teils und mit der Stadt im Laufe der Jahre immer mehr.

Im Frühjahr 1967 habe ich dann das 1. Staatsexamen bestanden, vier schreckliche Klausuren, eine kräftezehrende wochenlange

Hausarbeit und die mündliche Prüfung, alles zusammen am Oberlandesgericht Köln. Abends feierten wir im kleinen Kreis, das Ganze endete auf der Studentenbude von Rolf Neumann mit 80-prozentigem Stroh-Rum. Am nächsten Tag bauten wir das halbe Haus von Gertrude Becker, unserer Vermieterin, partygerecht um und feierten erneut bis in die Morgenstunden. Zwei Tage später holte mein Bruder Theo mich und mein Gepäck mit dem PKW ab. Warum? Ich hatte mir eine ziemlich unangenehme Lungenentzündung eingefangen.

Wenn mir damals jemand erzählt hätte, dass ich bereits fünf Jahre später wieder in Bonn einziehen würde und zwar als Bundestagsabgeordneter, ich hätte ihn für verrückt erklärt.

4. Fünf Jahre, die mein Leben veränderten (1967 – 1972)

Mit dem Umzug nach Mainz begannen die fünf Jahre meines Lebens, die die größten Umbrüche mit sich bringen sollten. Ich zog wieder bei meiner verwitweten Mutter in den Weihergarten 11 ein. Dort lebte auch noch meine sieben Jahre ältere, ledige Schwester Lisel, die als Postbeamtin ihre Brötchen verdiente und sich mithilfe ihrer Hobbys als Fotografin und durch Tonaufnahmen von Konzerten des Domchores, der Liedertafel u. a. viele Freunde und gesellschaftliche Verbindungen „erarbeitete". Sie war eine Art Gesellschaftsnudel und als Unterhalterin und Witze-Erzählerin sehr beliebt. Letzteres hatte sie von unserem Vater geerbt.

Natürlich gab es Spannungen. Ich war als jüngstes Kind 1963 ausgezogen und kam vier Jahre später als Erwachsener mit Staatsexamen und Braut zurück. Alle Erziehungsversuche der älteren Schwester wurden kurz, knapp und nicht sehr taktvoll zurückgewiesen. Innerhalb der Familie kam ein etwas sonderbares Verhältnis zu Regina ans Tageslicht. Meine Mutter verstand sich prächtig mit ihr und kam mit ihrer unkonventionellen Art bestens zurecht. Aber andererseits schien Regina diejenige zu sein, die mich von einer Promotion abhielt. Ich sollte noch den Doktor machen, war der Wunsch meiner Mutter, woran ich nicht im Traum dachte. Die damalige dreieinhalbjährige Referendarzeit mit großem Staatsexamen und dem Erwerb der Befähigung zum Richteramt dauerte mir gerade lang genug. Ich wollte in das Berufsleben, Geld verdienen, heiraten, Kinder kriegen. Ein weiterer Zeitverlust für einen juristischen Doktorgrad passte da nicht hinein. Und meine Schwester Lisel wurde erneut von der Schwägerinnen-Krankheit befallen. Gabriele und Erika, die Frauen von Theo und Seppi, hatten darunter zu leiden, warum sollte es Regina besser ergehen? Die ledige Lisel mochte eben Schwägerinnen nicht besonders.

Regina hatte mit ihrer preußischen, hochdeutschen Sprache bei den Määnzern ohnehin Schwierigkeiten. Diese geben sich gegenüber Zuwanderern in der Regel offener als sie in Wirklichkeit sind. Regina brauchte so ein, zwei Jahre, bis sie sich auf- und angenommen fühlte. Dabei half ihr Job in der katholischen Privatschule sehr. Schüler, Eltern und Kollegen schätzten die Preußin. Meine Familie anfangs wohl weniger. Einer meiner Brüder nannte sie einmal, mehr verärgert über mich als über sie, eine Eule. Prompt wurde dieses Nachttier unser privates Wappentier und wir begannen, Eulen zu sammeln.

Den Doktortraum hatte meine Mutter noch nicht ganz aufgegeben, eine andere Illusion schon, nämlich, dass ich Priester werden würde. Als Domkapitular Groh, ein Freund der Familie, ihr auf der Straße zu meinem juristischen Examen gratulierte und meinte, ich würde es wohl wie Bernhard Falk machen, der auch erst Jura und dann Theologie studiert hatte, antwortete sie ihm:

„Herr Domkapitular, richtig ist, dass Johannes sein juristisches Staatsexamen gemacht hat, er hat aber auch das Leben studiert. Deshalb hat er seine künftige Braut gleich mitgebracht. Heiraten statt Zölibat steht auf der Tagesordnung."

Statt einer drei Verlobungen

Wir sollten uns offiziell verloben, meinten plötzlich meine Mutter und meine Schwiegermutter unisono. Letztere war seit 1958 ein zweites Mal verheiratet mit Heinz Majerus, einem Luxemburger, der als Straßenbauingenieur bei der Firma Zettelmayer in Trier arbeitete. Regina und ich hielten von dieser allzu bürgerlichen Veranstaltung wenig, beugten uns aber den Wünschen beider Familien unter der Bedingung, die ganze Sache klein zu halten.
Denkste! Aus einer wurden genau genommen drei Verlobungen! Ende Mai feierten die Schwiegereltern mit uns in ihrem Wohnort Konz-Könen hinter Trier. Eine Anzeige im Trierischen Volksfreund und Anzeigenkarten sorgten dafür, dass wir den ganzen Tag Hände schütteln sowie essen und trinken mussten. Ich sah Leute, die wir das ganze Leben nicht mehr sehen sollten. Die „schönsten" Geschenke ließen wir mit guten Wünschen im Haus der Schwiegerel-

tern, die uns nervten, bis wir allen schriftlich gedankt hatten.
Die zweite Verlobungsfeier fand am Samstag, dem 4. Juni 1967, in der Gerster-Wohnung in Mainz statt. Meiner Mutter und meiner mitbestimmungswütigen Schwester Lisel hatte ich abgetrotzt, dass auf Verlobungskarten verzichtet wurde und es bei einer Anzeige im Mainzer Anzeiger bleiben sollte. Frühmorgens durchsuchte ich die Tageszeitung nach unserer Anzeige und fiel fast vom Stuhl. Unter unserer Anzeige war in genau der gleichen Größe die Verlobungsanzeige meines Bruders Seppi mit Erika Wendland platziert. Sie unterschied sich nur in einem: Dort wurde zum Sektempfang um 11 Uhr in Mutters Wohnung eingeladen. Ich war zunächst sprachlos, dann stinksauer, wurde aber schließlich von Mutter, Schwester und Braut beruhigt. Seppi war als Berufssoldat in Fritzlar stationiert und damit etwas weiter weg vom Mainzer Familienclan. Ich bin mir bis heute nicht sicher, ob die Sache mit Mutter und Lisel abgekartet war. Jedenfalls erschien mir meine Mutter etwas glücklicher über die Bindung ihres Bundeswehrjunggesellen und darüber, dass dieses Sorgenkind eine so nette Frau abbekommen hatte, als über die als früh empfundene Bindung des jüngeren Akademikersohnes. Egal, gefeiert wurde gemeinsam und ausdauernd mit entsetzlich vielen, gutmeinenden Leuten und vor allem mit den Freunden meines Bruders, denn meine waren ja nicht eingeladen gewesen.

Im Referendariat lebe ich auf
Inzwischen durchlief ich die üblichen Referendar-Stationen. Nach trockenen Studienjahren lebte ich von neuem auf. Ob Gerichte, Staatsanwaltschaft, Verwaltungen, Rechtsanwaltskanzlei oder Unternehmerverband, überall wurde der Anfänger kollegial aufgenommen und beschäftigt. Der Referendar-Sold war bescheiden, aber nicht ärmlich. Erstmals musste ich nicht mehr jobben und konnte mich auf die Juristerei konzentrieren.

Besondere Folgen sollte die Station beim Stadtrechtsausschuss der Stadt Mainz haben. Stadtrechtsdirektor Max Kress war nicht nur in der Lösung von Verwaltungsstreitverfahren zu Hause, er war auch Präsident und Generalfeldmarschall der Mainzer Ranzengarde von 1837 e. V., der Mutter aller Mainzer Garden. Bei ihm kamen mir

leise Zweifel auf, was das Haupt- und was das Nebenamt war. Jedenfalls war der „rote" Max mitschuldig, dass der „schwarze" Johannes einige Jahre später Ehrenoffizier der Ranzengarde wurde, mit
gewaltigen Spätfolgen.

Ehrenämter in der Pfarrgemeinde und in der CDU

Kaum nach Mainz zurückgekehrt, hatten mich zwei Ehrenämter
eingeholt. Im Jahre 1967 wurden erstmals in den deutschen Di-
özesen Pfarrgemeinderäte gewählt. Diese Folge des 2. Vatikanischen Konzils sollte etwas Demokratie und damit frische Luft in
die römisch-katholische Kirche sowie mehr Beteiligung der Laien
am Gemeindeleben bringen. Ich wurde gefragt, ob ich in meiner
Heimatpfarrei Dom und St. Quintin kandidieren könne, und sagte
in dem Bewusstsein zu, dass der Rückkehrer nach vier auswärtigen
Studienjahren niemals gewählt werde. Dumm gelaufen! Mit dem
zweithöchsten Stimmanteil saß ich plötzlich im Pfarrgemeinderat
und wurde einstimmig zu dessen Vorsitzenden bestimmt. Fast automatisch landete ich auch im Dekanatsausschuss und im Diözesanrat.
Eine ungeplante Blitzkarriere, die allerdings nach zwei durchaus
anstrengenden Jahren mit einem überaus konservativen Pfarrer ein
plötzliches Ende finden sollte. Das hohe Domkapitel hatte unseren Pfarrgemeinderat zu einer Sitzung ins Bischöfliche Ordinariat
eingeladen und eröffnete uns, dass man erwäge, wegen rückläufi-
ger Beteiligung auf die jährliche Fronleichnamsprozession zu verzichten. Daraus entspann sich eine etwa dreistündige Diskussion,
in der unser Pfarrgemeinderat einstimmig erklärte, man müsse
dieses Zeugnis katholischen Glaubens gerade in Zeiten zunehmender Säkularisierung beibehalten. Ich selbst erinnerte leidenschaft-
lich daran, dass die Kirche in der Nazizeit und durch den gesamten
Weltkrieg die Kraft behalten hatte, diese Prozession zum Leidwesen
der NS-Oberen und der Gestapo jedes Jahr durchzuführen. Was in
Zeiten der Not möglich war, solle jetzt nicht ohne jede Not über
Bord geworfen werden. Der damalige Generalvikar Ludwig Hän-
lein erklärte zum Schluss der Diskussion, er sei erfreut über diese
ehrbare Haltung. Das Domkapitel habe aber bereits am Vortag die
Abschaffung der Fronleichnamsprozession beschlossen. Wir waren

platt, und ich trat am gleichen Abend von all meinen kirchlichen Ämtern zurück.

Lange Zeit wurde mir das von den hohen Herrn rund um den Mainzer Dom übel genommen. Aber ich fühlte mich wohl. Ich wollte nicht das Feigenblatt einer Demokratisierung der Kirche sein, die es nicht gab. Einige Jahre später wurde die Fronleichnamsprozession wieder eingeführt. Der Ersatzgottesdienst auf dem Theaterplatz, wo die Menschen bis zu drei Stunden stehen mussten, hatte sich nicht bewährt. Dafür wurde in den 90er Jahren zunächst Regina und seit 2004 mein Sohn Thomas in den Pfarrgemeinderat von Dom und St. Quintin gewählt. Beide hielten und halten länger aus als ich.

Das zweite Ehrenamt bescherte mir die CDU. Während meiner Studienjahre war der CDU-Kreisverband in zunächst zwölf Stadtbezirke unterteilt worden. Die heutigen vier Innenstadt-Bezirke Altstadt, Neustadt, Grüngürtel und Hartenberg/Münchfeld waren noch in einem Stadtbezirk Innenstadt verbunden. Dort suchte der Vorsitzende, Polizeirat Gilbert Welter, einen Stellvertreter und der sollte ich werden. Ein Jahr vorher war mein Vater gestorben und sein Wort, die Demokratie braucht starke Parteien und diese brauchen starke, unabhängige Leute, war mir präsent und Verpflichtung. Ich wurde gewählt. Gilbert Welter schied wegen seines Umzuges nach Mainz-Drais schon kurze Zeit später aus seinem Amt aus und ich wurde Vorsitzender der CDU Mainz-Innenstadt.

Sorgenfreie Jahre nach der Hochzeit

Am Samstag, dem 30. März 1968, heirateten Regina und ich im Ostchor des Mainzer Domes. Es war der letzte Schultag vor den Osterferien und die Regeln waren damals so streng, dass Regina noch die ersten beiden Schulstunden halten musste. Dann ging sie zum Friseur und kam ganz unglücklich zurück. Freundinnen mussten ihr das teuere Haargebirge wieder auf Normalmaß zurückbilden. Günther Daut, der noch heute Taxi fährt, fuhr uns an das Marktportal des Domes, wo uns Freunde als Messdiener, mein Bruder Wolfgang im Messgewand und Onkel Paul in roter Prälatengewandung erwarteten. Unter der besonders feierlichen Musik des Dom-

Am 30. März 1968 wurden Regina Linden und ich im Ostchor des Mainzer Doms getraut. Die Zeiten waren für uns immer noch so karg, dass
keine professionellen Hochzeitsfotos gemacht wurden.

organisten Heino Schneider zogen wir durch das Hauptschiff in den Ostchor, wo Familien, Freunde und zahlreiche Mainzer versammelt waren. Wolfgang las die Messe, Onkel Paul traute uns und alles war schön barock, aber nicht kitschig. Die Hochzeitsfeier ging bis in den Abend, die Nachfeier mit unseren Bonner und Mainzer Freunden in unserer neuen 3-Zimmer-Wohnung in der Rheinstraße 46 bis in den frühen Sonntagmorgen. Abends fuhren wir mit dem Ventimiglia-Express über Ostern auf Hochzeitsreise nach Laigueglia an die Riviera. Eine wohlmeinende Verwandte hatte gemeint, wir hätten besser auf diese Reise verzichtet und die angemalten Apfelsinenkisten in der Küche durch neue Schränke ersetzt. Unsere Meinung war: Eine Küche kann man noch immer kaufen, aber eine Hochzeitsreise lässt sich schlecht nachholen. Inzwischen haben wir drei hochmoderne Küchen überlebt und unsere Ehe hält immer noch.

Mein Auszug aus der mütterlichen Wohnung bedeutete für mich ein Stück Emanzipation, vor allem von den ständigen Erziehungsversuchen meiner Schwester Lisel. Regina und ich bauten uns einen breiten Freundeskreis auf; unsere Wohnung wurde zum Treffpunkt gleichaltriger Ehepaare und mancher Singles, die sich bei uns häuslich niederließen. Einer davon war Benito, der fast ständig bei uns war. Er war in jeder Hinsicht Künstler, kam unangemeldet zum Abendessen, um anschließend ins Mainzer Theater zu wechseln. Der Pfeifenraucher pflegte die ausgerauchte, kalte, nicht gereinigte Pfeife in die Hosentasche zu stecken, die ein Loch hatte. So konnten wir an den von ihm hinterlassenen Bodenspuren erkennen, wo er sich in unserer Wohnung bewegt hatte. Meine regelmäßigen Aufforderungen, sich vor dem Theaterbesuch wenigstens die Hände zu waschen und vielleicht am nächsten Morgen wieder einmal ein frisches Hemd anzuziehen, beantwortete der Junggeselle und Künstler ebenso regelmäßig mit dem gut vernehmbaren Seufzer: „Autoritärer Scheißer!" Benito war etwas lebensfremd, vielleicht zu gut für diese kalte Welt. Jahre später nahm er sich das Leben.

Wir erlebten zwei sorgenfreie Jahre. Regina wurde als Referendarin wie eine fertige Lehrerin eingesetzt, ich absolvierte die Stationen eines Rechtsreferendars und widmete mich meinen Aufgaben als Pfarrgemeinderatsvorsitzender (bis zu meinem Rücktritt) und CDU-Stadtbezirksvorsitzender. Mit der CDU hatte ich so meine

Probleme. Sie war unter dem volksnahen Oberbürgermeister Jockel Fuchs Juniorpartner der SPD. Dieses Mainzer Modell war mir äußerst suspekt. Es roch nicht nur nach Klüngel, es war Klüngel, ohne erkennbare Profile und Eigenpositionen. Im Stadtbezirk war ich anerkannt und zu 100% unterstützt. Auf Kreisparteitagen dagegen war ich durch manche meiner Rechthabereien eher isoliert. Auf einem Kreisparteitag landete ich bei einer Delegiertenwahl mit nur einer Stimme auf dem letzten Platz, es war meine eigene Stimme. Das sollte sich im Jahre 1969 ändern: Der CDU Kreis- und Fraktionsvorsitzende Heinz Laubach, damals der starke Mann der Mainzer CDU, bot mir, dem 28-Jährigen, die Kandidatur zum Mainzer Stadtrat an. Ich lehnte, die Ratschläge meines Vaters im Ohr, ab, wollte unabhängig bleiben und spürte eher unbewusst, dass ich als der schärfste Kritiker der Stadtpolitik eingebunden, vielleicht eingekauft werden sollte.

Das Jahr 1969 war ein schwieriges Jahr. Meine Mutter erkrankte an Blasenkrebs und weigerte sich nach quälenden Untersuchungen, Kobaltbestrahlungen zu akzeptieren. Diese kleine und zähe Frau kämpfte wie eine Löwin, Klagen waren ihr fremd.

Die CDU/CSU ging nach 20 Regierungsjahren in Bonn in die Opposition: Willy Brandt hatte nach der gewonnnen Bundestagswahl Kurt Georg Kiesinger abgelöst. Für viele Altvorderen, die nichts anderes als CDU-Kanzler erlebt hatten, war das eine Katastrophe. Nicht für mich als Stadtbezirksvorsitzender: unsere Innenstadt-CDU wuchs ständig weiter.

Das Jahr 1970 brachte die Wende zum Besseren. Zunächst bestand ich im März mein zweites Staatsexamen und erlangte die Befähigung zum Richteramt. Was war ich stolz! Richter wollte ich aber nicht mehr werden. Zum einen stellte ich fest, dass es keine Laufbahn hin zum Jugendrichter gab. Das konnte man vielleicht werden, aber auf längere Zeit eher nicht. Zum anderen störte mich die Vorstellung, nach einmal getroffenen Urteilen diese noch lange danach berufungs- und revisionssicher schreiben zu müssen. Ich tendierte mehr zum operativen Geschäft. Aus den Angeboten einer bedeutenden Mainzer Anwaltskanzlei, der Landeszentralbank von Rheinland-Pfalz und dem rheinland-pfälzischen Innenministerium filterte ich letzteres heraus und wurde

Hilfsreferent für Fort- und Weiterbildung in der Zentralabteilung des Innenministeriums.

Als junger Wilder im Kreisvorstand der CDU

Mitte des Jahres kandidierte ich als Beisitzer für den Mainzer CDU-Kreisvorstand. Mein Stadtbezirksvorstand vertrat die Meinung, ich solle mehr Einfluss auf die Stadtpolitik bekommen und weniger von außen her kritisieren. Längst hatte ich meine Erfahrungen mit der Kreispolitik gemacht. Die Mainzer CDU war gespalten. Es gab die Mainzer um Heinz Laubach und Bürgermeister Dr. Josef Hofmann, die für mich den Mainzer Flügel repräsentierten und den Nachteil hatten, dass sie die Mehrheit, das heißt die Macht hatten. Daneben gab es den Landesflügel, vor allem jüngere Landesbeamte mit Wohnsitz in Mainz, die im Zuge der Kohlschen Reformpolitik auf Landesebene frischen Wind auch in der Kommunalpolitik einforderten. Ihnen war die Mainzer CDU zu altbacken, zu spießig und zu angepasst. Inhaltlich zählte ich zu diesem Flügel, der aber mehrheitlich aus Zugezogenen und in Mainz wenig verwurzelten Intellektuellen bestand. Gesellschaftlich gehörte ich natürlich zur Mainz-Fraktion in der Partei. Dieser Flügel wählte mich bei den Beisitzerwahlen, um mich einzubinden. Die Anderen wählten mich, weil ich den Laubach-Flügel ständig kritisiert hatte. Ich bekam die meisten Stimmen. Gegenüber dem Einstimmenergebnis kurze Zeit vorher eine Steigerung von annähernd 0 auf 100!

Im Vorstand wurde ich als der junge Wilde – so sah man mich – gleich mit Arbeit betraut, ich wurde Schriftführer. Die Vorstandssitzungen waren eine Ansammlung von allgemeinen politischen Berichten, von Grundsatzaussprachen vornehmlich über die Bundespolitik und Beschlüssen über die nächsten Kreisveranstaltungen. Über Hintergründe und Entwicklungen der Mainzer Kommunalpolitik erfuhr man fast nichts. Natürlich fragte ich eifrig und für die hohen Herrn allzu kritisch nach, das Ganze wurde dann im Protokoll vermerkt und zeitnah an den hauptamtlichen Geschäftsführer Georg Büdel gesandt. Wie staunte ich, dass das Protokoll nicht an die Vorstandsmitglieder versandt wurde, sondern in der nächsten Sitzung als Tischvorlage bereit lag. Und wie staunte ich erst, als ich sah, dass der Geschäftsführer mit roter Schrift Teile des Protokolls geändert oder gestrichen oder mit dem Randkommentar „Das war nur die Meinung des Schriftführers" versehen hatte. Ich war platt. Gefehlt hat nur eine Benotung des Oberlehrers. Mein Protest wurde mit dem Kommentar, „wir alle mussten erst einmal lernen", abgefertigt.

Was war zu tun? Mit Regina besprach ich noch am gleichen späten Abend meine Reaktion. Mit unseren beiden Referendargehältern waren wir alles andere als reich, aber auch nicht arm. In den nächsten Tagen kauften wir eine Geha-Druckmaschine, Matrizen und Tusche und platzierten diese Druckerwerkstadt im Keller. Unsere Wohnung sollte sie nicht verschandeln.

Das Protokoll der zweiten Sitzung war noch einmal mit rot korrigiert. Mein Protest in der dritten Sitzung verhallte wiederum ohne Anzeichen der Besserung. Das dritte Protokoll schrieb ich auf eine Matrize und nudelte es 20-fach ab. Diese Druckerei verschönte mich anfangs mit Druckerschwärze bis zum Ellenbogen. Drucken und Revolutionen wollen wirklich gelernt sein!

Dann versandte ich mein Protokoll auf dem Postweg direkt an jedes Vorstandsmitglied, auch an die Kreisgeschäftsstelle. In der nächsten Vorstandssitzung, ich traf als Letzter um Punkt 20 Uhr ein, war der Teufel los. So etwas hatte es noch nie gegeben, so etwas durfte es einfach nicht geben. Der Schriftführer verschickt eigenmächtig, auch an der Geschäftsstelle vorbei, Protokolle. Welch Anarchie! Der Antrag, mich als Schriftführer abzulösen, wurde mit 6 : 6 Stimmen in offener Abstimmung abgelehnt. Der halbe Vorstand war aufgewacht. Meine Auffassung, dass der Vorstand politische Entscheidungen treffen müsse, gewann langsam aber sicher mehr Anhänger.

In der zweiten Hälfte des Juni 1970 bestand Regina ihr zweites Staatsexamen. Es war eine Zitterpartie und eine Punktlandung zugleich. Denn die abschließende mündliche Prüfung erfolgte exakt zwei Tage vor Beginn ihres Mutterschaftsurlaubes. Die Hausarbeit war mit den üblichen Wehen wie im ersten Examen bereits im Vorjahr abgeliefert worden. Nur mit Druck und viel gutem Willen der Verantwortlichen war letztlich ein Termin zur Prüfung in letzter

Minute noch möglich geworden. Natürlich ahnten wir nicht, dass Regina nie mehr in einer deutschen Schule unterrichten werde, nur noch viel, viel später in einer Schule in Jerusalem. Der Höhepunkt des Jahres war der 8. August 1970. Unser Sohn Thomas wurde 10 Minuten vor Mitternacht in der Uniklinik in Mainz geboren. Um ca. 21 Uhr hatte mich Regina nach Hause geschickt. Die Wehen hatten sich wieder verabschiedet. Um ca. 22 Uhr rief die Frauenklinik an und meinte, wenn ich bei der Geburt dabei sein wolle, solle ich mich in Bewegung setzten. Mit unserem VW-Käfer raste ich – mit bestimmt 80 km/h – die Kaiserstraße hinauf. Weil der Auspuff kaputt war, hatte halb Mainz etwas davon. Als ich in die Uniklinik Mainz einfuhr, sagte meine Frau: „Es kann losgehen, er ist da!" Sie hatte unseren Panzer-VW von weitem gehört. Ich eilte, dem Anlass gemäß gekleidet, in den Kreissaal, wo mir ein Stuhl an der Tür zugewiesen und mein Angebot, in das Geschehen einzugreifen, abgelehnt wurde: „Bleiben Sie bloß in Ihrer Ecke sitzen", herrschte mich der geburtshelfende Oberarzt an. Dass unser Sohn gerade noch am 8. 8. das Licht der Welt erblickte, erfreute meine Schwiegermutter besonders. Sie hatte am gleichen Tag Geburtstag. Die Ankunft des ersten gemeinsamen Kindes veränderte gefühlsmäßig mein Leben stärker als andere sehr wichtige Daten wie z. B. die Hochzeit oder der Einstieg in das Berufleben. Zwar war ich auf den ersten Blick etwas enttäuscht über den kleinen Mann, der unmittelbar nach der Geburt eher alt und runzelig aussah, das änderte sich aber schlagartig mit dem Bewusstsein, dass alles Bestens gelaufen war. Natürlich war Thomas das schönste Kind und ich der glücklichste Vater der Welt. Zugleich bewunderte ich meine Frau noch mehr als bisher.

Langeweile im Ministerium, alle Hände voll zu tun in der Kreisverwaltung
Anfang 1971 ging ich zu Staatssekretär Alois Schreiner und erklärte ihm, dass ich den öffentlichen Dienst verlassen und in eine Mainzer Rechtsanwaltskanzlei eintreten wolle. Ich fühlte mich unterfordert. In der Tat erarbeitete ich von früh bis spät Konzepte für die Ausbildung von Beamten, die ein Vorgesetzter dann umsetzte oder

auch nicht. Ich hatte keinerlei Arbeitskontakte mit anderen Beamten, nur der Amtsbote kam zweimal am Tag herein, um mir einige wenige Akten zu bringen, beziehungsweise welche abzuholen. Das mir übertragene Pensum erledigte ich locker in der normalen Arbeitszeit, es blieb dabei noch genügend Zeit für die Tageszeitungen, für Kaffeepausen und ausgiebige Rundblicke aus meinem Dachgeschossfenster auf den Schillerplatz. Dafür hatte ich nicht so lange studiert. Jetzt verkörperte ich den alten Witz, dass Beamte deshalb die besten Ehemänner sind, weil sie abends ausgeruht nach Hause kommen und bereits die Zeitung gelesen haben.

Schreiner bot mir spontan einen Tausch mit meinem alten Schulkollegen Hans-Valentin Kirschner an. Dieser saß in der Kreisverwaltung Mainz-Bingen und wollte ins Ministerium und ich saß im Ministerium und wollte hinab zu den Menschen. Der Landkreis Mainz-Bingen war gerade aus den Landkreisen Mainz und Bingen zusammengewürfelt worden und es standen dort wie überall im Lande die Bildung der Verbandsgemeinden an. Ich machte einen Vorstellungsbesuch bei Landrat Dr. Heribert Bickel, tauschte mich mit Hans-Valentin aus und der Doppelwechsel war perfekt. Ich zog in Mainz vom Bassenheimer Hof in den Erthaler Hof um.

Bickel war seiner Zeit in mancherlei Hinsicht voraus. Er machte seine vom Land entsandten Juristen zu Dezernenten, die über den Abteilungsleitern rangierten. Ich war für die Kommunalaufsicht, für Jugend und Sport und für den gesamten Planungs- und Baubereich zuständig. Dieser letzte Bereich war besonders brisant. Als Regierungsassessor wurde ich einem fast 60-jährigen Baudirektor vor die Nase gesetzt. Da dieser ein recht inniges Verhältnis zum Alkohol hatte, hat der Landrat ihm die Zeichnungsbefugnis entzogen und sie mir, dem 30-Jährigen, übertragen. Dass das mit vielen Kämpfen verbunden war, verstand sich von selbst.

So war zum Beispiel in Waldalgesheim während der Kreisfusion ein illegales Wochenendhaus-Gebiet entstanden. Dort hatten sich respektable Leute aus Mainz und Wiesbaden, darunter auch einige Juristen, an zwei Wochenenden ihre Häuschen errichtet. Am ersten Wochenende wurde die Betonplatte gegossen, auf die eine Woche später das Fertighaus montiert wurde. Als ich das Gebiet das erste Mal besichtigte, fiel ich fast in Ohnmacht. Dort standen fast 300

Wochenendhäuser ohne Strom-, Wasser- und Abwasseranschluss. Es war abzusehen, dass dort auf Dauer ein Riesenslum entstehen würde. Es gab zwei Möglichkeiten: Wir stellen erstens Abrissverfügungen zu, mit der Folge, dass die Verwaltungsgerichte über viele Jahre beschäftigt gewesen und weiter illegal gebaut worden wäre. Ein Mainzer Rechtsanwalt mit einem Wochenendhaus als Zweitwohnsitz in Waldalgesheim, sagte mir kollegial und fast mitleidig: „Gerster, ich organisiere Massen- und Sammelklagen bis zum Bundesverwaltungsgericht. Bis Sie das erste Wochenendhaus fallen sehen, ist Ihre Pension nahe."

Ich dankte ihm artig für diese fürsorgliche Ansprache und organisierte mit Landrat Bickel den zweiten Weg: Das gesamte Gelände wurde vermessen und Außengrenzen für dieses Gebiet angelegt. Ständige Streifen meldeten, wenn eine Bautätigkeit außerhalb dieses Gebietes zu erkennen war. Mit allen rechtlichen Mitteln und in Eilverfahren wurden dann solche neuen Bauaktivitäten konsequent unterbunden. Für den Innenbereich wurde ein Bebauungsplan in der kürzest möglichen Zeit erarbeitet und durchgesetzt. Anfangs wurden wir von den Datschabesitzern angegiftet, ja angegriffen. Bald erkannten sie jedoch, dass wir ihren kleinen Besitz vor einer Verwilderung schützten.

Eine weitere brisante Geschichte kam auf den Tisch, als Landrat Bickel im Urlaub war und sein Vertreter, der ehrenamtliche Kreisbeigeordnete Ernst Delorme aus Oppenheim, mich in das Landratszimmer bat. Dort saß der Spiegel-Korrespondent Peter Adam und erklärte, er wolle berichten, dass der CDU-Landrat einen Nazi-Bürgermeister decke. Ernst Delorme, Mitglied der SPD, verteidige loyal den CDU-Landrat ohne erkennbaren Erfolg.

Was war passiert?

In einer Dorfkneipe in Rheinhessen war ein parteiloser, ehrenamtlicher Bürgermeister einer Kleinstgemeinde zu später Stunde unter Alkoholeinfluss mit einer Familie aus Sprendlingen zusammengerasselt. Er beschimpfte diese jüdische Familie mit eindeutig antisemitischen und rassistischen Sprüchen. Die Sache war deshalb so heiß, weil dieser Bürgermeister 33 Jahre vorher in der „Reichspogromnacht", am 9. November 1938, als Hitlerjunge an der Zerstörung der Wohnung der jüdischen Familie in Sprendlingen beteiligt gewesen war. Adam wollte nun klipp und klar wissen, ob der CDU-Landrat diesen Nazi-Bürgermeister hinauswerfen werde oder nicht.

Delorme wusste nicht so recht, was er sagen sollte und war froh, als ich erklärte, ich würde Ermittlungen aufnehmen und Adam in ca. einer Woche ausgiebig informieren. Nach dessen Rückzug erklärte ich dem Kreisbeigeordneten, es gäbe kaum eine Möglichkeit, den Bürgermeister zu entlassen. Was vor 33 Jahren geschehen sei, z. B. Hausfriedensbruch und Sachbeschädigung, sei längst verjährt. Was jetzt passiert sei, Verleumdung oder Beleidigung, reiche kaum aus, einen ehrenamtlichen Bürgermeister seines Amtes zu entheben. Ich würde dennoch empfehlen, ein in der Form korrektes Ermittlungsverfahren aufzunehmen und den Bürgermeister zu entlassen. Entweder nehme dieser es hin oder das Verwaltungsgericht werde die Entlassung wieder aufheben. Meines Erachtens sei es besser, sich juristisch zu blamieren, als in die Nähe eines Nazis gerückt zu werden. Delorme stimmte mir zu, bat mich aber, die Entlassungsurkunde selbst zu unterschreiben. Ich fuhr vier Tage mit der Chefsekretärin des Landrates, mit seinem Dienstwagen und Fahrer im Landkreis herum und vernahm zweimal den Bürgermeister und neben der betroffenen Familie weitere Zeugen. Montag war Adam in der Kreisverwaltung gewesen, Freitag überbrachte ich selbst dem Bürgermeister die Entlassungsurkunde und brachte anschließend eine Kopie zu Adam. Der war alles andere als fröhlich, hatte ich ihm doch eine schöne Geschichte kaputt gemacht. Die Klage des Bürgermeisters kam und wurde nach ca. drei Monaten von ihm wieder zurückgezogen. Gott sei Dank! Den Prozess hätten wir glasklar verloren, was auch die Meinung des aus dem Urlaub zurückgekehrten Landrates war. Er dachte als Superjurist mehr juristisch, ich vielleicht etwas mehr politisch.

Die Gemeinden und der Kreis bereiteten sich intensiv auf die Bildung der Verbandsgemeinden und die ersten Wahlen von Verbandsbürgermeistern und Verbandsgemeinderäten Anfang 1972 vor. Der Landrat und der Dezernent für die Kommunalaufsicht hatten alle Hände voll zu tun. Ich war nicht nur tagsüber voll ausgelastet, ich war auch fast jeden Abend unterwegs. Die Freien Wählergruppen mussten erstmals rechtsfähige Vereine gründen oder für alle Bürger offene Veranstaltungen zur Aufstellung ihrer Bewerberlisten durchführen. Manche waren überfordert in dieser sehr formalen und juristischen Welt und ließen sich vom Juristen Gerster gerne beraten und leiten. Essenheim wollte unbedingt nach Mainz eingemeindet werden, Hechtsheim dagegen nicht. Die Budenheimer wollten unbedingt selbstständig bleiben, Ebersheim wollte wiederum nach Mainz. Die Emotionen kochten hoch und wir kochten mit den bescheidenen Mitteln einer kleinen Kreisverwaltung, manches Mal auch gegen die übermächtige Landeshauptstadt, mit. Hatte mich die Eintönigkeit des Ministeriums genervt, ging ich jetzt in der Vieltönigkeit der Kommunalpolitik auf.

In Nieder-Olm gab es eine Sondersituation. Der langjährige Bürgermeister Taulke war von der Aufsichtsbehörde wegen angeblicher Korruption des Dienstes enthoben worden. Seine Beigeordneten traten aus Solidarität ebenfalls zurück. In Nieder-Olm musste ein Staatskommissar eingesetzt werden, und das wurde durch landrätliches Dekret ich. Jetzt saß ich dem Nieder-Olmer-Gemeinderat vor, führte die Amtsgeschäfte des Bürgermeisters und brachte vor allem mithilfe des Verwaltungsleiters Kraft noch einen Haushalt für das folgende Jahr ein und durch den Gemeinderat.

Was eigentlich nicht Aufgabe des Landrates und seines Dezernenten Gerster war, kam noch dazu: Die örtlichen Häuptlinge der CDU und erfreulicherweise auch diejenigen der Wählergruppen waren sehr interessiert, geeignete Kandidatenvorschläge für die Ämter der Verbandsbürgermeister zu bekommen. Es gelang in der Regel, CDU und FWG für einen Kandidaten zu gewinnen. Als ich in die Kreisverwaltung gekommen war, hatte es so ausgesehen, dass die CDU nur in der Verbandsgemeinde Gau-Algesheim den Verbandsgemeindebürgermeister gewinnen könne. Nach den Wahlen bekam die CDU fast alle Verbandsbürgermeister, nur den in Gau-Algesheim nicht. Krach in der CDU vor Ort hatte den eigenen Kandidaten aus dem Rennen geworfen.

Auch hier war Nieder-Olm wieder ein Sonderfall. Diese zweitgrößte Verbandsgemeinde hatte mehr als andere ein sehr breites Bevölkerungsspektrum aufzuweisen. Orte wie Sörgenloch und Zornheim waren noch stark ländlich geprägt, andere wie Nieder-Olm hatten bereits ein ausgeprägt städtisches Bürgertum aufzuweisen. Als der Landrat mich fragte, ob ich dort kandidieren wolle, gab ich ihm einen Korb. Richtig war, der Kandidat musste entweder ein anerkannter Bauer aus der Verbandsgemeinde oder ein Intellektueller mit Bodenhaftung sein. Ich sagte zu Bickel: „Fragen Sie doch den Kirschner, der ist im Ministerium inzwischen genauso frustriert wie ich vor einem Jahr. Wenn Kirschner das macht, muss man die Personalunion zwischen Verbands- und Ortsbürgermeister herstellen. Der Kirschner kann das beides zusammen machen. Es spart Geld und gibt Kirschner ein breiteres Forum." So kam es dann auch. Kirschner gewann die Orts- und Verbandsgemeindewahlen und wurde ein hervorragender Bürgermeister. Die Urkunde als Verbandsbürgermeister erhielt er aus der Hand des Landrates, die Urkunde als Ortsbürgermeister erhielt er von mir. Es war meine letzte Handlung als Staatskommissar von Nieder-Olm.

Drei Todesfälle in der Familie

So erfreulich das Jahr 1971 in beruflicher Hinsicht lief, so traurig verlief es im Privaten: Der Gesundheitszustand meiner Mutter hatte sich von Monat zu Monat verschlechtert. Seit Anfang des Jahres war sie mehr in den Universitätskliniken als zu Hause. Auch Onkel Paul hatte in den letzten zwei Jahren erheblich abgebaut. Die Mutter lag mit Blasenkrebs, ihr Bruder mit Prostatakrebs im selben Krankenhaus. Beide redeten nur über die Krankheit des Anderen und wollten nicht über die eigene Krankheit sprechen. Beide wurden von uns ständig über den Zustand des Anderen belogen. Es war entsetzlich. Mein Versuch, sie einmal in einem Zimmer zusammenzubringen, lehnten beide entschieden ab. Sie ahnten, dass es dem Anderen schlechter ging, als wir zugaben und wollten der Realität entfliehen.

Wir brachten Thomas wöchentlich einmal zur Oma und zum Großonkel Paul. Beide lebten auf, beide hatten ihn in ihr Herz geschlossen. Bei einem dieser Besuche schenkte mir Onkel Paul seine goldene Uhr mit Goldkette und sagte, ich solle diese dann an Thomas vererben. Ich gab sie an Thomas bereits bei seinem Abitur weiter. Ich hatte sie kein einziges Mal getragen, es war für mich von Anfang an die Uhr von Thomas. Zehn Tage vor Ostern fiel meine Mutter ins Koma. Sie litt und stöhnte zunehmend unter ihren Schmerzen. Ich redete mit den Ärzten, setzte mich über ihren Willen hinweg und sorgte dafür, dass sie wenigstens mithilfe von Morphium etwas Linderung erfuhr. Am Ostermontag kam mein Bruder Wolfgang wie immer nach seinem Pfarrerdienst an hohen Festtagen zum Mittagessen zu uns nach Mainz. Danach gingen wir zu Mutter ins Krankenhaus. Ihr Aussehen entsetzte Wolfgang. Er begann – typisch Priester – die Sterbegebete zu sprechen. Plötzlich hörten wir Mutter, die seit Tagen nicht mehr gesprochen hatte, deutlich sagen: „Wolfgang, hör auf. Ich gehe noch nicht." Ich war erschüttert und es war auch das Letzte, was ich von meiner Mutter gehört habe. Sie verstarb zehn Tage später, ohne noch einmal aufgewacht zu sein, am 16. April 1971.

Onkel Paul verstarb am 20. Juli 1971. Noch heute benutzen wir mehr aus Pietät einen Schrank aus seinem Arbeitszimmer und unser Sohn Thomas seinen Schreibtisch. Seine langjährige Haushälterin Gretel Keul, die zu unserer Familie zählte, hatte darauf bestanden, dass ich diese Möbel übernahm. Das sei Onkel Pauls Wunsch gewesen. Nachdem sie seinen Haushalt aufgelöst hatte, starb sie im Spätherbst des gleichen Jahres. Drei Todesfälle im engsten Umkreis in nur sechs Monaten. Ich stürzte mich wie ein Verrückter in die Arbeit. Was hätte ich auch sonst tun sollen?

Palastrevolution: Der Fisch stinkt zuerst am Kopf
Nach den Landtagswahlen im Frühjahr 1972 in Baden-Württemberg, welche die CDU haushoch gewann, wurde deutlich, dass die SPD/FDP-Koalition in Bonn am Zerbröseln war. Es kam zum konstruktiven Misstrauensvotum im Bundestag, bei welchem dem CDU-Kanzlerkandidaten Rainer Barzel zwei sichere Stimmen fehlten. Vor diesem Wahlgang hatte die SPD, vor allem Herbert Wehner, der Union vorgeworfen, sie habe Stimmen aus dem SPD-Lager gekauft. Viel später erwies sich, dass zumindest der CDU-Abgeordnete Julius Steiner für die andere Seite gekauft worden war.

Bei einem meiner häufigen Einsätze als Staatskommissar in Nieder-Olm war ich Monate zuvor mit CDU-Freunden in der Kellerbar der Familie Dr. Max Weber gelandet. Ich glaube, es war der CDU-Ortsvorsitzende Albert Heinermann, der mich vor versammelter Mannschaft fragte, ob ich bei den absehbaren vorgezogenen Bundestagswahlen nicht im verwaisten Wahlkreis Mainz-Bingen kandidieren wolle. Darauf antwortete ich: „Ihr habt wohl nicht alle Tassen im Schrank. Das kann ich nicht, das mache ich nicht, ich bin viel zu jung und unerfahren dafür." Die Sache war für mich erledigt.

Kurz danach stand in Mainz die Neuwahl des Kreisvorstandes an. Kreisvorsitzender Heinz Laubach wollte mit seinen engen Freunden fünf unabhängige und inzwischen sehr kritische Vorstandsmitglieder herauswählen lassen: Heiner Geißler, seit 1965 Sozialminister von Rheinland-Pfalz, Ferdi Stark, Abteilungsleiter in der Staatskanzlei Helmut Kohls, die Landtagsabgeordnete Dr. Maria Herr-Beck, Professor Kurt Dörr und natürlich mich.

Geheimabsprachen in der Mainzer CDU werden innerhalb von 48 Stunden auch denen bekannt, die das nicht wissen sollen. Wir fünf trafen uns in unserer Wohnung am Fischtorplatz, um Gegenmaßnahmen zu beraten. Geißler warb für einen Kampf um die Beisitzerpositionen. Mit dem Argument, der Fisch stinkt zuerst am Kopf, wollte ich eine Palastrevolution mit einer Kandidatur von Heiner Geißler als Kreisvorsitzender, was dieser schroff ablehnte. Auf einem Folgetreffen sagte ich, dass dann Frau Herr-Beck, Ferdi Stark oder Kurt Dörr für den Vorsitz kandidieren müsse. Alle drei lehnten ab. Darauf erklärte ich: „Gut, dann kandidiere ich. Von meinem Stadtbezirk bekomme ich 30 Stimmen, von anderen Stadtbezirken mindestens weitere 30 Stimmen, macht 60 Stimmen gegen 120 Stimmen, eine solche Niederlage ist für mich nicht ehrenrührig. Ich beweise aber, dass ich den Kreisvorsitzenden nicht nur kritisiere, ich verdeutliche, dass die CDU Mainz nach jahrelangem Klüngel endlich einen Neuanfang braucht."

Plötzlich war Geißler doch bereit, seinen Hut in den Ring zu werfen. Ich war glücklich und gemeinsam wurde ein Schlachtplan entworfen, der zu einem neuen Kreisvorsitzenden, zu einem Neuanfang und zum Aufschwung in der Mainzer CDU führte. Heinz Laubach, den ich über Jahre innerparteilich kritisiert, ja traktiert hatte, nahm seine Niederlage auf dem Kreisparteitag gelassen hin. Heute weiß ich, dass ich in meiner Kritik an ihm des Öfteren über das Ziel hinausgeschossen bin. Gleichwohl war der Wechsel zu Geißler ein großer Gewinn. Unter ihm hat sich die Partei rundum erneuert und neue, interessante Mitglieder angezogen.

Mit Landrat Bickel besuchte ich eine Woche später eine große Weinprobe der CDU in Nackenheim. Etwa eine halbe Stunde nach Beginn kam Hanna-Renate Laurien und setzte sich mir gegenüber auf einen freien Platz. Die spätere Ministerin war zu dieser Zeit Staatssekretärin im Kultusministerium von Rheinland-Pfalz und dort wie im CDU-Kreisverband Mainz-Bingen „Hanna Granata", die starke Frau schlechthin. Während der Weinprobe flüsterte sie mir in einer Art, die keinen Widerspruch erlaubte, zu: „Sie müssen für den Bundestag kandidieren." Ich war völlig perplex. Diese Frau kannte mich kaum. Ich war hin- und hergerissen, einerseits geschmeichelt und geehrt, andererseits nachhaltig von meinem Vater geimpft, kein Amt oder Mandat anzustreben. Auf der Rückfahrt erzählte ich dem Landrat von Lauriens Vorschlag und war über seine Reaktion ebenso überrascht: „Machen Sie es! Die CDU des Landkreises hatte bisher nur Bundestagsabgeordnete aus der Stadt Mainz, die sich nach der Wahl vor allem dort und in Bonn sehen ließen. Sie kennen den Landkreis, die CDU im Landkreis kennt Sie und weiß, Sie kommen auch nach den Wahlen. Wenn Sie kandidieren, unterstützen wir Sie zu 90 Prozent, Sie brauchen aus der Stadt daher nur 40 Prozent Zustimmung."

Natürlich verstand ich diese Bemerkung. In Mainz hatte sich Dr. Walter Konrad längst für eine Bundestagskandidatur warmgelaufen. Er war stellvertretender Justiziar im ZDF und JU-Kreisvorsitzender gewesen, er war älter und bedeutend erfahrener als ich.

Vor mir lagen zwei Hürden: Die größere war ich selbst. Sollte ich wirklich alle Ratschläge meines vor sechs Jahren verstorbenen Vaters in den Wind schreiben und doch um ein Mandat kämpfen? Neben Frau Laurien bedrängten mich Landrat Bickel und der CDU-Vorsitzende des Landkreises, Landtagspräsident Johann Baptist Rösler aus Bingen. Nach anfänglichem Zögern bedrängten mich aber auch Heiner Geißler und seine stärker werdende Truppe in der Mainzer CDU. Beide aus unterschiedlichen Motiven: Die Landkreisleute wollten, wenn schon einer aus der Landeshauptstadt, dann mich.

Davon versprachen sie sich einen im Landkreis präsenten MdB. Geißler wollte bei seiner ersten wichtigen Personalentscheidung als Kreisvorsitzender keinen Laubach-Mann, als der Walter Konrad galt. Meine Bedenken gegen eine Kandidatur wurden durch zwei Argumente ausgeräumt: Wer A sagt, muss auch B sagen. Wer politisch gestalten will, muss seine Möglichkeiten, Einfluss zu nehmen, auch ausschöpfen. Wenn man gebraucht wird, muss man antreten und darf seine Freunde nicht hängen lassen und allzu viele Freunde meinten offenbar, ich würde wirklich gebraucht. Mit meinen 31 Jahren und mit flatternden Hosen stimmte ich letztlich einer Kandidatur zu.

Wahlkampf – Qualkampf

Die zweite Hürde lag in der Partei. Ich musste mehrheitsfähig werden. Es folgte ein unerbittlich hart geführter parteiinterner Wahlkampf mit zahllosen Vorstellungsrunden und den Wahlen der Delegierten für die Wahlkreisversammlung, die das letzte Wort hatte. 69 Delegierte nominierten mich als Kandidaten für den Wahlkreis Mainz-Bingen. Walter Konrad hat 39 Stimmen erhalten. Heiner Geißler erkämpfte für mich einen guten Platz auf der Landesliste der Partei. Manche Anhänger Konrads nahmen mir meinen Sieg noch jahrelang übel. Dazu gehörte Walter Konrad selbst nicht. Mit ihm bin ich bis heute freundschaftlich verbunden. Er ist seit Jahrzehnten einer der eifrigsten und intelligentesten Köpfe der Mainzer CDU. Ich selbst lernte aus diesem internen, zugegebenermaßen nicht immer sauberen Kampf zweierlei: Wenn einer in der Politik für dich ist, muss das nicht immer in deiner Persönlichkeit begründet sein. Machttaktische Überlegungen können mindestens genauso wichtig sein. Vermeide die Bildung von Cliquen in der Partei. Bevorzuge möglichst große Transparenz und die offene Feldschlacht, die sich mit einer Hinterzimmerpolitik unter besonders Vertrauten nicht verträgt. Wer zu viel in eine eigene Kampftruppe investiert, schließt zu viele aus.

In nur fünf Jahren war ich vom Studenten zum Volljuristen, zum Ehemann, Familienvater und Bundestagskandidaten mutiert. In dieser Zeit verlor ich meine Mutter, den Onkel und dessen Haushälterin, plötzlich war man so richtig erwachsen und verantwortlich und sollte sich mit bedeutend erfahreneren Leuten messen. Der Bundestagswahlkampf wurde für die CDU knüppelhart. Sie hatte das vorzeitige Ende der Wahlperiode durchgesetzt und war nun dabei, im Wahlkampf mit zwei völlig unterschiedlichen Kanzlerkandidaten mehr und mehr unterzugehen. Willy Brandt stand unter dem Motto „Willy wählen!" in den Augen der Presse und damit rasch in der Auffassung der Bevölkerung für die Aussöhnung mit dem Osten, für Frieden. Rainer Barzel stand mit kalter Intellektualität für die Fortsetzung des Kalten Krieges. In der Politik ist nicht unbedingt das, was ist, sondern das, was die Leute glauben, dass es ist. Wir kämpften mit Sachargumenten gegen Emotionen, mit dem Kopf gegen den Bauch und hatten keine Chance. Im Wahlkreis kandidierten Hugo Brandt, der spätere SPD-Landesvorsitzende, und Helmut Schäfer, der spätere FDP-Staatsminister im Auswärtigen Amt, gegen mich, den Grünschnabel. Ich hatte letztlich keine Chance, den Wahlkreis zu gewinnen, was ich aber lange verdrängte.

Wir versuchten uns mit neuen Formen des Wahlkampfes, die unter dem Begriff „Canvassing" frisch aus US-Wahlkämpfen importiert worden waren. Dies hieß nichts anderes als die Ergänzung der alten Parteiveranstaltungen. Diese gab es als Großveranstaltungen weiter, auch bot die CDU in jedem Stadtteil und in jedem Ort des Landkreises insgesamt rund 100 Veranstaltungen mit mir, dem Spitzenkandidaten im Wahlkreis, an. Außerdem wurden wir von Volkshochschulen, Gewerkschaften, Wirtschaftsverbänden, Kirchengemeinden durch unzählige Podiumsdiskussionen gejagt. Dabei stand es mit Brandt und Schäfer gegen Gerster immer 2:1. Ich lernte schnell, dass auf diesen „Schlachtfesten" kaum ein Besucher politisch beeinflusst, will sagen: umgestimmt, wurde, dass aber das Schauspiel der gegeneinander streitenden Kandidaten fast so wichtig wie der Stierkampf in Spanien war. Kein Kandidat wollte es wirklich, kein Kandidat konnte sich jedoch entziehen.

„Canvassing" bedeutete, hin zu den Menschen, wo immer sie zu finden waren. Morgens um 6 Uhr bei den Arbeitern vor den Werkstoren und bei den Berufspendlern in der Bundesbahn von und nach Mainz. Das bedeutete vier- bis fünfmal in der Woche spätestens um 5 Uhr aufstehen und das im Oktober und November! Der Südwestfunk drehte einen Film über mich, der morgens um 5 Uhr mit dem Wecker im Schlafzimmer begann. Im Schlafanzug kletterte ich dann aus dem Bett, ins Badezimmer, in die Tageskleidung und eilte zum ersten Termin. Und ich mutete nicht nur mir, sondern auch meiner wieder schwangeren Frau diesen Schwachsinn zu! Wir eilten tagsüber von Haustür zu Haustür, um mich bekannt zu machen. Wir standen an Informationsständen im gesamten Wahlkreis herum. Abends endeten die Veranstaltungen nicht vor 22 Uhr. Bis ich im Bett lag, war es mindestens 24 Uhr, Ende eines 19-Stundentages und das über Wochen. Der Aufwand war gewaltig, der Ertrag gering.

Hugo Brandt brachte keine 50% dieses Einsatzes, versteckte eher seinen Vornamen, imitierte in Sprache und Gestik Willy Brandt und vertraute darauf, dass das große Wasser das kleine mitziehen werde. Das funktionierte auch. Nicht nur einmal hörte ich bei meiner täglichen Marathontour, wie schön es sei, dass hier im Dorf Willy Brandt kandidiere. Er oder sie würde natürlich Willy Brandt wählen – es war zum Verrücktwerden und für Hugo Brandt wie ein Sechser im Lotto!

Die CDU/CSU verlor die Bundestagswahlen haushoch, die SPD wurde erstmals in der Geschichte der Bundesrepublik stärkste Partei im Bundestag. Und im Wahlkreis lag Hugo Brandt mehr als 18 000 Stimmen vor mir, wogegen bei der letzten Wahl der CDU-Kandidat Dr. Josef Hofmann nur dreieinhalbtausend Stimmen hinter Hugo Brandt ins Ziel gekommen war. Die Wahl war am 18. November 1972. Am nächsten Tag kamen die CDU-Kreisvorstände Mainz und Mainz-Bingen zusammen. Kritik gab es wegen des Ergebnisses oder zu meinem Wahlkampf nicht. Es gab trotz der schlechten Ergebnisse sogar ein wenig Feststimmung, weil es wieder einen CDU-Abgeordneten im Wahlkreis gab, denn ich war über die Landesliste gewählt worden. Am nächsten Tag fand in Bonn die traditionelle erste Fraktionssitzung mit den alten und neuen Bundestagsabgeordneten statt, an der ich mit stolz geschwellter Brust teilnahm. Genau zehn Tage nach dem Wahltag, am 28. November, kam unser zweites Kind, unsere erste Tochter Maria, zur Welt. Um ca. 7 Uhr morgens waren wir in der Universitätsklinik angekommen, ich war wieder im Kreißsaal geduldet, um 8.30 Uhr war sie da.

Spätestens mit ihrer Ankunft war die Welt für mich in Ordnung und die Politik meilenweit weg.

Teil II: Bonn

1. Die ersten vier Jahre im Bundestag – ein Auf und Ab
(1972 – 1976)

Mit 31 im Bundestag

Sehr rasch bemerkte ich, dass das Bundestagsmandat ein Full-Time-Job ist, wenn man die Aufgabe des Volksvertreters wirklich ernst nimmt, und zwar in Bonn und im Wahlkreis. Zunächst besorgte ich mir eine Studentenbude in der Zitelmannstraße. Da ich mit viel Arbeit rechnete, reichte eine reine Schlafstätte aus. Meine Nachbarn waren Richard von Weizsäcker mit Familie und auf der anderen Straßenseite lag die Residenz des israelischen Botschafters. Auch im Bundestag fängt man klein an. Das bedeutet: Keiner hat dort auf dich gewartet, du stehst auf der untersten Sprosse einer Hierarchieleiter und musst dir selbst einen Platz, ein Arbeitsfeld, Respekt und Anerkennung erarbeiten. So galt es nach dem Wahlkampf und der Auseinandersetzung mit den politischen Gegnern, jetzt in der eigenen Fraktion zu kämpfen. Ich meldete mein Interesse am Innenausschuss an, einem klassischen Ausschuss des Bundestages, und konnte dafür meine Arbeit im Innenministerium von Rheinland-Pfalz und in der Kreisverwaltung Mainz-Bingen ins Feld führen. Auch Juristen waren in diesem Ausschuss gefragt. Also wurde ich dorthin entsandt.

Da mein Engagement für die Deutsch-Israelischen Gesellschaft, ich war deren Mitgründer im Jahr 1967 in Mainz gewesen, bekannt war, wurde mir der stellvertretende Vorsitz in der Deutsch-Israelischen Parlamentariergruppe angetragen. Vorsitzende sollte Annemarie Renger werden, die gerade gewählte Bundestagspräsidentin. Ich nahm dies gerne an und löste einen Mitgründer dieser Gruppe, den späteren Präsidenten des Abgeordnetenhauses von Berlin, Jürgen Wohlrabe, in dieser Funktion ab. Mit Annemarie Renger verband mich über Parteigrenzen hinweg nicht nur unser Engagement für Israel, uns sollte auch eine langjährige, vertrauensvolle Zusammenarbeit in dieser Gruppe prägen. Frau Renger war eine großartige Frau, die später unter dem linken Flügelschlag ihrer Partei litt. Für mich war die Zusammenarbeit mit ihr in allen anstehenden Israelfragen ein großer Gewinn.

Ich übe den politischen Spagat im Innenausschuss

Im Innenausschuss wurden mir zwei wichtige Berichterstattungen übertragen.

Der Bundesgrenzschutz (BGS), mit Gründung der Bundesrepublik Deutschland vor allem zur Sicherung der innerdeutschen Grenzen aufgebaut, sollte in eine Polizei des Bundes umgewandelt werden. Der BGS war eine paramilitärische Einheit, öffentlich erkennbar an den Dienstgraden einer Armee, wie Hauptmann, Oberst oder General. Ich stand zwischen zwei Lagern und übte den politischen Spagat. Auf der einen Seite standen diejenigen meiner Partei, welche die Umwandlung des Bundesgrenzschutzes im Zuge der neuen Ostpolitik als einen unnötigen Verzicht auf Sicherheit, ja als vorauseilenden Gehorsam gegenüber dem Ostblock ansahen. Auf der anderen Seite standen die, welche neben der Bundeswehr keine paramilitärische Einheit mehr für erforderlich und deshalb Reformen für längst überfällig hielten. Damals lernte ich erstmals die Überlagerung einer sachlich richtigen Reformdebatte durch ideologische Traumtänzereien so richtig „schätzen". Wir kämpften in dem Gesetz um Punkt und Komma und machten uns das Leben wirklich schwer. Inzwischen wurde aus der Polizei des Bundes durch weitere Reformen eine anerkannt wichtige Bundespolizei. Der damalige Kampf der Anhänger der Militärdienstgrade wirkt heute eher als Anachronismus.

Die zweite Berichterstattung galt dem ersten und damit gänzlich neuen Bundesdatenschutzgesetz. Ich hatte den Eindruck, dass keiner der Kollegen Interesse an dieser Materie hatte und rief einfach: Hier. Auch mich hatte George Orwells Roman 1984 fasziniert, das Bild vom gläsernen Bürger alarmiert. Kurzum: Wir betraten gesetzgeberisches Neuland. Weder verstanden sich die beiden Berichterstatter von CDU/CSU und SPD, noch die beiden innenpolitischen Sprecher, noch die damaligen für diese Sache zuständigen stellvertretenden Fraktionsvorsitzenden. Streit, statt Aufeinanderzugehen auf diesem neuen Terrain und ein entsprechend schwaches Gesetz waren die Folge. Mit dem Satz „Ein schlechtes Datenschutzgesetz wäre weniger und verhängnisvoller als gar kein Datenschutzgesetz." begründete ich in der Plenardebatte vom 10. Juni 1976 die Ablehnung des Gesetzes durch die CDU/CSU-Bundestagsfraktion. In der Folgezeit musste das Bundesdatenschutzgesetz, wie vorausgesagt, immer wieder nachgebessert werden.

Im Guillaume-Untersuchungsausschuss

Offenbar war die Fraktionsführung mit meiner Arbeit ganz zufrieden, denn eine neue, noch viel schwerere Aufgabe kam Mitte 1974 auf mich zu. Mitte April war Günther Guillaume, ein enger Mitarbeiter von Bundeskanzler Willy Brandt, als Spion der DDR enttarnt worden. Mit ihm war es der DDR gelungen, einen ihrer Agenten direkt ins Zentrum bundesdeutscher Macht zu bringen. Wie konnte das geschehen? Erste Erklärungen der Regierungsvertreter offenbarten Parteipatronage, Inkompetenz, Schlamperei und Widersprüche. Die Guillaume-Affäre erschütterte die Republik. Brandt trat als Bundeskanzler zurück. Die CDU/CSU-Fraktion erzwang im Bundestag die Einsetzung eines Untersuchungsausschusses. Dieser sollte die gesamte Affäre nach den dafür geltenden Regeln der Strafprozessordnung aufklären. Zum Sprecher der Union, der in diesem Kampfausschuss gegen die Regierung die Aufklärungsarbeit organisieren sowie die „Attacken" reiten sollte, wurde ich, der relativ Unerfahrene, berufen. Auf der „gegnerischen" Seite hatte ich es mit zwei erfahrenen und starken Persönlichkeiten zu tun. Für die SPD saß der spätere Oberbürgermeister von Darmstadt, Günther Metzger, und für die FDP der spätere Innenminister von Nordrhein-Westfalen, Dr. Burkhard Hirsch, im Ausschuss, beide politische Schwergewichte.

Wenn es stimmte, dass die Union die Fehler der SPD/FDP-Regierung bloßstellen sollte, waren meine beiden Hauptkontrahenten die Verteidiger dessen, was eigentlich nicht mehr zu verteidigen war. Jedenfalls wurden reihenweise Schlampereien der Sicherheitsbehörden, Unsitten sozialdemokratischer Personalpolitik, Nachlässigkeiten von Kanzleramtschef Horst Ehmke und seinen Leuten, Sorglosigkeiten seit der Enttarnung ein Jahr vor der Verhaftung und die Frauengeschichten Willy Brandts, letztere ungewollt, aufgedeckt. Mit Metzger und Hirsch hatte ich verabredet, dass wir die Eskapaden Brandts nicht behandeln sollten. Mit dem Spionagefall hatte dies nichts zu tun. Etwa ein Jahr später kamen sie dennoch an die Öffentlichkeit. Während die Politiker geschwiegen hatten, muss ein Bediensteter Kopien aus den Geheimakten gezogen und vermutlich gegen Geld an die Presse weitergegeben haben.

Den Erwartungen der Opposition, Brandt, seine Mitstreiter und die SPD vorzuführen, habe ich einigermaßen entsprochen. So schrieb Hans Schueler am 7.2.1975 in „Die Zeit":

„Mit dem Regierungsrat a. D. und früheren Vorsitzenden der Marianischen Congregation im Katholischen Jugendbund, Johannes Gerster, hat die CDU/CSU-Bundestagsfraktion ein demagogisches Talent von hohen Graden hinzugewonnen. Der junge Abgeordnete verbindet die Fähigkeit, unbedenklich und wirksam zu formulieren, so gut mit dem Besitz des juristischen Assessorpatents, dass sich seine Wahl als Oppositionsberichterstatter in den Untersuchungsausschuss über die Guillaume-Affäre beinahe zwingend anbot."

Schueler hat mich mit dieser Kritik nicht geärgert, sondern eher geadelt, so wie Herbert Wehner, der mich in dieser Zeit wiederholt als „Flegel" charakterisierte. Das empfand ich als eine Art Ritterschlag: Wen Wehner beschimpfte, war wichtig. Nach dem Rücktritt Brandts infolge der Guillaume-Affäre war Helmut Schmidt zum Kanzler gewählt worden. Brandt blieb zwar Parteivorsitzender, aber ein Stück Glanz von der „Willy-Wählen-Partei" war doch abgefallen.

Noch einschneidender waren die Folgen des Wahlergebnisses von 1972 für die Union gewesen. Rainer Barzel galt als gescheitert. Die neue Fraktion hatte ihn zwar noch einmal gewählt. Aber es war für die CDU, die sich noch immer als Staatspartei fühlte, unverzeihlich, dass er die Wahlen verloren hatte. Wohlgemerkt er, nicht die CDU/CSU! Dass die SPD auch noch stärkste Partei geworden war, brachte das Fass zum Überlaufen. Barzel trat als Fraktionsvorsitzender im Bundestag und als Parteivorsitzender zurück. Für mich blieb der bittere Beigeschmack, dass in meiner christlichen Partei das „Wir-Gefühl" Wahlniederlagen nicht unbedingt überdauert. Als Nachfolger im Parteivorsitz wählte ein Sonderparteitag in der Beethovenhalle in Bonn im Frühjahr 1973 Helmut Kohl, der bereits 1971 auf dem Parteitag in Saarbrücken gegen Barzel kandidiert, aber damals noch verloren hatte. Sein bester Schachzug auf diesem Parteitag war, Kurt Biedenkopf zum neuen Generalssekretär vorzuschlagen. Kohl und Biedenkopf wurden bis zu ihrem Krach 1977 die Mentoren einer neuen, modernen CDU. Professor Carl Carstens, der Bundestagsneuling, der bis dahin nur durch eine einzige gute Rede in der Fraktion aufgefallen war, wurde in einer Kampfabstimmung gegen Richard von Weizsäcker und Gerhard Schröder neuer Vorsitzender der CDU/CSU-Bundestagsfraktion. Gerhard Schröder, nicht zu verwechseln mit dem späteren SPD-Bundeskanzler, war unter Konrad Adenauer Innen- und Außenminister gewesen.

Er hatte, wie das damals bei Altvorderen üblich war, schon vor dem Rücktritt Barzels Bundestagsneulinge wie mich mit einigen älteren Haudegen zu sich nach Hause eingeladen. Der Termin fiel auf den Abend vor der Wahl des Barzel-Nachfolgers in der Fraktion. Wir sprachen über Gott und die Welt, nur nicht über den nächsten Tag. Bis ich wieder einmal meinen Mund nicht halten konnte:

„Herr Schröder", sagte ich sinngemäß, „Sie sind für mich ein großer Mann der CDU-Geschichte. Sie waren über zwei Jahrzehnte als Protestant ein Gegengewicht in der doch sehr katholischen Adenauer-Partei. Ich halte es für meine Pflicht, Ihnen zu sagen, dass Sie morgen bei der Wahl des Fraktionsvorsitzenden keine Chance haben werden. Wollen Sie Ihre Kandidatur nicht zurückziehen und sich diese Niederlage ersparen?"

Der Staatsmann Schröder steckte diese Feststellung des unerfahrenen Neulings staatsmännisch ein und fragte den ältesten Kollegen in der Runde, Walter Althammer von der CSU, ob er diese Einschätzung teile, was dieser in verklausulierten Sätzen tat. Schröder kandidierte dennoch, wurde wie Richard von Weizsäcker nicht gewählt und bedankte sich am Ende der Sitzung für meine Offenheit vom Vorabend. Andere, mit denen er schon lange verbunden war, hatten ihn offenbar ins offene Messer rennen lassen wollen.

Knochenarbeit im Wahlkreis und Pleite bei der Mainzer OB-Wahl

Das Bonner Parkett hinderte mich nicht, so häufig wie möglich in meinem Wahlkreis aufzutauchen. Auch wenn das abgedroschen klingt: Ich wollte der Abgeordnete aller Bürger sein, eine Art Ombudsmann und Sprecher – auch Lautsprecher! – für die Anliegen der Bürger, die sich so manches Mal von allzu selbstsicheren Behörden im Stich gelassen fühlten.

Anfang 1973 wurde bekannt, dass die Kraftwerke Mainz-Wiesbaden mitten in der Innenstadt von Mainz, an der Bauerngasse, ein mit schwerem Heizöl betriebenes Wärmekraftwerk bauen wollten. In der Bevölkerung regte sich zu Recht Widerstand; ich selbst war als Innenstadtbewohner ebenso empört. Der Oberbürgermeister, die Stadtratsparteien, die Kraftwerke reagierten lethargisch, gelangweilt, arrogant. Also gründete ich mit einigen Parteifreunden, mit Parteilosen, auch mit Mitgliedern anderer Parteien, die Bürgeraktion „Saubere Luft in Mainz". Der äußerst beliebte Oberbürgermeister Jockel Fuchs, der ansonsten politische Entwicklungen schneller als andere erkannte, nahm uns nicht ernst. Im Stadthaus soll er gesagt haben, der Gerster und die paar anderen Spinner werden sich in der Sommerhitze totlaufen. Damals stieß u. a. eine junge Frau namens Ute Leist zu unserer Initiative. Sie kämpfte mit und verdiente sich erste politische Sporen. Heute ist sie die Bürgermeisterin von Kleinwinternheim und sitzt seit 2002 im Deutschen Bundestag, ihr heutiger Name: Ute Granold. Informationsstände, Veranstaltungen, Flugblätter, Presseerklärungen brachten unserer Bürgerinitiative immer mehr Zulauf und immer mehr Resonanz in der Tagespresse.

Der heiße Juli führte nicht zur Austrocknung unserer Aktion, sondern führte den Oberbürgermeister und Aufsichtsratsvorsitzenden der Kraftwerke, Jockel Fuchs, auf eine längere China-Reise. Als er nach seiner Rückkehr erkannte, dass wir im Juli das Thema des Jahres in der Presse und an den Stammtischen geformt hatten, lud er urplötzlich den Vorstand unserer Bürgeraktion zu einem Gespräch in das Rathaus ein. Unsere erste Forderung auf Verlegung des Kraftwerkes an den Stadtrand lehnte er kategorisch ab. Unsere Ersatzforderung, das Heizwerk nicht mit Heizöl sondern mit Erdgas zu betreiben und die entsprechenden Einrichtungen zu bauen, nahm er zu unserer Überraschung mit einem Dank an unsere Bürgeraktion für „eine optimale Lösung des Problems im Sinne des Umweltschutzes" an. Klaus Rein kommentierte am 27. Juli 1973 in der AZ: „Weder mit kalten Füßen noch mit heißem Kopf lässt sich wohltemperierte Politik machen. Das haben der sozialdemokratische Routinier und der christdemokratische Jungstar einsichtig beherzigt."

Aber auch in Bonn gab es ausreichend und genug für den Wahlkreis Mainz-Bingen zu tun.

Für Bingen kämpfte ich um die Räumung der Marne-Kaserne am Rhein-Nahe-Eck, wo die US-Armee immer noch eine lettische Einheit untergebracht hatte. Später sollte dort ein neues Congress-Zentrum und zuletzt die Landesgartenschau der Stadt ein neues Gesicht verleihen. Auch im Gonsenheimer Wald war einiges für die Naherholung zu tun, galt es doch, Baupläne der Bundeswehr bei Schloss Waldthausen zu verhindern. Natürlich setzte ich mich für den Bau der Bundesautobahnen von Mainz nach Bingen und von Mainz nach Kaiserslautern ein. Aber das sind nur Beispiele, wie man als Wahlkreisabgeordneter nicht nur gemütlich sondern auch lästig auftreten konnte. So sahen dies jedenfalls einige Behördenchefs in Bonn.

Einen besonderen Aufreger brachte der November 1974. In der Haftanstalt Zweibrücken waren die RAF Terroristen Klaus Jünschke und Wolfgang Grundmann in einen Hungerstreik getreten. Um bei beiden eine Zwangsernährung durchführen zu können, wurde für sie eine Art Notklinik in der fertiggestellten, aber noch nicht bezogenen neuen Hautklinik in der Uniklinik Mainz eingerichtet. Ich hatte einen Krankenbesuch absolviert und war schlicht entsetzt, dass die Uniklinik mehr einem „Militärlager" als einem Krankenhaus entsprach. Nachts war das Gelände taghell erleuchtet, gepanzerte Fahrzeuge patrouillierten pausenlos, Polizeikräfte überall, wo man hinsah. In der ersten Nacht kollabierte ein Mann und verstarb.

Am nächsten Tag forderte ich die sofortige Verlegung der im Hungerstreik befindlichen Terroristen in eine Haftanstalt mit Intensivstation nach Hessen. Ich nannte es eine „Perversion des Rechtsgedankens", dass die Anwesenheit selbstmordwütiger Fanatiker in einer Großklinik bei der Unberechenbarkeit ihrer Anhänger Hunderte von Patienten gefährden könne. Meine Haltung verursachte bundesweit ein kleines Beben. Am nächsten Tag, dem Volkstrauertag, fuhr mich der Chef der rheinland-pfälzischen Staatskanzlei Willibald Hilf nach der Totengedenkfeier auf dem Mainzer Friedhof an, wie ich so etwas fordern könne. Meine Antwort war kurz und knapp: „Für mich wiegt das Leben von 3000 Patienten in der Uniklinik schwerer als das Leben von zwei Mördern."

Heute bin ich natürlich froh, dass deren Leben durch Zwang erhalten wurde, aber der Preis war sehr hoch. Übrigens: Auch wegen dieser Forderung gelangte ich einige Zeit später auf die sogenannte „Abschussliste" der Rote-Armee-Fraktion und bekam für längere Zeit Personenschutz. Drei BKA-Beamte begleiteten mich ständig und meine Wohnung am Fischtorplatz wurde 24 Stunden täglich und sieben Tage in der Woche beobachtet.

Im September 1975 geriet ich von neuem in das Fadenkreuz bundesweiter Kritik, dieses Mal in das der SPD und der Gewerkschaften. In meinen Sprechstunden hatte die Zahl junger Leute, manches Mal von ihren Eltern begleitet, zugenommen. Ihr Anliegen: Sie suchten und fanden keinen Ausbildungsplatz. Darauf schrieb ich einen Brief an die rund 6000 CDU-Mitglieder in meinem Wahlkreis, schilderte das Problem und bat sie, im eigenen Betrieb, in Betrieben der Nachbarschaft oder wo auch immer für mehr Ausbildungsplätze zugunsten junger Menschen zu werben. Darauf erhob sich ein Sturm der Entrüstung: Ich würde eine private Arbeitsvermittlung betreiben, um dadurch junge Menschen an die CDU zu binden. Die Bundesanstalt für Arbeit, die ein Monopol für die Arbeitsvermittlung besaß, wurde eingeschaltet mit dem Ziel, mir ein Strafverfahren anzuhängen. Ich fand das irre.

Der Erfolg meiner Sprechstunden lag darin, dass ich Rat suchende Bürger nie gefragt habe, was sie politisch denken oder wählen. Das sprach sich herum und deshalb hatten auch Mitglieder anderer Parteien keinerlei Schwellenangst, meine Sprechstunden aufzusuchen, mich um Rat oder Hilfe zu bitten. Deren Not habe ich zu keinem Zeitpunkt parteipolitisch ausgenutzt, sondern habe weiterhin versucht, jungen und auch älteren Menschen bei Arbeits- oder Ausbildungsproblemen zu helfen, wann und wo immer das ging. Es wurde im Übrigen nie ein Verfahren gegen mich eröffnet und das Arbeitsvermittlungsmonopol der Bundesanstalt einige Zeit später gelockert.

Als Wahlkreisabgeordneter bot ich jeden Freitag eine Doppelstunde als öffentliche Sprechstunden in Mainz an. Im Bereich des Landkreises, soweit er zu meinem Wahlkreis gehörte, hielt ich jeden Monat je eine Sprechstunde in Bacharach, Bingen, Gensingen, Sprendlingen, Gau-Algesheim, Ingelheim und Nieder-Olm ab. Pro Monat waren das 11 bis 12, pro Jahr ca. 500 und in 22 Parlamentsjahren über 10.000 Sprechstunden. Das hat vor und nach mir keiner geschafft. Ich wollte der Bevölkerung signalisieren, da ist einer, der nicht nur von Bürgernähe redet, sondern der immer ohne Voranmeldung erreichbar ist, einer der helfen will, wo immer er helfen kann. Ohne meine Wahlkreismitarbeiter Waldemar Gimmel und Kurt Ludwig und ohne mein gut funktionierendes Bonner Büro mit Christine Balters wäre das Ganze nicht leistbar gewesen. Es gab nur eine Ausnahme: Wenn ein Gericht in drei Instanzen bereits entschieden hatte, sagten wir dem Fragesteller, dass wir ihm nicht mehr helfen könnten. Ich konnte schlecht in der Gesetzgebung mitarbeiten und anschließend die Gesetze brechen. Viele verstanden dies. Mein Betätigungsfeld waren falsche und kleinliche Ermessensentscheidungen oder die Verweigerung zeitnaher Entscheidungen durch öffentliche Verwaltungen. Bei Behördenchefs war ich deshalb wenig geliebt, dafür durchaus gefürchtet. Natürlich erfuhr ich in diesen Sprechstunden viele Anregungen für meine Arbeit in Bonn. Manches konnte ich dort einbringen, manches im Laufe der Jahre durchsetzen. Auch ich profitierte von diesen Sprechstunden, die manche meiner Parteifreunde für übertrieben hielten.

Am 4. April 1976 wurde unsere Tochter Anna geboren, wieder in der Universitätsfrauenklinik in Mainz und wieder mit meiner eher passiven Unterstützung im Kreißsaal. Es wurde eine komplizierte Geburt, aber Anna kam gesund auf die Welt und wurde nach einem damals bekannten Werbespruch unser „Strahler 80".

Bereits 1974 war Johann Baptist Rösler Bürgerbeauftragter des Landes Rheinland-Pfalz und damit erster Bürgerbeauftragter in Deutschland geworden. Ich war zu seinem Nachfolger als stellvertretender CDU-Bezirksvorsitzender von Rheinhessen-Pfalz gewählt worden. Vorsitzender war damals noch Bernhard Vogel, der zwei Jahre später Helmut Kohl im Landesvorsitz nachfolgte und den Bezirksvorsitz an Georg Gölter weitergab. In diesem Bezirksverband waren wir Rheinhessen gegenüber den Pfälzern, die sich nach außen geschlossen gaben, immer in der Minderheit. Das wurde noch verstärkt durch die Tatsache, dass die Rheinhessen bis dahin meistens untereinander uneins gewesen waren. Meine Hauptaufgabe sah ich darin, die Rheinhessen zu einen und das Verhältnis zu den Pfälzern zu verbessern. Beides gelang ganz gut, aber nicht gut genug, wie sich des Öfteren bei Listenaufstellungen vor Wahlen zeigen sollte.

1976 verzichtete Heiner Geißler auf eine erneute Kandidatur als CDU-Kreisvorsitzender von Mainz. Er hatte die Partei inhaltlich, programmatisch und personell auf Vordermann gebracht. So war sie bei den Kommunalwahlen 1975 sensationell und erstmals seit der ersten Kommunalwahl nach dem Zweiten Weltkrieg mit 45,0% stärkste Partei vor der SPD mit 44,1% geworden. Obwohl sich dies nicht in mehr Mandaten auszahlte, hatte Geißler vom Wahlabend an kraftvoll den Anspruch der CDU auf das Amt des Oberbürgermeisters erhoben.

Er hatte die Rechnung ohne den Wirt gemacht. Die FDP hatte zunächst damit kokettiert, einen CDU-Kandidaten mitwählen zu können, wenn das eine hervorragende Persönlichkeit von außerhalb sei. In Mainz sehe sie jedenfalls keine Alternative zu Jockel Fuchs. Mithilfe der Landespartei wurde der Bad Kreuznacher Unternehmer, Mittelstandspolitiker und Bundestagsabgeordnete Elmar Pieroth auserkoren. Ein Modellkandidat für jeden Liberalen. Inzwischen war ich auf einem turbulenten Kreisparteitag in einer Kampfabstimmung gegen Hans-Otto Wilhelm, der ein Jahr vorher für Rösler in den Landtag nachgerückt war, zum Kreisvorsitzenden gewählt worden. In den Gesprächen mit der FDP lagen plötzlich Forderungen auf dem Tisch, welche die Mainzer CDU nicht erfüllen konnte und die Landespartei nicht bezahlen wollte. Kurze Zeit später entschied sich die FDP öffentlich für die Wiederwahl von Fuchs im Mainzer Stadtrat. Noch gab es keine Bürgermeister Urwahl in Rheinland-Pfalz. Pieroth zog seine Kandidatur zurück. Die Blamage war perfekt. Für mich war das einer der Momente, wo ich selbstkritisch mit mir rang, ob ich den ganzen politischen Bettel nicht hinwerfen solle: Ich war über die FDP, aber auch über das Verhalten einiger Parteifreunde, die mich im Stich gelassen hatten, sehr enttäuscht.

„Gerster wird Erster"

Ich blieb, führte einen ebenso intensiven Wahlkampf wie 1972, allerdings verstärkt durch eine Werbeagentur und mit der Unterstützung durch den späteren Bürgermeister Herbert Heidel. Trotzdem verpassten wir die Mehrheit im Wahlkreis mit 320 000 Bürgern um ganze 609 Stimmen, bzw. 0,3 Prozent. Mein Listenplatz zog auch nicht und ich flog im hohen Bogen aus dem Bundestag raus.

Im Bonner Stress um den Untersuchungsausschuss, dem Mainzer Stress um den Kreisvorsitz sowie den Oberbürgermeister hatte ich völlig übersehen, dass andere mit mehr Zeit ein wunderbares Netz für die Landesliste der CDU gewoben und dabei ganz offensichtlich um meinen Wahlkreis und mich herum geplant haben. Vielleicht war ich nach vier gefühlten erfolgreichen Bonner Jahren auch zu selbstgefällig nach der Devise, man könne auf mich nicht verzichten. Vielleicht war ich auch zu stolz, um für mich zu werben. Jedenfalls begann für mich ein neuer Lebensabschnitt mit der Erfahrung, dass Leute, die vor Kurzem noch um den Mandatsträger herumgeschwirrt waren, mich jetzt nicht mehr kannten oder kennen wollten. Im günstigsten Fall wechselten sie auch nur deshalb auf die andere Straßenseite, um sich und mir Kondolenzadressen zu ersparen.

Eine lustige Variante blieb mir übrigens weit über diesen Wahlkampf hinaus erhalten. Mein Mitkämpfer Rupert Krömer hatte während eines kurzen Urlaubes vor der heißen Wahlkampfphase und ohne Absprache den Wahlslogan „Gerster wird Erster" eingeführt. Unsere Werbeagentur war begeistert, ich selbst eher entgeistert. Natürlich setzten sich die Berater durch. Schließlich blickte mir „Gerster wird Erster" an vielen Ecken des Wahlkreises entgegen und war genauso lästig wie mein Kopfplakat. Es müsse sein, hatte man mir eingetrichtert. Es gab zwei, aber auch nur zwei Personen, die über Jahrzehnte jedes Telefongespräch mit der Bemerkung „Gerster wird Erster" eröffnet haben: Helmut Kohl und Richard von Weizsäcker, auch dann noch, als beide als Bundeskanzler und Bundespräsident längst den politischen Olymp erklommen hatten.

Dabei wollte ich doch nur Erster im Wahlkreis werden.

2. Raus aus dem Bundestag, rein in den Bundestag
(1976 – 1980)

Raus aus dem Parlament, rein ins Innenministerium

1972 hatte die Union die Bundestagswahl kräftig verloren und ich kam erstmals über die Landesliste in den Bundestag. 1976 hatte die Union die Bundestagswahl kräftig gewonnen und die absolute Mehrheit der Mandate nur hauchdünn verfehlt und ich war aus dem Parlament rausgeflogen. Auf der Wahlparty war die Stimmung durchwachsen. Vier weitere Jahre in der Opposition und vier Jahre ohne Abgeordneten im Wahlkreis waren angesagt.

Um halb elf verließen Regina und ich die Wahlparty und gingen nach Hause, wohin uns einige Freunde folgten. Kurz vor Mitternacht schellte es sehr energisch in unserer Wohnung am Fischtorplatz und im Wohnzimmer erschienen zwei völlig unterschiedliche Personen: Unser sechsjähriger Sohn Thomas im Schlafanzug. Er war durch das Klingeln wach geworden. Weil er eifrig im Wahlkampf mitgeholfen hatte, war er jetzt traurig und musste sich mitten in der Nacht mit einer ganzen Packung Salzletten trösten. Der zweite Gast war Bernhard Vogel, damals noch Kultusminister von Rheinland-Pfalz und CDU-Landesvorsitzender. Vor der Wahl hatte er mir erklärt: „Wenn du den Wahlkreis nicht gewinnst und wegen der vielen Wahlkreise, die die CDU an anderer Stelle gewinnen kann, nicht über die Landesliste in das Parlament einziehst, wirst du Landrat in Mainz-Bingen."

Ich hatte ihm geantwortet: „Wenn ich nicht die Mehrheit im Wahlkreis bekomme, kannst du mich nicht nach der Wahl den Leuten als Landrat vor die Nase setzen."

Der nächtliche Besuch Bernhard Vogels diente nicht der Erörterung künftiger Berufspläne. Er wollte mir lediglich signalisieren, dass ich mir keine Sorgen machen solle. Dies habe ich ihm hoch angerechnet und Sorgen habe ich mir auch nicht gemacht. Als Regierungsrat hatte ich einen Anspruch auf Rückübernahme in den Landesdienst.

Natürlich besuchte ich am Montag die Parteivorstände der CDU im Wahlkreis und am Dienstag die gemeinsame Fraktionssitzung der alten und neuen Bundestagsabgeordneten in Bonn. Die Kondolenzbekundungen ließ ich über mich ergehen, sie waren gut gemeint, haben mich aber eher genervt als erfreut. Deshalb tauchte ich auch am nächsten Tag mit meiner ganzen Familie in einem kleinen Hotel mit Schwimmbad in Schlangenbad unter. Ich wollte Abstand vom Wahlkampf und Zeit zum Nachdenken gewinnen, endlich einmal Zeit für unsere inzwischen drei Kinder haben. Der sechsjährige Thomas hatte meine ständige Abwesenheit in Bonn und im Wahlkreis mit stoischer Ruhe akzeptiert. Die vierjährige Maria war, wenn ich nach einer langen Sitzungswoche nach Mainz zurückkehrte, immer etwas beleidigt. Erst am nächsten Tag war sie ausgesöhnt. Und die im April diesen Jahres geborene Anna ließ sich bis zu ihrem dritten Lebensjahr zwar von fremden Leuten, aber nicht von mir füttern. Auch die „Familien-Einkehrtage" in Schlangenbad änderten daran nichts.

Noch hatte es ja eine Chance gegeben, doch wieder in den Bundestag einzuziehen. Helmut Kohl, der über die Landesliste in den Bundestag gewählt war, zögerte lange, ob er Ministerpräsident in Mainz bleiben oder als Oppositionsführer nach Bonn gehen sollte. Hätte er sich für Mainz entschieden, wäre ich als erster Nachrücker sofort wieder in den Bundestag eingezogen. Er entschloss sich für Bonn und ich blieb außen vor.

Bernhard Vogel kümmerte sich rührend um mich und bot mir drei Alternativen an: Referent für innenpolitische Themen in der rheinland-pfälzischen Landesvertretung in Bonn. Dieser Posten war frei. Der bisherige Stelleninhaber August Hanz war im Westerwaldkreis in den Bundestag gewählt worden. Ich lehnte ab, weil ich als Landesbeamter nicht dort den Beobachter spielen wollte, wo ich vorher als freier Abgeordneter gewirkt hatte, nämlich im politischen Bonn. Vogel, der offenbar darauf fixiert war, dass ich in die Landesvertretung gehe, bot mir an, diese Aufgabe als politischer Beamter wahrzunehmen. Dafür könne ich durch eine Sprungbeförderung vom Regierungsrat zum Regierungsdirektor befördert werden. Dies sei meiner Ausbildung, meiner politischen Erfahrung und der künftigen Aufgabe angemessen. Auch das lehnte ich ab. Ich war gerade „Opfer" einer Wahl geworden. Dieses Schicksal kann auch politischen Beamten drohen, die weniger unabhängig sind. Die dritte Option war die Zurücknahme als Regierungsrat ins Landesinnenministerium. Das reizte mich, als ich meine Aufgabe dort erfahren hatte. Helmut Kohl war 1969, also sieben Jahre vorher, Ministerpräsident geworden und eine seiner sofortigen wichtigen Aufgaben war eine umfassende Verwaltungsreform in Rheinland-Pfalz. Die Auswirkungen dieser Reform sollten untersucht und politisch bewertet werden. Dazu lag eine Forschungsarbeit der Verwaltungshochschule in Speyer vor. Zu dieser sollten jetzt alle betroffenen Ministerien, dazu die Landesober- und -mittelbehörden gezielt abgefragt werden und das Ganze sollte in einem Bericht für den Landtag einmünden. Das zu organisieren, koordinieren, formulieren, das war mein Ding. Die rheinland-pfälzische Verwaltungsreform hatte ich in meiner ersten Zeit im Ministerium und in der Kreisverwaltung Mainz-Bingen teilweise hautnah miterlebt. Die Verwaltungsreformen in Niedersachsen und Hessen waren teilweise gescheitert, die von Kohl war weitgehend, wenn auch unter Reibungsverlusten, gelungen. Das Ganze war hochpolitisch und ich sollte für einen Referenten ungewöhnlich frei und unabhängig schalten und walten können. Ich ging zurück ins Innenministerium an den Schillerplatz. Gegenüber meiner ersten Zeit in diesem Hause hatte ich weniger Zeit zum Zeitungslesen und zu Rundblicken auf den Schillerplatz, meine Arbeit sollte bis zur Parlamentspause im Sommer fertig sein, ich fühlte mich ganz schön unter Druck gesetzt.

Im Innenministerium wurde ich zwar freundlich aufgenommen, aber manche Kollegen hatten im täglichen Umgang Probleme mit mir. Ich kam als Regierungsrat, stand also auf der untersten Stufe des höheren Dienstes, war aber zugleich ehemaliger Bundestagsabgeordneter, also mit guten Kontakten in die Spitzen der Landesregierung hinein, und deshalb mit Vorsicht zu behandeln. Ich tat das mir Mögliche, um möglichst normal als Beamter behandelt zu werden. Das funktionierte nach kurzer Zeit, dennoch gab es zwei Überraschungen, eine kleine unerfreuliche und eine große erfreuliche.

Nach ihrem ersten Besuch in meinem recht kargen Büro kam meine Frau am nächsten Tag mit einem kleinen aber echten Perserteppich von 160 x 110 cm an. Er hatte 1500 DM gekostet. Auf meine Vorhaltungen, das sei zu viel Geld, meinte sie, ich brauchte etwas Aufmunterung. Sie hatte recht wie so oft. Von Stund an hängte ich einige private Bilder und einen schönen Wandkalender an die bis dahin leeren Wände und lenkte damit etwas von den schlichten, alten Büromöbeln ab.

Die Sache hatte ein Nachspiel. Hinter meinem Rücken hatten sich Kollegen darüber beschwert, dass der Regierungsrat begünstigt worden sei, weil er einen echten Perserteppich ins Büro bekommen hatte, ein Ausstattungsstück, das nur dem Minister, dem Staatssekretär und allenfalls noch einem Abteilungsleiter zustehe. Staatssekretär Schreiner sprach mich auf den ominösen Teppich an. Er wollte wissen, wer ihn mir besorgt hatte. Offenbar war ich der erste Beamte im Ministerium, der einen eigenen Perserteppich mitgebracht hatte. Als er von der milden Gabe meiner Frau hörte, war ihm die Sache ausgesprochen peinlich und ich war sauer über die Hinterlist eines offenbar missgünstigen Kollegen. Im Büro habe ich gut sichtbar ein Schild angebracht: „Bitte bewundern Sie meinen Teppich, er ist mein Privateigentum."

Eines Tages bestellte mich Innenminister Kurt Böckmann in sein Büro. Obwohl ich den Verlockungen eines politischen Beamten in Bonn widerstanden hatte, erhielt ich von ihm die Beförderung zum Regierungsdirektor. Dies hatte Bernhard Vogel, inzwischen Ministerpräsident von Rheinland-Pfalz, veranlasst.

Zurück in den Bundestag

Neben der Arbeit im Ministerium stürzte ich mich in die politische Arbeit im Wahlkreis. Zunächst galt es, die CDU Mainz flotter zu machen. Das gelang mit neuen Veranstaltungsformen und einem ganzen Komplex von Bürgeransprachen. In dieser Zeit wuchsen die Mitgliederzahlen in der CDU stark an. Selbst die Spaltungsversuche des CSU-Vorsitzenden Franz-Josef Strauß in Wildbad Kreuth konnten diesen Trend allenfalls kurz stoppen, aber nicht brechen. Ich bot meine Sprechstunden in allen acht Gemeinden weiterhin so an, so als wäre ich noch im Bundestag. Ich firmierte einfach als stellvertretender CDU-Bezirksvorsitzender von Rheinhessen-Pfalz. Die Leute kamen weiterhin, allerdings musste ich ohne eigenes Büro, ohne entsprechendes Personal die Vor- und Nachbereitung der Sprechstunden allein bewältigen. Als mir dann das Büro des neuen CDU/CSU-Fraktionsvorsitzenden Helmut Kohl noch Petitionen aus Bonn mit der Bitte um Erledigung zusandte, habe ich gestreikt. Ich sandte die Unterlagen mit dem handschriftlichen Vermerk, dafür hätte ich weder Büro noch Personal, unbearbeitet zurück. Die Mitarbeiter Kohls fanden das gar nicht lustig. Offenbar waren sie es gewohnt, dass rheinland-pfälzische CDU-Politiker spurten, wenn der große Vorsitzende darum nachsuchte.

Ab März 1977 pfiffen es die Spatzen von den Dächern, dass ich in den Bundestag nachrücken würde. Helmut Kohl hatte auf dem Bundesparteitag Heiner Geißler als Nachfolger von Kurt Biedenkopf zum Generalsekretär vorgeschlagen. Geißler verließ das rheinland-pfälzische Kabinett und Georg Gölter rückte als Sozialminister in die Landesregierung von Rheinland-Pfalz ein. Da er sein Bundestagsmandat niederlegen musste, rückte ich am 13. Juli wieder ins Bonner Parlament ein. Eine Woche vorher hatte ich meinen Bericht zur Verwaltungsreform von Rheinland-Pfalz vorgelegt und damit gerade noch fristgemäß meinen Auftrag im Innenministerium erfüllt. Es wurde fast unverändert als Antwort auf eine Große Anfrage der SPD-Landtagsfraktion dem rheinland-pfälzischen Landtag vorgelegt. Mein Büro im Innenministerium wurde zügig geräumt. Den Perserteppich nahm ich mit in unsere Wohnung am Fischtorplatz. Jetzt galt es, wieder ein Büro und eine kleine Schlafunterkunft in Bonn einzurichten.

Von der Innen- in die Haushaltspolitik

Mit großen Erwartungen fuhr ich zur ersten Fraktionssitzung nach der Sommerpause in den Reichstag nach Berlin. Im Gegensatz zu den anderen Fraktionen startete die CDU/CSU ihre Arbeit nach der Weihnachts- und der Sommerpause immer in Berlin und dokumentierte mit dieser Berlinpräsenz ihren Anspruch auf die Bundeshauptstadt Berlin und die Wiedervereinigung. Mit gemischten Gefühlen blickte ich aus den Fenstern unseres Fraktionssaales über die Mauer, die am Reichstag vorbeilief, auf den gegenüber liegenden Verlag Volk und Wissen. Dort war Günther Guillaume als Spion ausgebildet worden. Von dort wurde garantiert jedes Wort unserer Sitzung mitgehört und mitgeschnitten. Mitten in Deutschland zwei höchst unterschiedliche, feindliche Welten, nur einen Steinwurf voneinander entfernt! Helmut Kohl eröffnete die Sitzung, die sonst übliche Begrüßung eines Nachrückers, also von mir, fiel aus. Hätte ich mich im Büro Kohl melden müssen, haben die Mitarbeiter vergessen, mein Willkommen in die Vorlage zu schreiben, hatte Kohl auf meine Weigerung, an ihn gerichtete Petitionen zu erledigen, mit Missachtung reagiert? Wer weiß? Ich war damals nicht Manns genug, Kohl selbst zu fragen. Auch war ich durch die vielfachen Hallos der Kollegen mehr als entschädigt.

Dann ging ich auf Arbeitsplatzsuche im Parlament. Wer keinem Bundestagsausschuss angehört, hat kaum etwas zu sagen. Auf meinem früheren Sitz im Innenausschuss saß Heinz Schwarz, bis zur letzten Bundestagswahl Innenminister von Rheinland-Pfalz. Der Bildungsausschuss, in welchem Gölter gesessen hatte, interessierte mich weniger. Also bastelte ich mit dem parlamentarischen Geschäftsführer und späteren Bundestagspräsidenten Philipp Jenninger eine Konstruktion, die mich zunächst als ständigen Stellvertreter in den Haushaltsausschuss, den wichtigsten Ausschuss des Bundestages, brachte. Dort erhielt ich die Berichterstattung für den Zivil- und Katastrophenschutz, der zum Bundesinnenministerium gehörte. Das war nicht gerade umwerfend, aber reizvoll. Da die Kollegen aus den Regierungs- und Oppositionsfraktionen in diesem „Geldverteilungsausschuss" enger als in allen anderen Ausschüssen zusammenarbeiteten, waren die Informations- und Einflussmöglichkeiten eines Oppositionspolitikers dort größer als in den Fachausschüssen.

Eine zweite Aufgabe, von der ich nie geträumt hätte, habe ich Wolfgang Schäuble zu verdanken, der mit mir 1972 erstmals in den Bundestag eingezogen war. Er war Mitglied der Enquetekommission Frau und Gesellschaft des Bundestages. Eine Enquetekommission entwickelt längerfristige Ideen in zentralen politischen Feldern.

Diese Enquetekommission sollte die Benachteiligung von Frauen in der Gesellschaft untersuchen und Vorschläge für die Gesetzgebung unterbreiten. Zusammengesetzt war eine derartige Enquetekommission aus Bundestagsabgeordneten und externen Fachleuten. Meine Gegenspielerin auf der SPD-Seite war unter anderem Ursula Engelen-Käfer, die spätere DGB Vizepräsidentin. Im Ziel waren wir uns einig: Der Gesetzgeber sollte die Rechte der Frauen stärken. Frau Engelen-Käfer verkündete ständig, die Politik würde durch mehr Frauen besser und friedlicher. Ich habe nicht geglaubt, dass die Politik durch mehr Frauen besser oder friedlicher wird. Für mich war die Frauenförderung eine Frage der Gerechtigkeit, nicht eine Frage der Bewertung, wie Politik gestaltet wird. Wenn die Mehrheit der Bürger Frauen sind, muss die Gesellschaft und an erster Stelle das Parlament diese Realität wiederspiegeln. Mein Ansatz war pragmatisch, der auf der linken Seite eher ideologisch. Neben der Arbeit dieser Kommission, die in jedem Fall bis zum Ende der Wahlperiode ihren Schlussbericht vorlegen und sich damit gewissermaßen selbst überflüssig machen sollte, standen drei sehr unterschiedliche Aufgabengebiete im Mittelpunkt meiner Bonner Tätigkeiten, die aber alle emotional aufgeladen und sehr geeignet waren, zu polarisieren: das Thema Israel, der bereits erwähnte Zivil- und Katastrophenschutz und eine erneute Entscheidung, ob Mord verjähren soll.

Wichtig war für mich in dieser zweiten, wegen meines Nachzuges verkürzten Wahlperiode, meine Kontakte in den Nahen Osten zu vertiefen. Mein Interesse galt natürlich Israel, das ich regelmäßig besuchte. Ich wurde wieder stellvertretender Vorsitzender der deutsch-israelischen Parlamentariergruppe, besuchte Israel aber auch privat. Ich reiste zunehmend auch in die Nachbarstaaten Israels. Sowohl im Libanon, wie in Syrien, in Ägypten, in Saudi Arabien und Jordanien traf ich wichtige Politiker. Meine Folgerung aus all diesen Gesprächen war: Zwar liebt niemand in diesen arabischen Staaten Israel, aber es gibt eine Menge Realisten, die bereit sind, Israel anzuerkennen und zu einem Ausgleich Israels beizutragen, wenn dieses sich aus den besetzten Gebieten zurückzieht. Natürlich habe ich diese Eindrücke an israelische Freunde weitergegeben, stieß aber nicht selten auf taube Ohren.

1977 wurde erstmals ein Premierminister des Likud, der frühere Hauptrivale von David Ben Gurion, Menachem Begin, zum Regierungschef gewählt. Begin hat gleich zu Beginn seiner Amtszeit den seit 1974 amtierenden Bundeskanzler Helmut Schmidt als ehemaligen Nazi-Leutnant diffamiert. In Deutschland brach große Empörung aus. In Israel verteidigten nur wenige Helmut Schmidt und Begin wiederholte seine Schmidt-Beschimpfungen. Annemarie Renger, die Vorsitzende der deutsch-israelischen Parlamentariergruppe, fragte mich, ob ich nach Israel reisen könne, um unseren Partnern in Regierung und Parlament zu verdeutlichen, dass diese unhaltbaren Angriffe auf das noch sehr empfindliche deutsch-israelische Verhältnis verheerend wirken würden und ob sie nicht ihren Einfluss geltend machen könnten, dass Begin diese Angriffe einstellte. Sie war der Meinung, mein Besuch könne im Likud mehr erreichen als ihre Intervention als Parteifreundin von Schmidt. Natürlich flog ich und traf Freunde und Partner aus der Regierung und der Knesset. Meine Darstellung, dass weder alle Soldaten der Reichswehr und schon gar nicht Helmut Schmidt jemals Nazi waren, dass derartige Kampagnen völlig unnötig seien und in Deutschland kein Verständnis fänden, gefiel nicht allen. Offenbar imponierte den Israelis aber, dass ein Oppositionspolitiker den Kanzler im Ausland in Schutz nahm. Zu meiner Überraschung kam es sogar zu einer kurzen Begegnung mit Menachem Begin in der Knesset. Er wusste, dass da ein Freund Israels kommt und war staatsmännisch gelassen, nicht übermäßig freundlich, aber auch nicht unfreundlich, als ich ihm mein Anliegen vortrug. Zur Sache sagte er keinen Ton, dankte lediglich für meinen Besuch in Israel und wünschte mir alles Gute. Seine Angriffe auf Helmut Schmidt hat er nicht mehr wiederholt. So hatte der junge CDU-Politiker den großen Weltökonomen Helmut Schmidt in Israel verteidigt. Annemarie Renger war mit mir zufrieden. Viel später wurde mir in Israel von einem stellvertretenden Generaldirektor des Außenministeriums angedeutet, Begin habe Schmidt deshalb angegriffen, weil dieser im Yom-Kippur-Krieg 1973 das Verbot der Bundesregierung, auf dem amerikanischen Militärflughafen Ramstein in der Pfalz Waffen für Israel umzuschlagen, durchgesetzt habe. Begins Angriff sei die Retourkutsche gewesen. Gefallen hat mir diese Erklärung nicht. Weltpolitik sieht anders aus.

Für das THW und gegen die Verjährung von Mord

Mein zweiter Schwerpunkt betraf meine Berichterstattung für den Zivil- und Katastrophenschutz im Haushaltsausschuss. Nach einem Beschluss der Westeuropäischen Union von 1962 sollte das Verhältnis zwischen ziviler und militärischer Verteidigung zwanzig zu eins betragen. Zwanzig Mark für Verteidigung sollte eine Mark für die Zivilverteidigung bringen. Ein Staat sollte nicht aufrüsten können, ohne zugleich vorzusorgen, wie die Zivilbevölkerung im Kriegsfall geschützt werden könne. In Wahrheit bestand die Relation zwischen militärischer und ziviler Verteidigung im Jahr 1977 fünfundsechzig zu eins. Während die militärische Verteidigung sich im Rahmen der Nato seit 1962 immer weiterentwickelt hatte, war die Vorsorge für den Zivilschutz immer weiter zurückgegangen. Von 1977 bis 1979 besuchte ich zahlreiche Stellen des Zivil- und Katastrophenschutzes. Dieser war aufgeteilt: Der Bund hatte 200 000 Helfer bereit zu halten, im Wesentlichen im Bundesverband für den Zivilschutz und im Technischen Hilfswerk. Die Länder mussten 400 000 Leute für den Ernstfall stellen, das waren vor allen Dingen die Feuerwehren und Rettungsorganisationen. Diese 600 000 Zivil- und Katastrophenschützer entsprachen einem Prozent der Bevölkerung der damaligen Bundesrepublik und damit internationalen Vorgaben für den Zivilschutz. In Wirklichkeit wurde dieser prozentuale Anteil nie erreicht. Meine Besuche machten ebenso deutlich, dass die gesetzlich vorgeschriebenen Schutzeinrichtungen teilweise nur auf dem Papier standen. Schutzräume gab es nur für drei Prozent der Bevölkerung! Von zwölftausend Schutzfahrzeugen des Bundes waren neuntausend reif zum Abwracken. Für den Bau von Hilfskrankenhäusern, auch dies war eine gesetzliche Pflicht, standen vom Bund lächerliche 9,8 Millionen im Haushalt zur Verfügung. Das hat gerade für die Technik und den Bau von drei Krankenzimmern gereicht. Warum war der Zivil- und Katastrophenschutz so heruntergekommen? Erstens: Er war nicht populär, die Menschen verdrängen Gefahren. Zweitens: Wer die Bundeswehr ablehnte, lehnte auch den Zivilschutz ab. Drittens: Die Präsentationen des Bundesverbandes für den Zivilschutz waren dämlich und zugleich abschreckend. So wurde einmal propagiert, im Falle eines Atomkrieges sollten die Leute, wenn es gar keine andere Möglichkeit gebe, sich auf die Straßen an die Bordsteinkante legen mit einer Bild-Zeitung im Genick. Besser als mit solchen Tipps konnte man eine Abwehrfront gegen den Zivil- und Katastrophenschutz kaum aufbauen. Dieser musste umstrukturiert werden und mit weniger Mitteln effizienter arbeiten. Das THW mit seinen 60 000 freiwilligen Helfern brauchte durch humanitäre Einsätze im In- und Ausland Erfolgserlebnisse. Es musste als Bundesanstalt selbstständig werden. Es benötigte ein unabhängiges Sprachrohr, die THW-Helfervereinigung, deren Neugründung ich mit dem allzu früh verstorbenen Ferdinand Ständer und Inka Theisinger vorantrieb. Mehr und mehr Bundestagskollegen konnten wir für die Vision eines neuen, humanitären THW gewinnen. Natürlich ahnte ich damals nicht, dass ich einmal Präsident der THW-Bundesvereinigung werden sollte. Aus dem ungeliebten, vernachlässigten THW wurde bis heute eine allseits geschätzte, bewährte und anerkannte Hilfsorganisation, die in fast allen Teilen der Welt Menschenleben gerettet und das Ansehen unseres Landes gemehrt hat. Die Grundlagen wurden damals gelegt.

Die dritte – von mir in dieser Bedeutung nicht vorausgesehene – Hauptaufgabe betraf ein einziges überschaubares Gesetz, das aber innen- wie außenpolitisch besonders wichtig wurde. Es ging um die Frage, ob Mord verjähren kann oder nicht. Die Diskussion wurde festgemacht an den Nazi-Verbrechen bis 1945. In der 30-jährigen Geschichte der Bundesrepublik Deutschland stand die dritte Diskussion in derselben Sache an. Warum? In der deutschen Rechtstradition verjährte Mord nach 20 Jahren. Danach wären die Morde des NS-Unrechtssystems bereits 1965 verjährt. Damals gab es einen breiten Konsens im Deutschen Bundestag, dass dies aus historischen, politischen und moralischen Gründen unterbunden werden müsse. Professor Ernst Benda, der spätere Präsident des Bundesverfassungsgerichtes und einer meiner Vorgänger als Präsident der Deutsch-Israelischen Gesellschaft, hatte die Idee, den Beginn der Verjährungszeit erst mit der Gründung der Bundesrepublik Deutschland beginnen zu lassen, da vorher die rechtsstaatliche Verfolgung der NS-Verbrechen nicht möglich gewesen war. Nach einer hochklassischen Debatte folgte der Bundestag dem Benda-Vorschlag, die Verjährung sollte erst 1969 eintreten. 1968 stellte man fest, dass auch nach 1969 noch Strafverfahren gegen NS-Verbrecher geführt werden müssten, also wurde die Verjährungsfrist auf 30 Jahre, für NS-Verbrechen bis 1979, verlängert. Herbert Wehner, der SPD-Fraktionsvorsitzende, nutzte 1977 einen Israelaufenthalt, um die generelle Aufhebung der Mordverjährung einzufordern. Er konnte sich des Beifalls der israelischen Gesellschaft sicher sein, als er forderte, „NS-Verbrechen dürfen niemals verjähren!" Seine eigene Fraktion war überrascht, der Koalitionspartner FDP irritiert und die CDU/CSU-Fraktion war sauer. In der Endphase der Kanzlerschaft von Willy Brandt hatte Wehner schon einmal im Ausland Schicksal gespielt. In Moskau hatte er gegenüber einer staunenden deutschen Journalistenschar eine Philippika gegen seinen Parteifreund Willy Brandt vom Stapel gelassen, die in der Formulierung endete, „der Kanzler bade nur lau", sei also entscheidungsunfähig. Wehner hatte damit den Abgang von Brandt in Gang gesetzt, zumindest beschleunigt.

Damals war die SPD sauer, nach der Wehner-Rede in Israel war die Union sauer. Wehner hatte natürlich genau gewusst, dass er mit dieser Festlegung die CDU/CSU in größte Schwierigkeiten bringen würde. Die Union hatte bereits in den beiden vorausgegangenen Verjährungsdebatten stark auf das rechtsstaatliche Argument gesetzt, man könne nach Jahrzehnten Schuld und Unschuld kaum mehr seriös nachweisen. Auch wusste der alte Fuchs Wehner genau, dass die Union sich nicht von ihm und nicht von Israel aus vorschreiben lassen werde, wie sie bei einer dritten Verjährungsentscheidung abstimmen werde.

Probleme mit Kohl
Wehner hatte sich in der Einschätzung der Union nicht verrechnet. Vom Fraktions- und Parteivorsitzenden Kohl über fast alle Ministerpräsidenten bis hin zur Basis wollte eigentlich niemand eine neue Verjährungsdebatte. Für sie alle war mit der letzten Verjährungsentscheidung das Thema endgültig erledigt. Und eine generelle Aufhebung der Verjährung wollte man schon gar nicht. Ich bewertete den Wehner-Vorstoß in Israel für ebenso schändlich wie meine Kollegen aus der CDU/CSU-Bundestagsfraktion. In der Sache war ich aber

anderer Meinung. Ich war erst vor Kurzem in den Bundestag nachgerückt und mir war schon mulmig zumute, als der Fraktionsvorsitzende in der Fraktion unter größtem Beifall das Verhalten Wehners geißelte und ganz so nebenbei bemerkte, die Entscheidung der Fraktion sei ja klar, zusammen mit der FDP wolle man gegen die Aufhebung der Verjährung stimmen und der SPD diese verdiente Niederlage beibringen. Wieder großer Beifall. Ich meldete mich zu Wort und erklärte, dass ich für die Aufhebung der Verjährung stimmen werde und gerne meine Gründe dafür vortragen wolle. Unruhe im Saal. Kohl erklärte, die Entscheidung in der Fraktion müsse nicht an diesem Tag fallen, er wolle dafür eine eigene Sitzung anberaumen, dann könnten die Argumente ausführlich ausgetauscht werden.

Kohl war ja noch kein Jahr Fraktionsvorsitzender und nicht unumstritten. Zwar hatte er den Versuch von Strauß, CDU und CSU zu spalten, erfolgreich abgewehrt, aber lange noch nicht alle Zweifler überzeugt. Diese kamen vor allem von der CSU und deren Freunden in der CDU.

Das waren nun die entschiedensten Gegner einer Aufhebung der Verjährung. Dass Kohl gerade aus seinem Landesverband von einem jungen, in der letzten Bundestagswahl gescheiterten, Kollegen Widerstand erfuhr, wurde sofort als Führungsschwäche von Kohl interpretiert.

Kohl hatte einen Freundeskreis in der Fraktion, seine sogenannte Prätorianergarde, die sich aus allen Landesverbänden zusammensetzte, um gemeinsame Aktionen im Sinne Kohls zu besprechen. Dem Kreis gehörten spätere CDU / CSU-Ministern und parlamentarische Staatssekretäre an. Plötzlich wurde ich dazu eingeladen. Ich lehnte eine dauerhafte Zugehörigkeit jedoch ab; wieder einmal hatte mich die Mahnung meines Vaters zur Unabhängigkeit eingeholt. Aber ich war bereit, in diesem Kreis meine Position darzulegen:

Meine These lautete: Mord ist ein so schweres Verbrechen, dass jeder Mörder damit rechnen muss, dass er sein gesamtes Leben dafür zur Verantwortung gezogen wird. Ob Jahrzehnte nach einem Mord ein Strafverfahren durchführbar ist, muss der zuständige Richter im Einzelfall entscheiden, das sollte der Gesetzgeber nicht generell entscheiden.

Ich glaube nicht, dass ich irgendjemanden überzeugt habe. Zumindest nahm der Druck aus der Fraktion zu, was mich aber nur begrenzt beeindruckte. Das Ganze zog sich über zwei Jahre hin. Das Argument, die Verjährungsgegner würden Kohl im Stich lassen, verlor in der Fraktion an Strahlkraft und die Zahl derjenigen, die bereit waren, einen eigenen Gruppenantrag zur Aufhebung der Verjährung zu unterstützen, nahm zu. Mit dem damaligen Bundesjustizminister Hans-Jochen Vogel sprach ich ab, dass erst unser Gruppenantrag und erst danach der SPD-Antrag im Bundestag eingebracht werden sollte. Damit senkten wir die Hemmschwelle solcher Kollegen, die für die Aufhebung der Verjährung stimmen, aber nicht der SPD nachlaufen wollten. Wir gewannen 27 CDU/CSU-Bundestagsabgeordneten, die unseren Antrag unterschrieben und brachten diesen als ersten ein. Zu den Unterstützern gehörten u. a. die ehemaligen Bundesminister Johann Baptist Gradl und Hans Katzer, Paul Mikat, ehemaliger Kultusminister in Nordrhein-Westfalen, Kurt Biedenkopf und Eric Blumenfeld, ebenfalls einer meiner Vorgänger als Präsident der Deutsch-Israelischen Gesellschaft.

Der SPD-Antrag folgte. Die FDP war gespalten. Es wurde absehbar, dass die Entscheidung des Bundestages so oder so knapp ausfallen werde. In letzter Minute brachten Professor Werner Maihofer von der FDP und der rechtspolitische Sprecher der CDU/CSU Herbert Helmrich mit Freunden noch eine Art Vermittlungsantrag ein, der die Verjährung nur für NS-Morde aufheben sollte. Für die große Mehrheit blieb Mord Mord und eine derartige Differenzierung nicht sinnvoll.

Eine besondere öffentliche Auseinandersetzung ergab sich mit dem damaligen israelischen Botschafter in Bonn, Yohanan Meroz. Dieser hatte am 15. November 1978 in der Bild-Zeitung geäußert: „Für die furchtbaren Verbrechen während der Nazi-Zeit kann und darf es keine Verjährung geben (…) Für Israel wäre das untragbar." In einem öffentlichen Schreiben entgegnete ich Meroz, es müsse für Israel juristisch und politisch tragbar sein, wenn die Mordverjährung von dreißig Jahren nicht aufgehoben werde. Ich nähme das Recht der freien Gewissensentscheidung in Anspruch, um in seinem Sinne abzustimmen. Jeder, der in dieser Sache anders entscheiden wolle, müsse die gleiche Freiheit haben. Yohanan Meroz hat sich in seiner öffentlichen Antwort von dem Wort „untragbar" verabschiedet und meine Bundestagsrede in seinem Buch „In schwieriger Mission" teilweise zitiert und positiv gewürdigt.

Am 3. Juli 1979 debattierte der Bundestag den ganzen Tag auf sehr hohem Niveau, wie die Presse national und international vermerkte, die Aufhebung der Verjährung bei Mord. Für die Mehrheit der CDU/CSU-Fraktion hatte der spätere Staatsminister im Auswärtigen Amt, Dr. Alois Mertes, die Debatte eröffnet. Für die Minderheit in der CDU/CSU-Fraktion habe ich als erster gesprochen. Abends kam die mit Spannung erwartete Abstimmung. 255 Abgeordnete stimmten für die Aufhebung der Verjährung und 222 Abgeordnete dagegen. Die SPD hatte geschlossen für die Aufhebung gestimmt, die FDP war gespalten, von der CDU/CSU-Fraktion hatten vierzig Kollegen dafür gestimmt und damit die Mehrheit hergestellt. Meine Haltung in der Verjährungsfrage hatte mir nicht gerade Freude und Freunde in meiner Partei gebracht, aber ein ruhiges Gewissen. Wie die bis heute andauernden Verfahren beweisen, ist die deutsche Justiz der Aufgabe durchaus gewachsen, auch nach langer Zeit im wahrsten Sinne des Wortes Recht zu sprechen. Es wäre töricht gewesen, wenn die Aufhebung der Verjährung an der CDU/CSU gescheitert wäre. Dass Helmut Kohl und seine Vasallen das damals nicht erkannten, habe ich bis heute nicht verstanden.

Wahlkampf gegen den Trend

Langsam, aber sicher rückte bereits die nächste Bundestagswahl 1980 näher. Die CDU/CSU war nicht besonders gut aufgestellt. Nachdem sie mit dem Kanzlerkandidaten Helmut Kohl 1976 fast die absolute Mehrheit gewonnen hatte, kündigte dieser als Folge der Auseinandersetzungen mit Franz-Josef Strauß und der CSU frühzeitig seinen Verzicht auf die Kanzlerkandidatur an und schickte den erfolgreichen niedersächsischen Ministerpräsidenten Ernst Albrecht gegen Franz-Josef Strauß ins Rennen. Die gemeinsame Bundestagsfraktion wählte mit deutlicher Mehrheit Franz-Josef Strauß zum Kanzlerkandidaten. Die CSU wählte ihn geschlossen, viele CDU-Kollegen wollten durch seine Wahl die bayerischen Querschüsse beenden. Es kam wie es kommen musste: Franz Josef Strauß startete stark, die Linken hatten ein geeignetes Feindbild gefunden und mobilisierten die Straße. Das politische Klima verschärfte sich, besonders in den Universitäten. Als der RCDS, der Ring Christlich Demokratischer Studenten, eine völlig harmlose Veranstaltung im großen Hörsaal des Philosophikums an der Universität Mainz über Wohnungsprobleme veranstaltete und mich als Redner einlud, versuchten linke Gruppierungen, diese Veranstaltung zu sprengen. Es gab eine verbale Saalschlacht, dann auch Schlägereien. Wir hatten nur deshalb den längeren Atem, weil die Mehrheit sich durch Missfallenskundgebungen gegenüber den Störern durchsetzte, die dann unter dem Beifall der Mehrheit abzogen. Es war bedrückend, wie unerbittlich diese Anti-Strauß-Gruppen nicht mit Argumenten, sondern mit Gewalt operierten.

Nun galt es, mit packenden Wahlkampfideen gegen die Anti-Strauß-Stimmung anzugehen. Dazu erarbeiteten wir eine Reihe von Aktionen, die aus dem Rahmen üblicher Wahlkämpfe herausragten. Im März 1980 startete ich in Stadt und Landkreis die „Bürgeraktion gegen zu viel Staat!" Es wurde an 96.000 Haushalte ein Fragebogen verteilt und die Bürgerinnen und Bürger aufgefordert, sich zu drei Komplexen zu äußern. Zu Vorschriften, die ihrer Meinung nach überflüssig sind, zu unverständlichen Rechtsvorschriften und zu Erfahrungen mit unzumutbar langen Behördenverfahren. Der Rücklauf war beachtlich. 12.067 Fragebogen mit zum Teil ausführlichen Anlagen kamen zurück und wurden sehr ausführlich ausgewertet und dann am 15. August 1980 der Presse vorgestellt. Ich habe jahrelang von diesen Umfragen profitiert. Es wurde auch eine Reihe von Gesetzesinitiativen in der Wahlperiode ab 1980 gestartet. Leider sind bis heute die Gesetze weder weniger noch einfacher oder gar verständlicher geworden. Das Gegenteil ist der Fall. Die Regulierungswut von Europa bis zur Gemeinde empfinde ich als erdrückend.

Für den 9. Mai hatte ich mithilfe meines Kreisverbandes zu einem Schweigemarsch durch die Innenstadt und zu einer Kundgebung vor dem Theater für Frieden und Freiheit in Afghanistan aufgerufen. Die UdSSR hatte zum Jahreswechsel 1979/80 Afghanistan überfallen. Wir wollten mit dieser Demonstration ein Zeichen gegen die Besetzung Afghanistans setzen und hielten den Atem an, ob

Vor dem Beginn der ersten „Tour de Gerster" im Wahlkampf 1980; unsere jüngste Tochter Anna (rechts) fuhr allerdings auf meinem Rad mit.

die Mitglieder und Freunde der Union aus dem bürgerlichen Lager, die alles andere als Demonstrierer sind, überhaupt mitmachen würden. Es kamen über 1.500 Menschen, die schweigend vom Hauptbahnhof durch die Stadt zogen und anschließend Ministerpräsident Bernhard Vogel, Dr. Juri Below, einem russischer Bürgerrechtler, der nach fünfzehnjähriger Haft kurz zuvor erst freigekommen war, und mir als Veranstalter zuhörten. Marsch und Kundgebung waren für die CDU Mainz die erste größere Straßendemonstration und damit eine Art Schlüsselerlebnis. Sie machte Mut für die Folgeveranstaltungen.

Vom 4. bis 19. Juli 1980 radelte ich mit meiner Frau, meinen drei Kindern und zahlreichen Freunden sechzehn Tage lang durch den gesamten Wahlkreis. Unter dem Motto „Bleib fit – mach mit" begleiteten uns auf einzelnen Touren bis zu 300 Personen. Jeder Ortsverband, jeder Stadtbezirk wurde besucht und an jedem Haltepunkt hatte die örtliche CDU ein Fest oder ähnliches organisiert. Während meine vierjährige Tochter Anna auf meinem Rad mitfuhr, bewältigten Thomas mit seinen zehn und Maria mit ihren acht Jahren die gesamte Tour auf eigenen Fahrrädern. Natürlich hieß diese Rundfahrt von Anfang an „Tour de Gerster". Wir waren von der Gastfreundschaft, auch der jeweiligen Bürgermeister, die zum Teil auch der SPD oder Wählergruppen angehörten, überwältigt.

Am 13. August, dem 19. Jahrestag des Baues der Berliner Mauer, bauten und errichteten die Schülerunion und die Gesellschaft für Menschenrechte auf dem Gutenbergplatz vor dem Theater in Mainz eine symbolische sechs Meter hohe Berliner Mauer. Diese Demonstration, die wir kurzfristig und relativ spontan auf die Beine gestellt hatten, führte zu einer bemerkenswerten Erfahrung: Nicht ein Passant ging kommentarlos an dieser Mauer und an den Informationstischen vorbei. Das Schicksal von 6.000 politischen Häftlingen in der DDR interessierte ebenso, wie die Lebensgeschichte von drei ehemaligen DDR-Bürgern, die mit meiner Hilfe die DDR verlassen hatten, jetzt hier lebten und gerne ihre Erfahrungen mit der DDR-Unterdrückung weitergaben.

Für den 12. September hatte die CDU bundesweit zum „Frauenkongress '80" in die Rheingoldhalle nach Mainz eingeladen. 3.000 Frauen aus allen CDU-Landesverbänden sollten daran teilnehmen.

Die Schlusskundgebung sollte um 17:30 Uhr mit Reden von Bernhard Vogel, Helga Wex, der Bundesvorsitzenden der Frauenunion, von Helmut Kohl, dem Bundesvorsitzenden und von Franz Josef Strauß stattfinden. Wochenlang kämpfte ich darum, dass diese Kundgebung auf die Domplätze verlegt und dazu öffentlich eingeladen wurde – es gelang. Für die 3.000 CDU-Frauen wurden Plätze vor der Tribüne reserviert, ansonsten sollte jeder, der wollte, auf den Domplätzen Platz finden können. Nach Polizeiangaben waren gut 15.000 Teilnehmer zu dieser Kundgebung gekommen. Mir wurde als CDU-Kreisvorsitzendem und Wahlkreiskandidaten die Begrüßung – höchstens drei Minuten – zugebilligt. Dann kamen Vogel, Wex, Kohl. Wer nicht kam, war Strauß. Während der Kohl-Rede erhielt ich die Mitteilung, Strauß komme von jetzt an eine halbe Stunde später. Ich legte Kohl einen Zettel hin, er möge bitte länger reden bis Strauß eintreffe, was er nicht tat. Als Kohl geendet hatte, schob mich Vogel mit der Hand im Rücken an das Podium mit der Bemerkung, ich solle überbrücken, also filibustern. Also hielt ich aus dem Stegreif eine ca. 20 Minuten lange Wahlkampfrede bis Strauß endlich ankam und mit großem Beifall, aber jetzt auch mit vielen Pfiffen und Protestrufen bedacht wurde. Wie von Geisterhand wurden Anti-Strauß Plakate hochgehalten und, und, und … Es war eine sehr zwiespältige Begrüßung. Die Störer hatten auf ihn und nur auf ihn gewartet. Ich begrüßte Strauß als kommenden Bundeskanzler, belobigte ihn, beschimpfte die Störer und gab das Wort an ihn weiter. Strauß pries mich als „Superkandidaten" für Mainz, was nicht selbstverständlich war. Denn zwei Wochen vorher hatte er mich in Bacharach, wohin ich ihn mithilfe seiner Schwägerin, der späteren Bürgermeisterin Brigitte Wasum, gelockt hatte, auch so freundlich gelobt, aber dreimal als Johannes Gerstenmaier vorgestellt. Ich wäre damals am liebsten im Boden versunken. Strauß wurde jedenfalls in Mainz mit meinem Namen und seinen Störern bestens fertig.

Eine interessante Frage wurde erst nach der Kundgebung geklärt: Warum kam Strauß so spät und verschaffte mir nach der 3-Minuten-Begrüßung einen 20-Minuten-Auftritt? Strauß war mit dem Flugzeug von München gekommen – er flog selbst – und hatte in Gedanken versunken Bonn angesteuert. Erst hinter Koblenz bemerkte er, dass er eigentlich den Flugplatz Mainz-Finthen anfliegen sollte. Also flog er zurück und kam verspätet an.

Genau eine Woche später luden wir Frauen aus dem Wahlkreis zu einer Nachmittagsveranstaltung mit Marianne Strauß, der Ehefrau des Kanzlerkandidaten, in den Großen Saal des Kurfürstlichen Schlosses ein. Etwa eine halbe Stunde vor Veranstaltungsbeginn mussten wir wegen Überfüllung schließen. Marianne Strauß gewann auf sehr menschliche und warme Art ohne jede Berührungsangst die Herzen der 1.200 Teilnehmerinnen.

In jedem Wahlkampf kritisieren Bürger den hohen Aufwand der Parteien, die vielen Plakate im Straßenbild und die große Anzeigen in den Tageszeitungen usw. Ich teilte die Ansicht, dass große Textanzeigen im Anzeigenteil einer Zeitung kaum die Menschen erreichen. Sie warten auch nicht auf die Aufforderung, CDU zu wählen. Was wohl interessiert, sind kurze, prägnante Aussagen zu konkreten Fragen der Tagespolitik. Deshalb hatten wir uns etwas Neues ausgedacht: Einspaltige Kleinanzeigen, etwa neun bis zehn Zentimeter hoch auf den ersten Seiten der Lokalteile in den Tageszeitungen von Mainz, Ingelheim und Bingen. Textanzeigen mit einem kleinen Bild von mir unter der Überschrift „Bürger fragen Johannes Gerster CDU" oder „Jugendliche fragen", „Frauen fragen", „Arbeiter fragen", „Rentner fragen", der dann in dieser Anzeige eine kurze, prägnante Antwort gibt. Diese Kleinanzeigen schlugen ein, auch beim politischen Gegner, der dadurch nervös und aus der Reserve gelockt wurde. Die erste Folge waren Leserbriefe an die jeweilige Zeitung. Einer dieser Leserbriefschreiber war der Mainzer SPD-Sozialdezernent Karl Delorme, der auf eine provozierende Aussage von mir reagierte. Ich hatte von Dauerdemonstranten gesprochen, die an einem Tag gegen den Staat demonstrieren und am nächsten Tag vom Staat Sozialhilfe abholen. Die nächste Anzeige erschien unter der Überschrift „Herr Delorme, SPD, fragt Johannes Gerster, CDU". Herr Delorme warf mir in seiner Anzeige vor, alle Sozialhilfeempfänger zu diffamieren. Ich lieferte ihm im gleichen Anzeigenstil meine Antwort. Mit seiner Kritik hatte Delorme die Zahl der Leser meiner Textanzeigen weiter erhöht. Ich wollte ihm zum Dank einen Blumenstrauß schicken, was meine Frau Regina verhinderte.

Domplatzfest im September 1986: Heinz-Georg Diehl, Helmut Jansen, Herbert Heidel, Dr. Walter Konrad, Dr. Bernhard Vogel und ich (v. l. n. r.).

Eine idiotische Wette

Unmittelbar vor den Wahlen, in der Ausgabe vom 27./28. September 1980, hatte ich auf eine entsprechende Frage zum Linksruck der künftigen SPD-Bundestagsfraktion mitgeteilt: „Ich gehe jede Wette ein: Auch wenn die SPD gewinnt, wird Helmut Schmidt bald fallen." Am 1. Oktober kam prompt die Antwort meines Gegenkandidaten Hugo Brandt in einer eigenen Anzeige: „Die Wette gilt, Herr Gerster!" Er, Brandt, sei sicher, dass die SPD-Bundestagsfraktion geschlossen hinter Helmut Schmidt stehen werde. Er verbürge sich, Schmidt bleibe vier Jahre Bundeskanzler und setze dagegen 30.000 DM für Pro Familia. Meine Antwort kam prompt am nächsten Tag unter der Überschrift: „Jeder fragt Johannes Gerster, CDU, ob er 30.000 DM dagegen bieten wird": Ich lehne Wetten über so hohe Geldbeträge ab. Dafür werde ich in jedem Fall, auch wenn Schmidt von den Linken gestürzt wird, durch Wohltätigkeitsveranstaltungen mit meiner CDU 30.000 DM unter anderem an die Afghanistan-Flüchtlingshilfe und an Mutter Theresa überweisen. Der Ausgang dieses Vorgangs ist bekannt: Helmut Schmidt scheiterte nur zwei Jahre später, nämlich 1982, als Bundeskanzler an den Linken in seiner Partei und am Nachrüstungsdoppelbeschluss. Die SPD hat die 30.000 DM nie an Pro Familia gezahlt. „Spielschulden sind Ehrenschulden", kommentierte Günther Leicher damals in der AZ das Verhalten der SPD.

Bereits am 3. Oktober 1980, also noch vor der Wahl, konnte ich aus unserem Wahlkreisfest, einer „Straußwirtschaft" vom 1. Oktober 1980, bereits 16.543 DM an die Afghanistan-Flüchtlingshilfe überweisen und habe das in einer weiteren Anzeige bekannt gemacht. Von da an veranstalteten wir jedes Jahr im September ein Wahlkreisfest, das wir in Domplatzfest umfirmierten. 40 Ortsverbände und Stadtbezirke aus meinem Wahlkreis boten selbstgekochte Speisen von Leberklößen mit Sauerkraut bis zu Pfannkuchen sowie originelle Getränke von heißem Orangensaft bis zum Eierwein an. Die bekanntesten Schlagerstars und Bands des Jahres traten dort auf und jedes Mal stellten wir prominente Sportler vor. Einmal brachten wir es auf 22 Olympiasieger. Das spannende 7-Stunden-Programm von 15 bis 22 Uhr garantierte selbst bei mäßigem Wetter zehntausende Gäste aus Stadt und Land. Bis zum Jahre 1994 bekamen wir einen Reingewinn von über 350.000,- DM für soziale Zwecke zusammen. Das seltsame Wettangebot von Hugo Brandt war der Startschuss für diese Erfolgsgeschichte.

Trotz aller Anstrengungen: Auch 1980 war der Wahlkreis Mainz-Bingen nicht zu gewinnen, wieder zog ich über die Landesliste in den Bundestag ein. Mit unserem Kandidaten Franz Josef Strauß war zwar die große Schar der Strauß-Fans enger zusammengewachsen, aber zugleich die Zahl der Unionswähler geschmolzen. Es nutzt nichts, aus einhundertprozentigen Anhängern einhundertfünfzig-prozentige Anhänger zu machen. Man muss den Anteil am Kuchen vergrößern. Das ist in modernen Zeiten mit Poltern und Polarisieren nicht zu erreichen, im Gegenteil. Mancher hatte angesichts der Dauerproteste gegen Franz Josef Strauß Angst, es gäbe nach dessen Wahl einen Bürgerkrieg. Er blieb bei der Wahl zu Hause oder wählte die FDP. Bürgerliche Wähler sind vielleicht die Besten, aber nicht immer die Mutigsten. Sie fürchten jedenfalls innere Unruhen eher und schneller als andere.

3. Kohl wird Kanzler
(1980 – 1983)

Die neue Wahlperiode, für mich bereits die dritte, begann mühevoll, ja lustlos. SPD und FDP hatten eine deutliche Mehrheit von 282 gegenüber 228 Oppositionsabgeordneten der CDU/CSU. Dennoch zogen sich die Koalitionsverhandlungen mühsam hin, als ob der Korb der Gemeinsamkeiten schon zu klein geworden sei. So zeigten sich tiefe Risse quer durch die SPD in der Nachrüstungsfrage. Die UdSSR hatte neue, hochmoderne Mittelstreckenraketen stationiert, also eindeutig vorgerüstet. Die NATO wollte auf der Basis eines Konzeptes, das Bundeskanzler Helmut Schmidt entwickelt hatte, nachrüsten. Zunehmender Widerstand in der SPD führte zu Irritationen quer durch die Gesellschaft. Linke, Friedensbewegte, Gewerkschafter, protestantische Pastoren begannen, die Nachrüstung nicht als Abschreckung, sondern als Kriegsvorbereitung zu propagieren. Wer gegen sie war, wurde als friedfertig, wer für die Nachrüstung war, als kriegslüstern dargestellt. Heute wissen wir, dass nach dem Scheitern des Kommunismus auf gesellschaftlichem, wirtschaftlichem und finanziellem Feld die Vorrüstung der UdSSR der letzte Versuch war, Überlegenheit zumindest auf militärischem Gebiet zu erlangen. Die Härte von Helmut Schmidt gegen die Linken in Partei und Gesellschaft, das Standvermögen seines Nachfolgers Helmut Kohl läuteten das Ende des kommunistischen Traums von der Vormacht in Europa ein. In dessen Folge wurden der Fall der Mauer in Deutschland, die deutsche Wiedervereinigung und die Einigung Europas erst denkbar und möglich. Kaum einer der linken und kirchlichen Friedensapostel vom Beginn der 80er Jahre hat sich bis heute zu seinen politischen Irrtümern im Kampf gegen die Nachrüstung bekannt.

Die Musik wird im Haushaltsausschuss gemacht

Das zweite Konfliktfeld entwickelte sich zunehmend auf dem Gebiet der Haushalts- und Finanzpolitik. Während Helmut Schmidt sich als Weltökonom darstellte, träumten viele seiner Parteikollegen vom Verteiler-Staat und die FDP, die auf mehr Markt und Marktwirtschaft setzte, fühlte sich immer mehr in die Enge getrieben. Man kann es salopp so beschreiben: Die FDP-Abgeordneten wurden immer freundlicher zu uns Unionsabgeordneten, ob in den Gängen des Bundestages, in der parlamentarischen Gesellschaft oder im Bundesbahnabteil. Die SPD-Kollegen liefen immer griesgrämiger herum. Atmosphärisch deutete sich ein Politikwechsel bereits kurz nach der 80er Wahl an.

Meinen ursprünglichen Plan, wieder in den Innenausschuss des Bundestages zurückzukehren, gab ich auf. Ich ergriff die Chance, jetzt einen ordentlichen Sitz im Haushaltsausschuss zu erhalten. Zugleich ging ich in den Rechnungsprüfungsausschuss des Bundestages, der die Haushaltsführung des Bundes kontrolliert.

Unsere CDU/CSU-Bundestagsfraktion gliederte sich in Landesgruppen auf. Die Abgeordneten aus Rheinland-Pfalz und dem Saarland bildeten eine gemeinsame Landesgruppe. Neuer Vorsitzender wurde der frühere rheinland-pfälzische Innenminister Heinz Schwarz. Neben dem saarländischen Kollegen Hans-Werner Müller wurde ich zum gleichberechtigten stellvertretenden Vorsitzenden gewählt.

Für meine Entscheidung, in der Haushaltspolitik mitzuwirken, gab es drei Gründe: Auch in der Politik geht ohne Geld nichts. Der Haushaltsausschuss entscheidet über die Mittelvergabe des Bundes. Dort hat man auch als Oppositionsabgeordneter Einfluss und zwar mehr als in anderen Bereichen. Für mich war klar, dass die Entwicklung des Bundeshaushaltes über Sein und Nichtsein der SPD/FDP-Koalition mit entscheiden würde.

Im Haushaltsausschuss wurden meine Aufgabenfelder erweitert. Ich wurde Berichterstatter für das Bundesjustizministerium und das Ministerium für Innerdeutsche Beziehungen. Man muss sich das so vorstellen: Als politischer Einzelkämpfer betreut man zwei Ministerien und beeinflusst sehr stark die Mittelzuwendungen durch das Parlament. Zugleich kontrolliert man den Haushaltsvollzug der

Ministerien und deren nachgeordneter Behörden. Dabei steht man einer Armada von Beamten gegenüber, die teilweise kooperieren, aber teilweise auch nach dem Motto „Tarnen und Täuschen" vorgehen.

In einem Sonderdruck für „Das Parlament", Ausgabe vom 29. Oktober 1983 wurde unser Arbeitsstil, derjenige meines SPD-Mitberichterstatters Klaus-Dieter Kühbacher und meiner, folgendermaßen beschrieben:

„Herr Beamter, widersprechen Sie mir nicht!", sagt MdB Gerster, auch wenn es sich um den Präsidenten eines Bundesamtes handelt, denn er ist sich der Unterstützung des Parlaments bei der Einschränkung des „Gutachterunwesens" sicher. Im rauhen Ton gegenüber den Beamten, aber auch im Naturell sind sich Gerster und Kühbacher ähnlich. Die Duzfreunde sind beide ungefähr gleich alt, „Johannes" 42 und „Klaus-Dieter" 40, beide haben selbst eine Beamtenlaufbahn absolviert, der eine bis zum Regierungsdirektor in Mainz, der andere bis zum Leiter des Rechnungsprüfungsamtes in Braunschweig. Beide sind fleißig und scheuen vor der Detailarbeit nicht zurück. Ihre gemeinsame Strategie stärkt die Stellung des Parlaments gegenüber der Bürokratie. Sie hat darüber hinaus eine „staatstragende" Funktion. Denn der Haushalt ist auch die Festschreibung eines Interessenausgleichs zwischen den unterschiedlichen politischen Gruppen im Staat."

Jedenfalls war man als Haushaltspolitiker in Regierungskreisen kaum beliebt, aber immer gefürchtet. Auch das kann Spaß machen.

Zunächst galt es aber, den Abschlussbericht der Enquete-Kommission „Frau und Gesellschaft" mit seinen 100 Vorschlägen und Anregungen im Bundestag zu debattieren. Am 19. März 1981 war es so weit. Ich konnte für meine Fraktion zehn Thesen vorstellen, die mittelfristig einer Besserstellung von Frauen in Beruf und Gesellschaft dienen sollten. Dabei setzte die Union weniger auf die Regelungskompetenzen des Staates — ein Antidiskriminierungsgesetz lehnten wir damals ab — und mehr auf einen Bewusstseinswandel in den Köpfen und Herzen der Menschen. Uns ging es um Gleichberechtigung und nicht um Gleichmacherei. Dazu erklärte ich im Bundestag: „Die Welt wäre langweilig und wohl auch zum Aussterben bestimmt, wenn Mann und Frau wirklich gleich wären. Sie sind auch nicht gleich zu machen." Dabei benutzte ich das Bild aus der griechischen Antike: Mann und Frau als zwei unterschiedliche, individuelle Hälften einer Kugel. Beide sind gleichwertig, gleichgewichtig, gleichberechtigt. Der Bestand der Kugel hängt von beiden ab, beide sind aber nicht auswechselbar.

Bereits im Mai 1981 – wenige Monate nach der Bundestagswahl – wurde deutlich, dass die Bundesregierung in einem Finanzchaos versank. Wollte Bundesfinanzminister Hans Matthöfer am Jahresanfang wegen einer Neuverschuldung von 27,4 Milliarden Mark die Reißleine ziehen, nahm er jetzt 34 Milliarden Neuschulden gelassen hin. Während der SPD-Finanzminister Möller im Jahr 1970 bei einer Umschichtung von 378 Millionen Mark einen Ergänzungshaushalt einbrachte, lehnte Matthöfer diesen bei 80 Änderungen und einer Erhöhung um 6,5 Milliarden ab. Die Schuldenfalle bestimmte den Haushalt, nicht mehr das Parlament. Was sollten wir tun? Uns blieb immerhin noch die Kontrolle des Haushaltsvollzugs. So schrieb die Bild-Zeitung am 20.6.1981 auf Seite 1:

„Zum ersten Mal zahlt ein hoher Beamter 10.000 Mark, weil er Steuergelder verschwendet hat. Der Präsident des Bundesgerichtshofes, Gerd Pfeiffer (SPD), hatte sein Amtszimmer mit Büromöbeln für 53.000 Mark ausgestattet. Genehmigt waren aber nur 8.000 Mark. Allein der Schreibtisch kostete 16.000 Mark. Der Rechnungsprüfungsausschuss des Bundestages stellte Pfeiffer auf Drängen des CDU-Abgeordneten Johannes Gerster vor die Wahl: Entweder 10.000 Mark an Finanzminister Matthöfer oder Klage."

Gerster zu Bild: „Ein Signal für alle Beamte, mit Steuergeldern vorsichtig umzugehen." Natürlich hat Pfeiffer gezahlt.

Bereits Ende August 1981 waren die Staatsfinanzen so desolat, dass ich „eine Allparteienkoalition zur Sanierung des Haushaltes aus staatspolitischen Gründen" vorschlug. CDU und CSU sowie die Bundestagsfraktion widersprachen mir heftigst. Sie hielten sich ganz offensichtlich an folgende Weisheit: „Es steht nirgendwo geschrieben, dass die Opposition dabei helfen soll, eine Regierung aus einer Zwickmühle herauszuholen, in die sie sich selber hineinmanövriert hat." Dieser Satz stammte von keinem Unionspolitiker, sondern vom Oppositionspolitiker des 30. November 1965: Helmut Schmidt. Als Bundeskanzler hätte er jetzt die Hilfe der Opposition gut gebrauchen können. Denn mit seiner SPD war kein Staat mehr zu machen.

Im Oktober des gleichen Jahres kam es in Bonn zu einer deutsch-

deutschen Begegnung besonderer Art. Dort tagte der Menschenrechtsausschuss der Vereinten Nationen. Wie viele Jahre zuvor hatten wir am 13. August wieder vor dem Theater in Mainz eine symbolische Mauer errichtet und dabei ein Manifest, das „Freiheit und Freizügigkeit in Frieden auch für die Bürger der DDR, also für alle Deutschen" forderte, zur Unterstützung durch die Passanten ausgelegt. 2627 Bürger unterschrieben in wenigen Stunden. Ein Notar prüfte und beglaubigte die Namenslisten. Dieses Manifest übergab ich allen Mitgliedern des UN-Menschenrechtsausschusses und in einem besonderen Treffen dem DDR-Delegierten Professor Bernhard Graefrath. Er nahm es politisch korrekt aber mit eher säuerlicher Miene entgegen. Was er nicht wissen konnte: Der Vorsitzende des UN-Menschenrechtsausschusses, der Botschafter Zyperns bei den Vereinten Nationen, Andreas Marromatis, hatte im Hintergrund die Fäden gezogen und mir dieses Podium verschafft.

Polen verändert die Welt
In meinen 22 Bundestagsjahren gab es zwei Wendejahre, in denen die politische Landkarte Europas ins Wanken geriet. Natürlich das Jahr 1989. Auf den ersten Blick weniger wichtig, auf den zweiten aber ähnlich dramatisch: das Jahr 1981. Auf der einen Seite Massendemonstrationen gegen die USA und die NATO-Nachrüstung. Dazu militante Demonstrationen gegen den Bau von Atomkraftwerken. Ich hatte bereits Anfang März rheinland-pfälzische Bereitschaftspolizisten in Brokdorf an der Unterelbe besucht und Bilder des Hasses, der Gewalt und des Grauens von diesem „Anti-Atomkraft-Feldzug" mit nach Hause genommen. Der Mainzer Polizeihauptkommissar Huppert war an diesem Tag mitten in den schärfsten Auseinandersetzungen verletzt worden. Die Polizisten hielten ihren Kopf gegen Gewalttäter hin, welche die heimliche Zustimmung einer breiteren Bevölkerung genossen, während die Ordnungskräfte eher kritisch kommentiert wurden. Besonders pervers fand ich die Forderung, Polizisten müssten Namensschilder tragen, während gewaltbereite Chaoten das Recht behalten sollten, vermummt gegen Polizisten vorzugehen.
Deutschland war so sehr in internen Problemen verfangen, dass

viele nicht wahrnahmen, dass in Polen Weltgeschichte neu geschrieben wurde. Mit der Gewerkschaft Solidarnocs und ihrem damals unangefochtenen Leiter Lech Walesa war eine Volksbewegung gegen kommunistische Zentralwirtschaft und Unterdrückung entstanden, die moralisch durch den polnischen Papst Johannes Paul II. unterstützt wurde. Diese Bewegung leitete das Ende sowjetrussischer Vormacht in Osteuropa ein. Meine Freunde und ich haben sehr rasch erkannt, dass die Menschen in Polen, die unter erheblichen wirtschaftlichen Nöten zu leiden hatten, jetzt Hilfe aus dem demokratischen und wirtschaftlich stärkeren Westen benötigten. Deshalb haben wir eine Polen-Hilfsaktion initiiert, die in kürzester Zeit medizinische Hilfsmittel und Kindernahrung im Wert von über 80.000 DM sammelte. Mit Spenden befreundeter Organisationen konnten wir am 17. Dezember Waren im Wert von 300.000 DM auf den Weg zum Kinderkrankenhaus Dr. Korczek nach Lodz bringen. Auf der Rückfahrt, unmittelbar nach der Überquerung der Westgrenze Polens, konnten die sieben Frauen und Männer, die die Güter in Lodz übergeben hatten, im Autoradio hören, dass die Machthaber in Warschau den Ausnahmezustand über Polen, das Kriegsrecht, verhängt hatten. Der Weg der Solidarnocs zu mehr Freiheit und Demokratie sollte durch das Militär gewaltsam zerschlagen werden. Deshalb riefen wir zum 22. Dezember zu einem Schweigemarsch „Solidarität mit dem polnischen Volk, für Bürger- und Menschenrechte – gegen Gewalt und Unterdrückung" auf. SPD und FDP wie auch der DGB konnten dafür nicht gewonnen werden.

Mehrere tausend Teilnehmer nahmen trotz Schneematsch und eiskalten Temperaturen teil. Auf der Abschlusskundgebung konnte ich neben Ministerpräsident Vogel und Ryszard Bartory von der Solidarnocs in Lodz zur Unterstützung der Freiheitsbewegung in Polen aufrufen. Natürlich wäre ohne den Mut der Solidarnocz in Polen acht Jahre später der friedliche Aufbruch der Bürger in der DDR nicht möglich geworden.

Bundeskanzler Helmut Schmidt, der bei einem Staatsbesuch in Polen Gespräche mit den dortigen Machthabern führte, hatte übrigens meine Bitte, in Polen Lech Walesa zu treffen, zurückgewiesen. Papst Johannes Paul II. war weitsichtiger: Er traf sich in Polen und Rom mit Lech Walesa.

Der Beamten-Hasser

Der Jahreswechsel 1981/1982 brachte mir mehr Arbeit in Bonn. Zu meinen bisherigen Aufgaben wurde mir zusätzlich die Berichterstattung für den Etat des Bundesinnenministers übertragen. Damit gingen mein Interesse an der Innenpolitik und mein Interesse an der Haushaltspolitik eine ideale Verbindung ein. Die Bundesfinanzen bewegten sich im freien Fall. Hatte der Schuldendienst im Jahre 1980 noch 24,6% der damaligen Steuereinnahmen verschlungen, gingen 1982 bereits 36,2% der Steuereinnahmen für den Schuldendienst drauf. Im Deutschland-Union-Dienst rechnete ich am 9.2.1982 vor: „Geht das so weiter, müssen in etwa 10 Jahren alle Steuereinnahmen für den Schuldendienst aufgewandt werden." Für mich war klar, dass die SPD/FDP-Regierung Schmidt, schneller als bisher gedacht, scheitern würde.

Ganz besonders ärgerte ich mich damals über den FDP-Innenminister Gerhard Baum. Während der Staat gewaltbereiten Chaoten bei Großdemonstrationen immer weniger gewachsen schien und die Gewalttaten der Roten Armee Fraktion zunehmend das Vertrauen der Bürger in die Schutzfähigkeit des Staates erschütterte, beschwor Baum die Gefahren der Bürger durch den Staat. Meinem Frust machte ich mit der Feststellung Luft: *„Als Minister der inneren Sicherheit ist Baum so überzeugend wie ein Atheist, der in Rom zum Papst gewählt wird."* (Deutschland Magazin v. 1.3.1982). Die Reaktion aus dem Ministerbüro war erhellend: Baum werde durch solche Äußerungen kaum ermuntert, für einen Wechsel der FDP zur Union einzutreten. So weit waren wir also schon gekommen.

Seit meiner Haushaltsberichterstattung zum Zivil- und Katastrophenschutz in den Jahren 1977 bis 1980 hatte ich mich verstärkt den Belangen des Technischen Hilfswerkes (THW) angenommen. Nach bundesweit abgestimmten Vorbereitungen ging es jetzt zur Sache. Am 25. Februar 1982 gründeten wir in Mainz einen Ortsverein der THW-Helfervereinigung. Ich wurde zum Vorsitzenden gewählt. Zusammen mit dem THW-Landesbeauftragten für Rheinland-Pfalz, Dr. Friedrich Dölbor, reiste ich in den folgenden Wochen durch ganz Rheinland-Pfalz, um weitere Ortsvereine ins Leben zu rufen. 16 waren es in kürzester Zeit mit zunächst 827 Mitgliedern. Am 19. Juni 1982 gründeten wir den Landesverband der THW-Helfervereinigung. Ich wurde auch zum Landesvorsitzenden gewählt. In den damaligen 11 Bundesländern wurden in nur einem Jahr 283 Ortsvereine mit 12.000 Mitgliedern auf die Beine gestellt. Später sollte ich Vizepräsident des Bundesverbandes werden und schließlich bis zu meinem Ausstieg aus der Bundespolitik das Amt des Präsidenten der Bundeshelfervereinigung übernehmen.

Der Umweltschutz ressortierte zu dieser Zeit noch im Bundesinnenministerium. Der Minister besuchte zum 10-jährigen Bestehen der UN-Umweltorganisation eine große Umweltkonferenz in der kenianischen Hauptstadt Nairobi. Ihm war in Umweltfragen ein besseres Verhältnis zum Haushaltsausschuss wichtig, deshalb bat er den SPD-Berichterstatter Klaus Dieter Kühbacher und mich, ihn zu begleiten. Da ich mich in meiner parlamentarischen Unabhängigkeit nicht beeinflussen lassen wollte, ließ ich mir die Reise vom Bundestagspräsidenten als Dienstreise genehmigen. Klaus-Dieter sah das nicht so eng, seine Reise bezahlte das Ministerium. Die Beratungen dauerten eine volle Woche. Während die Präsidenten mancher afrikanischer Staaten mit großem Gefolge, in großen Karossen und mit Zepter dekoriert, prunkvoll vorfuhren, kamen der König von Belgien und Prinz Philipp bescheiden aus dem nahe gelegenen Hotel anmarschiert. Nach vier Tagen Konferenz machte sich eine Art Lustlosigkeit nicht nur in der deutschen Delegation breit. Minister Baum machte den Vorschlag, am nächsten Mittag einen Ausflug in den Nationalpark Masai Mara zu unternehmen. Nach einem Blick in die Tagesordnung stimmte ich zu. Auf der Hinreise nervte ein Beamter aus dem Dunstkreis des Ministers alle Mitreisenden durch Dauerauslassungen über dringend notwendige Strukturverbesserungen für den öffentlichen Dienst. Der Ministerialdirektor war mir schon aus den Haushaltsberatungen als arrogant, großmäulig und wenig effektiv bekannt. Strafe musste sein. Als wir im Fluss eine Herde von trägen Flusspferden gewahr wurden, überkam mich der Ärger und ich stieß aus: „Flusspferde sind ideale Beamte. Sie hängen träge herum, bewegen auch in der größten Ansammlung nichts und wenn sie gefordert werden, tauchen sie unter." Das hätte ich besser leise zum Minister und nicht öffentlich gesagt. Denn in der Mai-Ausgabe des Stern erschien dieser Satz als „Zitat von Johannes Gerster, als Mitglied des Haushaltsausschusses – oft im Clinch mit der Ministerialbürokratie". Die Zeitung des Deutschen Beamtenbundes druckte das Zitat natürlich auch ab. Die Resonanz war gewaltig. In einer Flut von Zuschriften wurde ich als Beamten-Hasser beschimpft. Natürlich gingen diese Briefe auch an die Fraktions- und Parteiführung, die über meine Beamtenschelte nicht gerade amüsiert war. Jeder Brief wurde übrigens mit einer Standardantwort, aber mit persönlicher Anrede und Unterschrift beantwortet.

Die Nachrüstungsdebatte

Bedenklicher als dieser kleine Gerster-Privatkrieg war die Verschlechterung des politischen Klimas im Land. Die Nachrüstungsgegner hatten vor allem in Bonner Hofgarten gewaltige Großdemonstrationen gegen die von Helmut Schmidt initiierte Nachrüstung auf die Beine gestellt. Dabei war die Nachrüstung nur Anlass für tiefer gehende Animositäten gegen die USA und die NATO. Fast erschien die politische Mitte gelähmt, als sei die Mehrheit der Deutschen gegen die westliche Allianz. Zugleich drohte zunehmend die politische Isolation der Bundesrepublik. Engländer und Franzosen verstanden uns in dieser Frage überhaupt nicht. Ich hatte seit Langem in Fraktion und Partei für eine Demonstration der Mitte, gewissermaßen als Gegengewicht gegen die linken Aufmärsche, geworben. Am 5. Juni 1982 war es endlich so weit: Die CDU rief ebenfalls im Bonner Hofgarten zur Demonstration „Gemeinsam für Frieden und Freiheit" auf. Die CDU Mainz orderte einen Sonderzug, der mit 600 Teilnehmern gut gefüllt in Bonn ankam. Immerhin brachte die bürgerliche und in Sachen Demonstration eher träge CDU rund 50.000 Bürger zusammen. Endlich war eine starke Stimme für die Nachrüstung und gegen ein militärisches Übergewicht der UdSSR in Europa vernommen worden.

Als Abgeordneter gehörte ich nicht zu den Weltreisenden. Dafür gab es bessere Spezialisten im Parlament. Dennoch sollte ich kurz nach meinem ersten Afrikabesuch ein zweites Mal dort landen.

Aus Anlass des 20. Jahrestages der Unabhängigkeit Ruandas flog Ministerpräsident Vogel, zugleich als Vertreter des Bundespräsidenten, in die Hauptstadt Kigali dieses noch jungen Partnerlandes von Rheinland-Pfalz. Vogel nahm natürlich Vertreter der Landtagsfrak-

Bei einer Rede im alten Bonner Bundestag im Dezember 1982; Helmut Kohl hatte Helmut Schmidt gerade als Kanzler abgelöst.

tionen und Pressevertreter neben den üblichen Beamten mit. Er legte zugleich Wert auf die Vorsitzenden der rheinland-pfälzischen Landesgruppen im Bundestag. Da Heinz Schwarz verhindert war, musste ich einspringen. Ich wurde tief getroffen von der Armut in Ruanda, aber auch erfreut über die Schönheit des Landes und die Freundlichkeit seiner Bürgerinnen und Bürger. Zurückgekommen entwickelte ich ein Konzept für eine Städtepartnerschaft Mainz-Kigali, eine Partnerschaft besonderer Art! Im Vordergrund sollten keine offiziellen Partnerreisen stehen, sondern die Förderung von Entwicklungsprojekten durch Schulen, Vereine, Kirchen u. a. Alles unter dem Dach der Partnerschaft Rheinland-Pfalz – Ruanda und alles zugunsten der Menschen in Kigali. AZ-Lokalchef Ulrich Zink unterstützte durch seinen sehr einfühlsamen Kommentar am 8. Juli 1982 mein Konzept. Zwei Wochen später kam der Hammer. Oberbürgermeister Jockel Fuchs hatte etwas missverstanden.

„Seiner Meinung nach wäre es verhängnisvoll, wenn sich aus einer schnellen Idee ein staatlicher und kommunaler Tourismus mit exotischem Hintergrund entwickeln würde." (AZ v. 21.7.1982).

Fuchs, dessen weltweite Reiseleidenschaft in Mainz jedermann bekannt war, hatte die geplante Hilfe für die Ärmsten offensichtlich in die Schublade Reisefreude gelegt. Und da war Kigali weiß Gott nicht attraktiv genug.

Die Bundesregierung zerfällt

Seit dem Frühjahr 1982 erwies sich, dass die SPD zwar einen international hoch angesehenen Bundeskanzler Helmut Schmidt stellte, dass Partei und Bundestagsfraktion aber kaum mehr bereit waren, dessen Kurs zu stützen. Das galt für die Verteidigungspolitik, für die Haushalts- und Finanzpolitik und in deren Gefolge für die Wirtschaftspolitik. Deutschland musste sich auf immer mehr Arbeitslose einstellen. Die SPD schien gelähmt, Helmut Schmidt zu dieser Zeit auch gesundheitlich angeschlagen.

Nach den positiven Erfahrungen mit meiner Wahlkreisradrundfahrt 1980 plante ich frühzeitig mit meinen Freunden eine Wahlkreiswanderung für den 21. bis 31. Juli 1982. Unter dem Motto: „Bleib fit – lauf mit" rief ich interessierte Bürger zur Ferienwanderung rund um den Mainzer Dom und den Binger Rochusberg auf. Mit dem Umstieg vom Fahrradsattel auf die Schuhsohlen wollte ich auch solche Bürger ansprechen, die gut zu Fuß, aber weniger sicher auf dem Fahrrad waren. Dieses Mal startete die Tour in Bacharach, erreichte alle Bereiche des Wahlkreises und endete nach einer Schleife durch Mainz mit einem Sommerfest in Budenheim. Jede Tour betrug ca. 20 km. Man konnte sich für die gesamte Tour von 200 km oder für einzelne Tage anmelden. Per Bus fuhren wir die Teilnehmer abends zum Startplatz zurück und am nächsten Tag zum neuen Startpunkt hin. Ein gewaltiges Programm, das mein Mitarbeiter Werner Schuwirth und weitere Helfer bewältigen mussten. Was die einzelnen CDU Stadt-, Gemeinde- und Ortsverbände mit ca. 50 Ortsfesten in diesen Tagen auf die Beine stellten, war gigantisch. Mein Ziel, Werbung für einen Urlaub in der Heimat zu machen und mit möglichst vielen Menschen ins Gespräch zu kommen, habe ich erreicht. Auch Regeneinlagen an einzelnen Tagen beeinträchtigten nicht die gute Stimmung und das Vergnügen von insgesamt rund 500 Wanderern und bestimmt mehreren tausend Besuchern der örtlichen Feste. Die örtliche Presse füllte eine Dokumentation mit 58 oftmals bebilderten, durch die Bank wohlwollenden Berichten. Diese Tour de Gerster war in fast aller Munde. Mit meiner Familie, die bei der Wanderung von A bis Z dabei gewesen war, machte ich danach noch ein paar Tage wirklichen Urlaub im Nordseebad Horumer Siel.

Kohl wird Kanzler und ich nehme der SPD den Wahlkreis weg

Früher als erwartet zerbrach die SPD/FDP-Bundesregierung. Am 28. September 1982 stellten die Fraktionen der CDU/CSU und FDP nach Art. 67 des Grundgesetzes folgenden Antrag:

„Der Bundestag wolle beschließen:

Der Deutsche Bundestag spricht Bundeskanzler Helmut Schmidt das Misstrauen aus und wählt als seinen Nachfolger den Abgeordneten Helmut Kohl zum Bundeskanzler der Bundesrepublik Deutschland. Der Bundespräsident wird ersucht, Bundeskanzler Helmut Schmidt zu entlassen."

Unter größter Spannung stimmte der Bundestag am 1. Oktober über diesen Antrag ab. Der Antrag wurde dann doch recht deutlich angenommen: Ausgezählt wurden 267 Ja-Stimmen und 246 Nein-Stimmen bei 4 Enthaltungen.

Die SPD/FDP-Ära war vorbei, Helmut Kohl war Bundeskanzler. Helmut Kohl drängte auf einen neuen Haushalt, der durch einen strikten Sparkurs die Finanzen ins Lot bringen sollte und auf baldige Neuwahlen. Er hielt die Krise für so tiefgehend, dass er für eine Rundumsanierung ein vierjähriges Mandat erhalten wollte. Stichwort: Wir brauchen eine geistige und moralische Wende. Der CSU-Vorsitzende Franz-Josef Strauß war zunächst gegen vorgezogene Wahlen: Mehrheit ist Mehrheit im Parlament! Als er diese nicht verhindern konnte, setzte er auf sofortige Neuwahlen mit dem Ziel, die FDP, die einen kräftigen Aderlass überwinden musste und von der SPD als Verräterpartei diskreditiert wurde, mit sofortigen Neuwahlen unter die 5%-Klausel und aus dem Bundestag herauszudrücken. SPD und die CSU zogen in diesen Tagen an einem Strang: Vernichtung der FDP! Der besonnenere Helmut Kohl setzte dagegen auf eine langfristige Koalition mit der FDP und brachte die CDU geschlossen hinter sich sowie einen vernünftigen Neuwahltermin auf den Tisch: 6. März 1983. Wir Haushälter trugen im Parlament vielleicht die Hauptlast: In Kürze wurde ein völlig neuer Haushalt beraten und durch die drei Lesungen des Bundestages gebracht. Nach Jahren haushaltspolitischer Sündenfälle endlich ein gesund geschrumpfter Haushalt für das Jahr 1983.

Natürlich wollte ich 1983 endlich den Wahlkreis Mainz-Bingen gewinnen: 1972 hatte ich als Neuling im „Willy-Wählen-Wahlkampf" null Chancen gehabt. 1976 hatte mir die verpatzte OB-Wahl in Mainz, die mir als Kreisvorsitzenden angelastet wurde, eine knappe Niederlage beschert. Bei der Strauß-Wahl 1980 hatte wiederum die Union keine wirkliche Chance, Boden gut zu machen. Sie verlor gegenüber der Kohl-Wahl 1976. Jetzt galt es!

Dabei zog mich eine relativ kleine Sache von heute auf morgen bundesweit in die Schlagzeilen und in der folgenden Fastnachtskampagne in fast jeden politischen Vortrag. Als ich den Stein ins Rollen brachte, dachte ich nicht im Traum daran, dass daraus eine große Geschichte werden würde.

Ein hoher Bonner Beamter hatte mir den freundschaftlichen Tipp gegeben, dass im Bonner Buch- und Kunstantiquariat Hanno Schreyer das offizielle Geschenk der Stadt Mainz zum 60. Geburtstag des damaligen Bundeskanzlers Willy Brandt (18. Dezember 1973) zum Verkauf angeboten werde. Ich nichts wie hin. Fragen, sehen, staunen. Dort lag in einer großen Schublade ein Auszug der Gutenberg Bibel in einer Originalkassette mit der Widmung von Oberbürgermeister Jockel Fuchs:„In freundlicher Verbundenheit ... zum 60. Geburtstag ... Die Stadt Mainz" usw.

Ich kaufte das wertvolle Unikat einschließlich Kalbspergament mit Handvergoldung für 1.800 DM, wild entschlossen, dieses der Stadt Mainz zurückzugeben. Was nun losbrandete, war ein Pressewirbel sondergleichen: Fünf Wochen lang war diese Geschichte – auch über den Jahreswechsel 82/83 hinweg – Anlass für Berichte, für Fotos vom Geschenk, von Willy Brandt, von Oberbürgermeister Jockel Fuchs und von mir sowie für entsprechende Kommentare. Die ganze Welt lachte und die Genossen waren tagelang peinlich berührt und sprachlos. Die AZ berichtete am 17.1.1983 aus einer Fremdensitzung des Mainzer Carneval Vereins:

Von seinem Podest herab präsentierte Gutenberg – alias Günter Walz – in perfekter Maske nicht etwa die „Offenbarung Johannes" sondern Gersters-Brandt-Stiftung mit dem lapidaren Hinweis, eine Kiste Whisky wäre bei dem Antiquitätenhändler sicherlich nicht aufgetaucht. Damit spielte Gutenberg unter starkem Beifall auf die Vorliebe Brandts für stärkere Getränke an.

Bereits in der Bundestagsdebatte am 17. Dezember 1982 hatte bei der Auflösung des Bundestages der Verkauf des Kanzlergeschenkes eine Rolle gespielt. Willy Brandt selbst reagierte auf einen Zwischenruf von mir mit der Frage, ob man sich wirklich vorstellen könne, dass er den ihm von der Stadt Mainz dezidierten Gutenberg-Bibel-Auszug absichtlich verkauft hätte. Als es von den Unionsbänken geschlossen „Ja" erscholl, setzte er hinzu: „So ist Ihre Gesinnung!" (Tagesspiegel, Berlin-West v. 18.12.1982). Dass diese Sache in so schnelllebiger Zeit so lange am Kochen blieb, hing damit zusammen, dass Willy Brandt, der ja sehr häufig moralisierte, zunächst uneinsichtig und beleidigt reagiert hatte. Zwar hat er sich später bei Oberbürgermeister Fuchs entschuldigt, aber erst nach ziemlich üblen Beschimpfungen an meine Adresse. Das passte mit seinen

Moralappellen wenig zusammen. Auch nicht die Tatsache, dass noch Monate später weitere Geschenke an Willy Brandt in Antiquariaten und auf Trödlermärkten auftauchten.

CDU/CSU und FDP gewannen die Bundestagswahlen am 6. März 1983 deutlich und ich erstmals den Wahlkreis Mainz-Bingen. Hugo Brandt hatte sich nicht mehr zur Wahl gestellt. Er war in die Landespolitik gewechselt. Sein Nachfolger, der bereits pensionierte, 63-jährige Mainzer Sozialdezernent, Karl Delorme, konnte seine unbestreitbare Popularität nicht in Stimmen umsetzen. Selbst Parteifreunde von ihm fragten, was dieser verdiente Kommunalpolitiker im Pensionsalter noch im Bundestag solle. Daraus leitete ich den Schluss ab, die Wahlbürger empfinden bedeutend sensibler, was politisch glaubwürdig ist, als dies Parteistrategen glauben wollen.

Vor keiner anderen Bundestagswahl wurden den Bürgern so eindeutig Einschnitte und Opfer angekündigt wie 1983. Und dennoch gewannen CDU/CSU und FDP, die für diese Opfer eintraten.

4. Große Szenen großer Politik
(1983 – 1987)

Regierung statt Opposition

Der neue Bundestag vermittelte mir in mehrfacher Hinsicht ein neues Lebensgefühl: Die Opposition lag hinter uns, regieren statt kritisieren war angesagt. Wichtigste Aufgabe war in meinen Augen die seit Oktober 1982 begonnene Sanierung des Bundeshaushaltes fortzusetzen. Deshalb entschied ich mich wieder für den Haushaltsausschuss.

Zunächst jedoch mussten wir uns an den reichlich alternativen Politikstil der Grünen gewöhnen, denn mit dem erstmaligen Einzug der Grünen in den Bundestag war aus dem bisherigen Drei-Parteien-Parlament mit CDU/CSU, SPD und FDP ein Vier-Parteien-Parlament geworden. Die 27 Personen starke Grünenfraktion nutzte jede Chance, um durch unkonventionelle Kleidung, Sonnenblumen-Auftritte oder Protestaktionen im Plenum auf sich aufmerksam zu machen. Da sie die Geschäftsordnung des Bundestages nicht kannte oder nicht akzeptieren wollte, kam es zu endlosen Debatten und der Ausuferung der Plenarsitzungen. Nach außen wirkte der Bundestag lebendiger und spannender, im internen Betrieb wurden die Abläufe noch komplizierter, als sie es ohnehin schon waren. Höhepunkt dieser grünen „Aufstände" war der Rauswurf von Joschka Fischer aus dem Plenum, der einzige, den ich in 22 Parlamentsjahren erlebt habe. Fischer hatte die Redner der Koalition durch pausenlose Zwischenrufe am Reden hindern wollen. Als er deshalb vom amtierenden Präsidenten Richard Stücklen gerügt wurde, rief er: „Mit Verlaub, Herr Präsident, Sie sind ein Arschloch." Fischer durfte daraufhin diesen und die nächsten beiden Sitzungstage außerhalb des Plenums verbringen.

Vielleicht war der Grünen-Zirkus der Grund, mich in den Ältestenrat des Bundestages zu senden. Dieser hat mit dem Bundestagspräsidenten, seinen Stellvertretern, den Fraktionsgeschäftsführern den Ablauf der Sitzungswochen wie Tagesordnung, Dauer der Debatten, Reihenfolge der Redner sicherzustellen sowie Konflikte zwischen den Fraktionen zu lösen. Die Auseinandersetzung mit den Grünen hinter verschlossenen Türen sollte mir viel Vergnügen bereiten.

Meine Pflichten in Bonn sollten aber auf keinen Fall meinen Einsatz im erstmals gewonnenen Wahlkreis schmälern. Am 23. Mai 1983 konnte ich ein mir wichtiges Jubiläum feiern: Im CDU-Haus in der Mainzer Rheinallee hatte meine 1000. Sprechstunde seit 1972 stattgefunden. Über 10 000 Menschen hatten in rund 11 Jahren meinen Rat und meine Unterstützung gesucht. Ich war in der Politik selten stolz, aber diese Zahlen machten mich stolz. Dahinter verbarg sich viel, viel Kleinarbeit in vielfältigen Hilfsaktionen.

Bereits im Februar hatte ich, dieses Mal in Abstimmung mit der Arbeitsverwaltung, eine neue Lehrstellen-Aktion gestartet. Über 800 potentielle Ausbildungsbetriebe waren von mir angeschrieben, teilweise auch telefonisch angesprochen worden. Am 19. August konnte ich belegen, dass mit meiner Hilfe über 150 Jugendliche einen Ausbildungsplatz erhalten hatten. Im Arbeitsamtsbezirk Mainz, der Rheinhessen umfasst, suchten bei 170 offenen Stellen nur noch 280 einen Ausbildungsplatz. Damit belegten wir bundesweit einen Spitzenplatz.

Das Jahr 1983 nahm mich vor allem durch andauernde Haushaltsberatungen in Anspruch. In der mittelfristigen Finanzplanung hatte die frühere SPD/FDP-Regierung für 1984 eine Neuverschuldung von 68 Milliarden DM eingeplant. Wir halbierten diesen Ansatz auf 34 Milliarden DM. Die Opposition, tatkräftig von den DGB-Gewerkschaften unterstützt, sprach von „Kaputtsparen" und von der „Zerstörung des sozialen Netzes". Die Entwicklung bestätigte unseren Kurs: Der Schrumpfungsprozess der Wirtschaft wurde gestoppt. Allein der Rückgang der Inflation und der Arbeitslosigkeit waren eine bessere Sozialpolitik als jede kostenträchtige Ausgabenpolitik.

Im November 1983 leitete ich eine Bundestagsdelegation zur 7. Jahreskonferenz der deutsch-israelischen Schwestergesellschaften in Tel Aviv. Auf dieser Konferenz verband ich mein Grußwort mit dem Appell, neben der wichtigen Aufarbeitung der NS-Verbrechen Themen der Zukunft zu behandeln. Wahre Freundschaft müsse zukunftsorientiert aufgebaut werden. Daraufhin wurde ich von Gerhard Jahn, dem früheren Bundesjustizminister und Gründungsvorsitzenden der DIG, als typischer Vertreter der CDU/CSU, welche ihre dunkle Vergangenheit verdrängen wolle, angegriffen. Ich war über diese Infamie entsetzt, ja sprachlos. Asher Ben Nathan, der erste israelische Botschafter in Bonn und Präsident der Israelisch-Deutschen Gesellschaft erklärte daraufhin, meine Forderung, beide Gesellschaften sollten Gegenwarts- und Zukunftsfragen stärker behandeln, sei genauso positiv wie mein Vorschlag, Jugendforen zu gründen. Weitere Israelis nahmen meine Vorschläge ebenso positiv auf. Die Konferenz beschloss, Jugendforen ins Leben zu rufen. Die Reise nutzte ich zugleich für einen Besuch in Haifa, wo ich mit Bürgermeister Arie Gurel und Professor Alex Carmel von der Haifa-Universität eine Intensivierung der Beziehungen Mainz-Haifa erörterte.

Bei aller Notwendigkeit, den Bundeshaushalt wieder ins Lot zu bringen, gab es zwei Bereiche, die ich vom Sparen ausnehmen wollte. Zum einen das Technische Hilfswerk, das erheblichen Nachholbedarf hatte. Zum anderen die Kulturförderung, die ebenfalls Not litt. In SPD-Regierungszeiten war im Garten des Bundeskanzleramtes eine Großplastik von Henry Moore als Leihgabe aufgestellt worden. Plötzlich forderten die Erben des Künstlers, Bonn solle das nicht gerade preiswerte Kunstwerk kaufen oder zurückgeben. Im zuständigen Innenministerium bestand die Neigung, dieser Erpressung nicht nachzugeben. Während einer Plenardebatte redete ich auf Helmut Kohl ein, die Plastik in jedem Fall anzukaufen. Andernfalls werde er im Gegensatz zu seinem Vorgänger als „Kunstbanause" verschrieen. Kohl verstand. Über den Preis wurde noch einmal verhandelt, die Plastik wurde gekauft, ich konnte die Sache im Etat unterbringen.

Am 6. Dezember 1983 wurde bei Sotheby's in London das Evangeliar Heinrichs des Löwen für den stolzen Preis von 32,4 Millionen

Mark ersteigert. Der Frankfurter Bankier Hermann Josef Abs hatte den Deal eingeleitet. Finanziert werden sollte das mittelalterliche Werk vom Bund mit 6 Millionen Mark, vom Land Niedersachsen, vom Freistaat Bayern, der Stiftung Preußischer Kulturbesitz und durch private Spenden. Der niedersächsische Ministerpräsident Ernst Albrecht dankte am 24. Januar 1984 dem Haushaltsausschuss für die Bereitstellung der 6 Millionen Mark. Schönheitsfehler war: Der Ausschuss hatte überhaupt nicht abgestimmt. Vielmehr hatte ich – auch im Namen meines Kollegen Kühbacher (SPD) – Abs vor der Versteigerung garantiert, dass wir bei den Etatberatungen die Mittel einsetzen werden. Hätte der Ausschuss vor der Ersteigerung die Mittel bewilligt, wäre die Kaufabsicht bekannt und der Preis höher geworden. Im Einzelfall konnten Union und SPD diskret zusammenwirken.

Geld für die Chagall-Fenster in St. Stephan

Von meiner Tätigkeit im Haushaltsausschuss profitierten zahlreiche Kulturdenkmäler in meinem Wahlkreis, z. B. die Werner-Kapelle in Bacharach, die Kirchen St. Peter, St. Stephan, St. Quintin und die Seminarkirche bis zum Römisch-Germanischen Zentralmuseum und dem Museum für Antike Schifffahrt in Mainz. Das größte Kompliment erhielt ich Jahre später durch ein Verwaltungsratsmitglied von St. Stephan: „Herr Gerster, wir bekommen keine Bundeszuschüsse mehr mit der Begründung, Sie hätten in der Vergangenheit so viel für Mainz herausgeschlagen, dass nun andere dran seien."

Mit besonderer Freude begleitete ich die Bemühungen von Pfarrer Klaus Mayer, Marc Chagall für die Gestaltung von Fenstern in St. Stephan in Mainz zu gewinnen. Als ich meine Frau kennenlernte, entdeckten wir zwei gemeinsame Vorlieben: Martin Buber und Marc Chagall. Letzteren hatte ich im Dezember 1973 in der Knesset in Jerusalem getroffen. Ich war im Gespräch mit dem israelischen Politiker Savidor, als Marc Chagall mit großem Gefolge in der Lobby des Parlamentes seine drei gewaltigen Wandteppiche besichtigte. Er nörgelte an der Farbgebung herum und schien dennoch bester Stimmung. Ich wurde ihm von Savidor vorgestellt. Mein Plädoyer für St. Stephan in Mainz schien ihn wenig zu beeindrucken, erst als ich ihm – ohne Auftrag – Grüße von Klaus Mayer bestellte, hatte er Interesse an meinen Ausführungen. Klaus Mayer hatte als Sohn eines Juden und einer Christin die Nazizeit u. a. in der Familie meines Patenonkels Johannes Gerster überlebt. Als er die Idee, Chagall für Fenster in Mainz zu gewinnen, äußerte, wurde er von manchen als größenwahnsinnig angesehen. Ich glaubte zunächst auch nicht an den Erfolg, obwohl ich die Beharrlichkeit von Klaus Mayer schätzen gelernt hatte. Was Chagall für Mainz schuf, ist einmalig. Sechs Chagallfenster waren durch das Land Rheinland-Pfalz, die Stadt Mainz, Mainzer Banken und durch private Spenden finanziert worden, für weitere drei, die größten Fenster im Querhaus, konnte ich Mittel vom Bund loseisen. Alles gut investiertes Geld für die „Gebetskirche des Heiligen Römischen Reiches Deutscher Nation für den Frieden", so der Ehrentitel von St. Stephan: Fenster von Marc Chagall, dem Weißrussen, der Franzose wurde und Jude blieb! Tausend Friedensappelle können nicht so viel aussagen, wie dieses Friedenswerk in Mainz.

Ein wichtiges neues Amt

Mitte September war Heinz Schwarz als Vorsitzender der Landesgruppe Rheinland-Pfalz/Saarland zurückgetreten. Sein Interesse galt mehr und mehr der Außenpolitik, was mit zahlreichen Dienstreisen verbunden und dadurch mit diesem Amt schlecht zu vereinbaren war. Helmut Kohl, unser wichtigstes Landesgruppenmitglied, hätte gerne seinen alten Pfälzer Weggenossen Theo Magin aus Schifferstadt als neuen Landesgruppenchef gesehen. Die Gruppe sah das anders: Ich wurde zum Nachfolger von Heinz Schwarz gewählt, Karl Deres aus dem Wahlkreis Bad Neuenahr/Ashrweiler rückte auf meinen bisherigen Stellvertreterposten nach.

Die Vorsitzenden der Landesgruppen trafen sich regelmäßig. Was sie in streitigen Fragen vereinbarten, wurde mehrheitsfähig in der Fraktion. Sie gaben aber auch Stimmungen und Trends an den Bundeskanzler sowie an den Fraktionsvorsitzenden weiter und nahmen dadurch nicht geringen Einfluss auf deren Meinungsbildung. Eine derartige Situation ergab sich bereits einen Monat nach meiner Wahl: Rainer Barzel war als Bundestagspräsident zurückgetreten.

Helmut Kohl hatte, wie er das von Zeit zu Zeit tat, die Landesgruppenvorsitzenden ins Kanzleramt eingeladen. Natürlich spielte die Nachfolge Barzels eine Rolle. Kohl brachte den Namen einer erfahrenen Bundestagsabgeordneten ins Gespräch. Dieser Vorschlag begeisterte keinen der Anwesenden.

Ich warf in die Runde „Warum wählen wir nicht Philipp Jenninger?", der als Chef des Bundeskanzleramtes in der Runde dabei saß. Kohl schien überrascht, vielleicht auch besorgt, dass er seinen engsten Mitarbeiter verlieren könne, fragte aber Jenninger: „Könntest du dir das vorstellen?" Darauf dieser: „Ich möchte meine Frau anrufen."

Er verließ das Kanzlerbüro, kam nach ca. 15 Minuten zurück und sagte lapidar: „Ich mache es." Er wurde gewählt.

Spaß an den Auseinandersetzungen mit den Grünen

Die Grünen ärgerten mich immer mehr: In jeder Bundestagsdebatte, in jeder Pressekonferenz verfuhren sie nach dem Motto: Wir sind die besseren Menschen, die Altparteien sind versaut, verbraucht, versifft. In Wahrheit aber redeten sie anders, als sie handelten. Am 16. November veröffentlichte meine Fraktion meine „10 Gebote alternativer Politik oder Verhaltensregeln grüner MdBs:

1. Fordere für MdBs das Dienstfahrrad und fahre in Permanenz mit dem Dienst-Pkw, auch um Schnaps zu holen! – Modell Reents

2. Finde Dich öffentlich mit 1.950,-- DM Diäten im Monat (= 23.400,--DM im Jahr) ab und habe laut Rechenschaftsbericht der Grünen im Jahr 1983 doch 40.176,--DM als Spende für diese Partei übrig! – Modell Burgmann

3. Geißele den Sexismus der Vertreter etablierter Parteien in Bonn und lass Dich als erster Busengrabscher in 35 Bonner Parlamentsjahren erwischen! – Modell Hecker

4. Arbeite ein Berufsleben lang f ü r die Bundeswehr und im üppig ausgestatteten Ruhestand d a g e g e n ! – Modell Bastian

5. Klage vor dem Bundesverfassungsgericht gegen die Bundeszuschüsse an die politischen Stiftungen und kassiere heimlich über die Bundeszentrale für politische Bildung für grüne Bildungsinstitute! – Modell Verheyen

6. Wehre Dich öffentlich gegen den Transport von MdBs durch Flugzeuge der Bundeswehr und fliege bei Nacht und Nebel mit der Luftwaffen-Boing in die USA! – Modell Kleinert

7. Beklage Menschenrechtsverletzungen in aller Welt und gehe beim Hinweis auf die Lage der Deutschen in der DDR in die Luft! – Modell Fischer

8. Verurteile das Finanzgebaren aller anderen Parteien und zweckentfremde selbst die Wahlkampfkostenerstattung! - Modell Vollmer

9. Feiere Dich laut als Umweltpapst, meide das reinigende Bad und verpeste die Luft mit dem größten und ältesten Autovergaser! – Modell Kleinert

10. Lass Dich als freier, nur dem eigenen Gewissen verantwortlicher Volksvertreter wählen und unterwerfe Deine eigenen Entscheidungen dem Diktat der ungenannten Hintermänner! – Modell Schoppe

Wer diese Gebote erfüllt und diese Verhaltensregeln beachtet und darüber hinaus im Besitz der absoluten Weisheit, Wahrheit und Moral ist, ist ein geeigneter Grüner, der in den Alternativhimmel eingehen wird."

Von der Reaktion wurde ich überrascht: Alle wichtigen Zeitungen, Zeitschriften, Illustrierten und Magazine der Republik verbreiteten meine „Satire gegen die Grünen". Das Bild von den Grünen als den besseren Menschen erhielt einen deutlichen Riss.

Eng verwurzelt mit der Basis

Zum Jahresende 1984 erfüllte ich mir einen lange gehegten Wunsch. Mit 36 Mainzer Feuerwehrleuten nahm ich an deren Silvesterschwimmen im Rhein teil. Jeder hatte einen Tauchanzug an, sonst wären die 6 Grad Wassertemperatur bei 2 Grad Außentemperatur auf 2 Kilometer nicht zu ertragen gewesen. Der Spaß war für mich so groß, dass ich von da an wusste, wo ich mich in Zukunft am Silvestermorgen befinden würde: mit der Feuerwehr im Rhein. Inzwischen wurde aus diesem Ereignis fast schon ein Massenschwimmen mit um die 200 Teilnehmern.

Natürlich beschäftigten mich die Probleme des Wahlkreises in besonderer Weise. Mitte des Vorjahres war bekannt geworden,

Vor dem Stromschwimmen: Der zweite von links ist Rudolf Huppert, der zweite von rechts Dr. Fritz Dahlem und ganz rechts steht der Mainzer Oberbürgermeister, Herman-Hartmut Weyel.

dass die US-Streitkräfte – hier ohnehin stark vertreten – weitere 70 Hektar Land in Mainz-Finthen und Wackernheim beanspruchten. Ein Sturm der Entrüstung brach los. Menschen, die in ihrem ganzen Leben noch nicht gegen die Obrigkeit demonstriert hatten, gingen auf die Straßen, nicht nur in Mainz, auch in Bonn. Für diese scharfen Reaktionen gab es drei Gründe. Die Bundesregierung Kohl hatte gerade gegen viele Widerstände die Nachrüstung mit Mittelstreckenraketen, die in Deutschland stationiert werden sollten, durchgesetzt. Das ganze Jahr 1984 hatten die Bauern rund um Finthen bis Ingelheim, die durch maßlose Importe von Sauerkirschen in Existenznöte geraten waren, für die rheinhessischen Sauerkirschen gekämpft. Jetzt sollten sie auch noch wertvolles Land verlieren. Die UdSSR stand am Beginn grundlegender Reformen. Mit Michail Gorbatschow kam im Kreml eine Führung, die sich von den alten Kadern erfreulich unterschied. Was sollte da noch mehr Militär in Rheinhessen?

Längst hatte ich Bundeskanzler Kohl und Verteidigungsminister Manfred Wörner zu Interventionen bei den Amerikanern aufgefordert und sie immer wieder genervt. Wenn Kohl mich sah, stieß er nur noch hervor: „Gerster, hör auf mit deinen Mainzer Bauerngeschichten, wir sind dran." Manfred Wörner versprach mir in der Fraktionssitzung am 23. Januar 1985: „Das angelaufene Anhörverfahren wird ausgesetzt, die US-Armee bekommt allenfalls 5-10% der angeforderten Flächen." Der Jubel war durchwachsen, man misstraute dieser Wendung. Ich glaubte Wörner und behielt Recht.

Im August 1985 startete unsere Landesgruppe mit 42 Personen eine 5-tägige Busreise durch die DDR. Es war eine privat finanzierte Reise von Offiziellen. Auf dem Marktplatz in Eisenach stieg unser Fremdenführer in den Bus, den ich freundlich begrüßte. Ich fügte hinzu: „Wir wissen, dass Sie ein Stasioffizier sind und hoffen, dass Sie wenigstens Oberst und kein popeliger Hauptmann sind. Denn als freie Abgeordnete haben wir schon unsere Ansprüche." Er widersprach heftig. Was sollte er auch tun? Jedenfalls wusste jeder, was er von dem anderen zu halten hatte. Wir provozierten nicht, fürchteten aber auch niemanden. Denn was hätte die DDR-Staatsmacht mit einem Rudel von Bundestagsabgeordneten machen sollen? Einsperren ging nicht, abschieben hätte den Bemühungen der DDR, als normaler Staat anerkannt zu werden, geschadet. Deshalb konnten wir in einem unfreien Staat recht frei agieren. Für mich waren drei Dinge wichtig. Wir trafen Offizielle der Kreise und der Bezirke, denen wir Ausreiseanträge, meist Fälle der Familienzusammenführung, mit der Bitte um Unterstützung übergaben. Wochen und Monate später erfuhren wir, wo wir Erfolge hatten, wo nicht. Um unsere Stasikletten abzuschütteln, teilten wir uns spontan in Kleingruppen auf, suchten dann Kirchenvertreter und uns bekannte Oppositionsgruppen auf. Ich setzte mich mit Erfolg für die Rückgabe von in der DDR lagernden Mainzer Archivalien und, zunächst ohne erkennbaren Erfolg, für eine Städte-Partnerschaft Mainz-Erfurt ein. Diese Frucht sollte die CDU-Stadtratsfraktion von Mainz erst später, aber noch vor dem Fall der Mauer, ernten: Im November 1986 konnte ich der Stadt Mainz mitteilen, dass in Ostberlin endlich die Vereinbarung über die Rückgabe der Mainzer Archivalien aus der DDR unterschrieben worden war.

Nach diesem ersten erfolgreichen Verlauf wurde die DDR-Reise zum jährlichen „Muss" der Landesgruppe.

Mehr Erfolg allerdings in Sachen Partnerschaft brachte kurz darauf ein Kurzbesuch in Haifa. Bürgermeister Arie Gurel wartete auf ein Signal aus Mainz, das nach einem Militärschlag Israels gegen Tunesien die Bemühungen um diese Partnerschaft zunächst eingestellt hatte. Ich versprach Gurel, in Mainz massiv für unser Anliegen einzutreten, bevor ich Staatspräsident Herzog, Ministerpräsident Peres, Verteidigungsminister Itzhak Rabin und Jerusalems Bürgermeister Teddy Kollek treffen sollte. Sie alle unterstützten den mit Mitteln der Adenauer-Stiftung seit drei Jahre arbeitenden Verein „Koexistenz", der auf internen Foren Israelis und Palästinenser zusammenführte. Man vertraute der Adenauer-Stiftung und mir.

Im Dezember tagte in Mainz die Deutsche Sektion der „Internationalen Ärzte für die Verhütung des Atomkrieges". Ehrengast war der stellvertretende sowjetische Gesundheitsminister Tschasow, mitverantwortlich für die Einweisung von russischen Freiheitskämpfern und Dissidenten in psychiatrische Kliniken. Tschasow hatte auch Front gegen Andrej Sacharow gemacht, der bis dahin seinen Nobelpreis nicht hatte entgegennehmen dürfen. Der Mainzer Oberbürgermeister Jockel Fuchs hatte den Verein und Tschasow zum 10. Dezember zu einem Empfang ins Mainzer Rathaus eingeladen. Ich forderte Fuchs auf, diesen Empfang zu nutzen, um für die Menschenrechte in der UdSSR und insbesondere für Sacharow einzutreten. Fuchs lehnte ab. Darauf kündigte ich an, dass ich auf dem OB-Empfang das Wort ergreifen und die Freilassung des Friedensnobelpreisträgers Sacharow einfordern würde. Der Zeitpunkt des Empfanges nahte. Vor dem Rathaus verteilten wir sicherheitshalber Flugblätter „Freilassung von Sacharow!" Ich war wild entschlossen, auf dem Empfang zu reden. Fuchs kam zur allgemeinen Überraschung nicht und ließ sich vom Kulturdezernenten Toni Keim vertreten. Dieser erklärte in seiner Begrüßung: „Die Menschenrechte in unserer Welt sind unteilbar. Wo immer Unrecht geschieht, in Afghanistan, Chile, Südafrika oder an den Dissidenten in der Sowjetunion, muss die Stimme erhoben werden." Keim bewies damit mehr Rückgrat als der populäre Oberbürgermeister Fuchs. Dieser wollte weder den Russen stellen, noch von mir gestellt werden, deshalb hatte er gekniffen. Der Beitrag von Keim entsprach meiner Forderung, sonst hätte ich mir ungefragt das Mikrofon genommen.

Der Kampf um die rechtsrheinischen Mainzer Vororte geht verloren

Mit der Bildung der Besatzungszonen nach dem Zweiten Weltkrieg waren die sechs rechtsrheinischen Vororte von Mainz abgetrennt worden. Während die Vororte Bischofsheim, Ginsheim und Gustavsburg längst im Landkreis Groß-Gerau und fest in Hessen integriert waren, gab es in den Vororten Amöneburg, Kastel und Kostheim (AKK) seit Jahren eine Bewegung „Zurück nach Mainz". Mit meinen Kollegen Karl Delorme (SPD) und Helmut Schäfer (FDP) brachte ich zwei Gesetzesentwürfe im Bundestag ein, welche eine Ergänzung von Art. 29 Grundgesetz und ein Ausführungsgesetz zur Rückgliederung der AKK-Gemeinden nach Mainz zum Ziel hatten. Die Grundgesetzänderung sollte nicht entscheiden, ob die AKK-Gemeinden zu Mainz oder Wiesbaden, zu Rheinland-Pfalz oder

Hessen gehören, vielmehr sollten dadurch die Bürger von AKK entscheiden können, wohin sie endgültig gehörten. Es sollte eine Entscheidung für die Bürger und für die Demokratie sein. Helmut Lölhöffel schrieb dazu am 2. Dezember in der Frankfurter Rundschau:

„Dabei hat der 44-jährige Jurist Gerster ebenso Formulierungskunst wie taktisches Geschick bewiesen. Denn er brachte nicht nur die gesamte CSU/CSU-Fraktion einschließlich des Bundeskanzlers Helmut Kohl aus Rheinland-Pfalz und des Fraktionschefs Alfred Dregger aus Hessen hinter sich, sondern auch den Koalitionspartner FDP, der schon immer einen Hang zu Neugliederungen hatte, und — welch Wunder — auch die Grünen, die den Vorstadt-Mainzern zu kommunaler Selbstbestimmung verhelfen wollten. Obendrein gelang Gerster aber noch das Kunststück, seinen Landsmann Delorme für eine Unterstützungsaktion zu erwärmen, die den Gesetzentwürfen aus der Mainzer Provinz prompt 39 Unterschriften aus den Reihen der SPD-Fraktion brachte."

Ich las den Artikel mit gemischten Gefühlen. Ich war eitel genug, um mich durch diese Würdigung in der Frankfurter Rundschau geehrt zu fühlen. Andererseits hatte ich Delorme bisher das Gefühl vermittelt, als sei er der große Zampano in Sachen AKK. Jedenfalls hatten wir zu dieser Zeit eine klare Zweidrittelmehrheit zur Ergänzung des Grundgesetzes.

Im Sommer 1986 rückte dann Wiesbadens Oberbürgermeister Achim Exner, der militanteste Gegner der AKK-Rückgliederung, mit einem besonderen Clou heraus. Er hatte mit größtem Einsatz eine Kampagne in den rechtsrheinischen Mainzer Vororten pro Wiesbaden organisiert und mit einer Umfrage verbunden. Die Sache ging für ihn voll daneben. Bei einer Wahlbeteiligung von 64,7 % stimmten 61,25 % der Bürger aus AKK für Mainz und nur 32,7 % für Wiesbaden. Leider hat dieses eindeutige Ergebnis weder Exner noch die hessische Landesregierung bewogen, die AKK-Gemeinden nach Mainz zu entlassen. Heute würden die Leute in den rechtsrheinischen Gemeinden nicht so abstimmen. Mainz ist pleite und Wiesbaden seit Jahren besser regiert.

Im November jedoch scheiterte die Änderung des Grundgesetzes zur Rückkehr der drei AKK-Gemeinden am notwendigen Zweidrittel Quorum im Bundestag. CDU/CSU und FDP hatten geschlossen für unsere Gesetzesvorlage gestimmt. Die Grünen waren gespalten. Aus der SPD stimmten nur 17 dafür. Kollege Delorme hatte nicht einmal die 39 Kollegen aus der SPD-Fraktion, die den Gruppenantrag unterschrieben hatten, für eine Stimmabgabe gewinnen können. Zwei Jahre harter Arbeit waren umsonst. Mit der Verfassungsänderung und mit Zustimmung der AKK-Bürger wäre Mainz auch wieder rechts des Rheines gewesen.

Das Foto mit dem Papst

Das Jahr 1986 stand im Zeichen des bevorstehenden Wahlkampfes. Die CDU-Kreisverbände Mainz-Stadt und Mainz-Bingen hatten mich zum fünften Mal zum Bundestagskandidaten für den Wahlkreis Mainz-Bingen nominiert. Helmut Wirth kommentierte meine Wiederwahl in der AZ:

„Selbst wenn man die vier enthaltsamen Zweifler noch einbezieht, kann Johannes Gerster jedoch von einer überwältigenden Mehrheit ausgehen, die ihn trägt. Was er in Bonn und auch an der Basis in seinem Wahlkreis in den zurückliegenden vierzehn Jahren geleistet hat, kann sich sehen lassen. Als er 1972 zum ersten Mal in die Wahlkampfarena für Bonn trat, hatte seine Partei im Wahlkreis gegenüber den Sozialdemokraten einen Rückstand von 10,3 Prozent. Heute haben die Christdemokraten in diesem Stimmbezirk einen Vorsprung von 6,3 Prozent.

Dafür war nicht nur „Genosse Trend" zu bestimmten Wahlzeiten verantwortlich und ausschlaggebend, sondern eine harte Kärrnerarbeit in der Bundeshauptstadt und erst recht an der Basis, im Wahlkreis 154, sprich: immerwährender Kontakt und ständiges Gespräch mit dem Wähler.

So ist Johannes Gerster in über zehn Jahren in seinem Heimatwahlkreis zu einem Markenzeichen der CDU geworden. Daran ändert auch nichts, wenn ihm — aus welchen Gründen auch immer — eine kleine Zahl von Parteifreunden ihre Stimme versagt hat." (AZ Mainz, 30.5.86)

Natürlich sorgte uns zunächst die Finanzierung des Wahlkampfes, ein immer leidiges, mühseliges und undankbares Geschäft. Die Parteien waren und sind durch die Bank unterfinanziert. Aus den laufenden Etats steht kein Geld für Wahlkämpfe zur Verfügung. Dieses muss durch Spendenaktionen hereingeholt werden. Und dafür „haftet" an erster Stelle der Bundestagskandidat. Also ging ich

Begegnung mit Papst Johannes Paul II. 1987.

wieder auf Betteltour. Daneben galt es, inhaltliche und gestalterische Entscheidungen über Prospekte, Flugblätter, Anzeigen usw. zu treffen. Meine Berater rieten mir, ein Foto von mir mit dem allseits geschätzten Kardinal Hermann Volk in den zentralen Wahlkampfprospekt aufzunehmen. Ich rief den Kardinal an und fragte ihn, ob er Bedenken gegen eine derartige Veröffentlichung habe. Da das Foto von einer öffentlichen Veranstaltung, dem Neujahrsempfang des Bischöflichen Ordinariates stammte, hätten wir gar nicht zu fragen brauchen. Ich hielt diese Anfrage im Respekt gegenüber diesem hohen, geistlichen Herrn aber für geboten. Umso erfreuter war ich, dass der Kardinal sofort sein Plazet gab. Wenige Tage später rief jedoch sein Bischofssekretär an. Er war Gruppenführer unserer Kinder bei den Christlichen Pfadfindern Europas gewesen und uns freundschaftlich verbunden. Er druckste am Telefon herum, der Kardinal sei in Rom und könne mich nicht selbst anrufen und so weiter. Erst als ich ihn fragte, ob es um das Foto gehe, sagte er peinlich berührt und befreit: „Ja, Kardinal Volk schätzt Sie sehr, er möchte aber nicht in den Wahlkampf hineingezogen werden."

Für mich stand fest: Der Wunsch des Kardinals wird respektiert. Aber: Jetzt wollte ich das schier Unmögliche versuchen – ein Foto mit dem Papst.

Daraufhin begannen Wochen intensiver Vorbereitungen für ein Papsttreffen. Die CDU-Landesgruppe Rheinland-Pfalz/Saarland beschloss eine Zwei-Tages-Fahrt nach Rom. Verteidigungsminister Manfred Wörner reagierte auf meine Frage, ob es politisch sinnvoll sei, wenn die Landesgruppe das NATO-Defence-College in Rom besuchen würde, fast euphorisch: „Alle fahren zur NATO in die USA oder nach Brüssel, noch nie hat eine Bundestagsdelegation die NATO in Rom besucht. Ich organisiere euch einen Flug nach Rom." Anfrage bei Prälat Heck, einem Pfälzer in der Deutschen Botschaft beim Vatikan, mit negativem Ergebnis! Er könne uns keine Audienz beim Papst vermitteln. Meinen Einwand, vor Wochen sei der SPD-Landes- und Fraktionsvorsitzende Scharping aus Rheinland-Pfalz vom Papst empfangen worden, begegnete er mit den Worten, eine Landtagsfraktion sei ein Verfassungsorgan, eine Landesgruppe als Teil der Bundestagsfraktion nicht. Gespräch mit Helmut Kohl: „Die Landesgruppe fährt nach Rom, trifft den Papst, können Sie uns eine schriftliche Grußadresse an den Papst mitgeben?" Kohl stimmte zu und forderte mich auf, einen Briefentwurf an seine Büroleiterin Juliane Weber zu senden. Wenige Tage später hatte ich den erwünschten, hochoffiziellen, versiegelten Briefumschlag. Eine Kopie des Briefes lag offen dabei. Staatsgeheimnisse standen nicht darin. Anruf bei Prälat Heck: Landesgruppe kommt und hat eine persönliche Botschaft des Deutschen Bundeskanzlers an den Heiligen Vater im Gepäck. Wenige Tage später rief Heck zurück; nannte das Datum einer Generalaudienz in der kommenden Woche. Wir sollten teilnehmen, anschließend würde eine Begegnung mit dem Papst organisiert. Feste Zusage!

Morgens flogen wir nach Rom. Mittags Besuch des NATO-Defence-Colleges, abends schönes Abendessen in Trastevere. Nächsten Morgen Generalaudienz, in welcher der Papst unsere Landesgruppe namentlich begrüßte und anschließend ein 20-minütiges Treffen mit dem Papst. Der besondere Clou: Als ich nach dem Austausch gegenseitiger Höflichkeiten und der Übergabe des Briefes von Helmut Kohl sagte, wir stünden demnächst im Wahlkampf, ob wir ein Foto mit ihm machen dürften, sagte Johannes Paul II. in seinem glasklaren Deutsch: „Herr Abgeordneter, deswegen kommen doch alle. Sie sind aber der Erste, der das zugibt." Anschließend nahm er sich Zeit für unseren Fotowunsch. Mittags ging es via Flieger wieder zurück. Kardinal Volk übergab ich Wochen später meinen Werbeprospekt, natürlich mit dem Foto „Papst und Gerster". Volk sah das Foto an und sagte: „Man sollte doch gleich zum Schmitt und nicht zum Schmittchen gehen." Meinen Einwand, er sei kein Schmittchen, wies er freundlich zurück und wünschte mir viel Erfolg. So war er, der Hermann Volk.

Aufklärer im Neue-Heimat-Skandal

Was sich bereits seit Monaten angedeutet hatte, kochte Anfang Juni 1986 so richtig hoch: der Neue-Heimat-Skandal. Die Neue Heimat war das größte Wohnungsbauunternehmen Europas und stand im Eigentum des Deutschen Gewerkschaftsbundes bzw. dessen Beteiligungsgesellschaft BGAG, die den gesamten DGB-Unternehmensbesitz als Holding führte. 1982 war der Neue-Heimat-Skandal erstmals publik geworden. Damals waren mit Albert Vietor die alten Kämpen abgelöst, aber die Skandal umwitternden Geschäftspraktiken weitergeführt worden. Die Daten der Neuen Heimat stellten sich so dar: 10 Milliarden Mark Subventionen von Bund und Ländern, Steuerbefreiungen als gemeinnütziges Unternehmen, dennoch 17 Milliarden Mark Schulden und gut eine Million verängstigter Sozial-Mieter.

Da es um öffentliche Gelder im sozialen Wohnungsbau ging, beantragten CDU/CSU und FDP die Einsetzung eines Untersuchungsausschusses im Deutschen Bundestag. Die SPD stimmte der Einsetzung zu, um im nächsten Moment diesen Untersuchungsausschuss als Wahlkampfinstrument der Koalition zu diffamieren. Immerhin sollte nur sieben Monate später, am 25. Januar 1987, der neue Bundestag gewählt werden.

Ich wurde, wie seinerzeit im Guillaume-Untersuchungsausschuss, als Obmann der CDU/CSU-Fraktion gewählt. Für die FDP agierte der bayerische Mittelständler Josef Grünbeck. Meine Widersacher in der SPD waren der ehemalige Parlamentarische Staatssekretär im Bundesbauministerium, Dr. Dietrich Sperling, und der spätere SPD-Vorsitzende Franz Müntefering. Die Grünen entsandten den Abgeordneten Gerd Werner. Untersucht werden sollten die Misswirtschaft der Neuen Heimat, die Verschleuderung öffentlicher Gelder, die unrechtmäßige Bereicherung von Gewerkschaftsführern und zahlreiche Verstöße gegen das Gemeinnützigkeitsrecht.

In der Debatte des Bundestages zur Einsetzung des Untersuchungsausschusses am 18. Juni 1986 erklärte ich für die CDU/'CSU-Fraktion: Die Neue Heimat stehe für den größten Wirtschafts- und Sozialskandal in der Geschichte der Bundesrepublik. Mehr gemein als wirtschaftlich, weniger sozial als profitsüchtig, ein Lehrstück, wie man kleine Mieter schädigt und Große bereichert und von oben nach unten umverteilt. Mit einem Zweizeiler endete ich:

„Der Mieter weint, der Bonze lacht,
Genosse Filz dies möglich macht."

Während die Bundestagskollegen in den Sommerurlaub entschwanden, brachten wir den Untersuchungsausschuss in Gang. In einer Zwischenbilanz sollte ich später summieren: Wir hatten die Geschäftspraktiken des größten Wohnungsbaukonzerns Europas gegen den erbitterten Widerstand der Schiene DGB-BGAG-Neue Heimat und im Ausschuss gegen den der SPD zu untersuchen. DGB, BGAG und Neue Heimat verweigerten die Herausgabe der Geschäftsakten, die wir teilweise bis zum Bundesverfassungsgericht herausklagen mussten. Dazu wurden von der Gegenseite 23 Gerichtsverfahren gegen den Untersuchungsausschuss angestrengt, die dieser weitgehend gewonnen hat.

Einschüchterungsversuche

Bereits zehn Tage nach der Einsetzung des Untersuchungsausschusses, am 28. Juni, erhielt ich von den Anwälten der Neuen Heimat eine strafbewerte Abmahnung, womit mir folgende Behauptung untersagt werden sollte: „Die Neue Heimat hat womöglich mehrere hundert Millionen Mark Mietgelder in dunklen Kassen verschwinden lassen." In einer Unterwerfungserklärung sollte ich mich im Wiederholungsfalle zur Zahlung einer Vertragsstrafe von 100.000 DM verpflichten. Auf gleiche Weise sollte mir untersagt werden zu behaupten: „Bei der Neuen Heimat sollten Gewinne privatisiert und Verluste sozialisiert werden". Auch da wurden 100.000 Mark Vertragsstrafe angedroht. Beide Ansinnen habe ich zurückgewiesen. Die Neue Heimat hat auf die angedrohten gerichtlichen Maßnahmen verzichtet. Sie fürchtete den Wahrheitsbeweis, den wir durch die Arbeit unseres Ausschusses ohnehin erbracht haben.

Etwas komplizierter lag ein anderer Fall. Das Landgericht Hamburg hatte mir in einer von der Neuen Heimat beantragten Einstweiligen Verfügung verboten, öffentlich zu äußern „bei der Antragstellerin könnte es sich um eine kriminelle Vereinigung zur Ausbeutung von Mietern und zur Plünderung öffentlicher Kassen handeln, oder sonst in Bezug auf die Antragstellerin von einer kriminellen Vereinigung zu sprechen, sofern hierdurch der Eindruck erweckt wird, es handele sich um eine kriminelle Vereinigung im strafrechtlichen Sinne". Das war der einzige Teilerfolg der Neuen Heimat in gut einem Dutzend Verfahren, mit deren Hilfe ich mundtot gemacht werden sollte. Ich konnte gut damit leben. Künftig sprach ich nur noch von kriminellen Machenschaften der Neuen Heimat, den Begriff

„kriminelle Vereinigung" benutzte ich sicherheitshalber nur noch mit dem Zusatz „aber nicht im Sinne des Strafgesetzes".

Kriminelle Vereinigung hin oder her: Noch nie hatte mich eine Aufgabe so voll in Beschlag genommen. Dennoch ging das normale Leben weiter. Ende Juni wurde ich auf der Hauptversammlung zum Vizepräsidenten der THW-Bundeshelfervereinigung gewählt.

Inzwischen rollte die Klagewelle, zunächst der Neuen Heimat, jetzt auch der BGAG gegen den Untersuchungsausschuss weiter. Dieser hatte erkannt, dass die entscheidenden Fehler im Aufsichtsrat der Konzernmutter, der BGAG, gemacht worden waren. Dort saßen die Vorsitzenden der 15 DGB-Gewerkschaften, dort spielte die Musik. Am 4. August erfuhren wir aus der Zeitung, dass die BGAG beim Verwaltungsgericht Köln Klage gegen die vom Untersuchungsausschuss beschlossenen Beweisanordnungen erhoben hatte. Man wehrte sich gegen die Vorlage von Geschäftspapieren, Berichten, Gutachten, Protokollen, Kauf- und Kreditverträgen. Der Vorstandsvorsitzende der BGAG, Alfons Lappas, und der Aufsichtsratsvorsitzende, der DGB-Vorsitzende Ernst Breit, klagten ebenfalls vor Gericht gegen die Anordnung, dem Untersuchungsausschuss Stellungnahmen zu übergeben. Wir mussten eine Kompanie von Juristen beschäftigen, um 70 Meter Akten mit 20 Tonnen Gewicht zu studieren, Beweisanträge und Sitzungen vorzubereiten und uns gegen die Prozesslawine zu wehren.

In nur drei Monaten bis Ende September tagte der Untersuchungsausschuss in 54 Sitzungen. In nur fünf Monaten wurden 87 Beweisanträge erarbeitet und bewältigt. Was unsere Mitarbeiter in diesen Monaten leisteten, war gigantisch. Dabei hatten wir uns bis Mitte August auch vor Ort, in den Neue Heimat-Siedlungen in Bremen, Hamburg und Niedersachsen, vor allem auch von den Sprechern einzelner Mietergemeinschaften, informieren lassen. Die Welt zitiert mich am 16. August:

„Wenn im breiten Subventionsstrom Spitzengenossen des Staates und der Wirtschaft in die gleiche Richtung rudern, geht die soziale Marktwirtschaft baden. Das zeigt der Fall Neue Heimat."

Am 28. August berichtete die Bild-Zeitung dass die gemeinnützige Neue Heimat 4 Millionen Mark an die SPD nahe Friedrich-Ebert-Stiftung überwiesen hatte. Ein Schelm, der Böses dabei denkt …

Am 21. September erschütterte eine Nachricht ganz Deutschland: Die Neue Heimat war für einen Kaufpreis von einer Mark an den Berliner Brotfabrikanten Horst Schiesser verkauft worden. Bei näherem Hinsehen entpuppte sich das Geschäft so: Von den 260.000 Neue Heimat Wohnungen sollten 190.000 plus 17 Milliarden Mark Schulden an Schiesser gehen, die restlichen Wohnungen wollten die Länder Hessen und Nordrheinwestfalen kaufen. Otto Graf Lambsdorf spottete, statt des Bäckers hätte man besser gleich den Schlachter kommen lassen. DGB, BGAG und Neue Heimat wollten sich von den öffentlich geförderten Wohnungen, von den Sozialmietern und von 17 Milliarden Mark Schulden trennen. Nachdem zuvor Filetstücke aus dem gemeinnützigen Teil herausgeschnitten waren, sollte Schiesser nun den überschuldeten Teil in die Insolvenz treiben. Die Dummen wären die Sozialmieter gewesen.

Beugehaft für Lappas

Am Donnerstag, dem 16. Oktober, folgte der nächste Knall: Nach langem Filibustern und mehreren Ausweichmanövern war endlich der Vorstandsvorsitzende der Beteiligungsgesellschaft für Gemeinwirtschaft (BGAG), Alfons Lappas, der noch immer gegen die Herausgabe von Akten klagte, vor dem Untersuchungsausschuss als Zeuge erschienen. Er erklärte: „Ich verweigere die Aussage grundsätzlich und werde danach den Saal verlassen." Der gesamte Ausschuss war empört, sogar die SPD-Kollegen. Ich beantragte eine Sitzungsunterbrechung für interne Beratungen der Arbeitsgruppen und danach eine nicht öffentliche Sitzung des Ausschusses.

In der Sitzung der CDU/CSU-FDP-Arbeitsgruppe ging es hoch her. Das Recht sah ein Ordnungsgeld bis zur Höhe von 1000 DM und Erzwingungshaft vor. Unser Ausschussvorsitzender Günther Hüsch, Rechtsanwalt aus Neuss, plädierte für ein Ordnungsgeld. Ich erklärte: Der Lappas zahlt das bar, lässt es sich von der BGAG erstatten und geht. Damit ist dieser Untersuchungsausschusses tot. Wir müssen diesem arroganten Kerl zeigen, dass er dies mit dem Deutschen Parlament nicht tun kann. Mein FDP-Kollege Grünbeck stimmte mir zu, auch die übrigen Kollegen aus meiner Fraktion. Hüsch wurde überstimmt. In nichtöffentlicher Sitzung stellte ich den Antrag „Ordnungsgeld von 1000 DM und Beugehaft". Nach einigen langatmigen Diskussionen stimmten die CDU/CSU-FDP-Arbeitsgruppe und der Grünen-Abgeordnete Werner zu. Von der SPD enthielten sich zwei Kollegen und zwei stimmten dagegen. Erstmals hatte ein Untersuchungsausschuss des Bundestages zur Erzwingung einer Zeugenaussage Beugehaft beantragt.

Das Amtsgericht Bonn hat daraufhin am 19. Oktober gegen Lappas zur Erzwingung des Zeugnisses vor dem Untersuchungsausschuss mit sofortiger Wirksamkeit die Haft für die Dauer von bis zu sechs Monaten angeordnet. Da der Verfahrensbevollmächtigte von Lappas dem Gericht gegenüber erklärt hatte, Lappas werde am 22. Oktober in die USA reisen, nahm der Vollzug des Beschlusses des Amtsgerichtes sofort Fahrt auf. Am Sonntag, dem 20. Oktober, wollte die hessische Polizei Lappas in dessen Haus im Taunus abholen. Als seine Ehefrau mitteilte, Lappas sei in Hamburg, um am Abend als Ehrengast an der Eröffnung des IG-Metall-Kongresses teilzunehmen, wurde der Vorgang an die Hamburger Polizei weitergeleitet. Ich erfuhr davon. Gegen 17 Uhr rief ich Helmut Kohl in Oggersheim an. Ich fühlte mich verpflichtet, den Kanzler über ein bevorstehendes Erdbeben zu informieren. Ich erzählte vom Haftbefehl gegen Lappas, auch dass die Polizei erfolglos versucht hatte, ihn unter Mittag zu verhaften. Es sei damit zu rechnen, dass die Hamburger Polizei ihn vom IG-Metall-Kongress in Hamburg weg verhaften werde. Die Reaktion von Helmut Kohl werde ich nie vergessen: „Was, seid ihr wahnsinnig geworden? Stoppt das sofort!"

Ich erklärte ihm, dass niemand, auch er nicht, dem Gerichtsbeschluss und dessem polizeilichen Vollzug in den Arm fallen dürfe. Auch wolle Lappas vom Gewerkschaftskongress direkt in die USA reisen. Er dürfe dem Untersuchungsausschuss nicht durch die Lappen gehen. Kohl beruhigte sich einigermaßen. Mit meiner Bemerkung, nach einer ersten Empörung im Zuge der Verhaftung, werde sich die Stimmung in Deutschland voll gegen die Gewerkschaftsbosse drehen, endete das Gespräch. Kohl war etwas ruhiger, aber alles andere als zufrieden mit mir. Ich dagegen war ziemlich zufrieden …

Lappas wurde am Abend auf dem IG-Metall-Kongress in Hamburg verhaftet. Die versammelte DGB-Spitze wurde Zeuge. Der

Vorsitzende der Gewerkschaft der Polizei, Schröder, schrie vom Podium den Delegierten sinngemäß entgegen: Seit der Verfolgung der Gewerkschaften durch die Nazis hätte es eine derartige Verfolgung der Gewerkschaften nicht mehr gegeben. Dieser Auftritt kostete ihn den Posten: Einige Zeit danach wurde Schröder zurückgetreten und Egon Lutz sein Nachfolger. Der DGB hatte wieder einmal einen Gewerkschaftsvorsitzenden, der nicht der SPD, sondern der CDU angehörte.

Lappas durfte, nachdem er erklärt hatte, dass er nun doch aussagen wolle, das Gefängnis nach zwei Tagen verlassen, allerdings musste er zuvor Pass und Personalausweis abgeben. Nichts war es mit der USA Reise. Die öffentliche Empörung war heftig und kurz. Irgendwie gab uns die große Mehrheit recht. Man hatte offenbar die Lust an arroganten Gewerkschaftsfunktionären im blauen Nadelstreifen-Anzug mit Weste verloren.

Tumult im Untersuchungsausschuss

Am 29. September ordnete das Amtsgericht Frankfurt die Beschlagnahme der Aufsichtsratsprotokolle der BGAG an. Am 27. Oktober verwarf das Landgericht Bonn die Beschwerde von Alfons Lappas gegen die Anordnung der Beugehaft. Am 5. November hat das Bundesverfassungsgericht endgültig Einblicke in die Protokolle des BGAG-Aufsichtsrates und die Aussagepflicht des Herrn Lappas vor dem Untersuchungsausschuss bestätigt. Die BGAG und ihre Funktionäre verloren Prozess auf Prozess, während unsere Zeugenvernehmungen eine neue Dimension erreichten: Endlich konnte die Führungsetage des DGB-Konzerns, die BGAG, durchleuchtet werden.

Nur zwei Tage nach der Entscheidung des Bundesverfassungsgerichtes in Sachen BGAG-Aufsichtsprotokolle gab es erneut einen Eklat im Untersuchungsausschuss, den Grund dafür lieferte ich. Bei der zweiten Vernehmung des DGB-Vorsitzenden Breit erklärte dieser, er wisse nichts davon, dass die Neue Heimat Gewinne nicht zur Förderung des gemeinnützigen Wohnungsbaus verwendet, sondern in den nicht gemeinnützigen Bereich verschoben habe. Darauf las ich ihm aus dem Protokoll des Aufsichtsrates der BGAG vom 7.

März 1983 vor, wo unter dem Vorsitz Breits genau dieser Verstoß gegen das Gemeinnützigkeitsgesetz beschlossen worden war. Der nun einsetzende Tumult im Ausschuss war unbeschreiblich. Woher hatte Gerster BGAG-Protokolle, die nach der Entscheidung des Bundesverfassungsgerichtes noch nicht an den Untersuchungsausschuss geliefert worden waren? Natürlich lehnte ich jede Auskunft darüber ab.

Die Tatsache, dass ich Protokolle aus dem Allerheiligsten des DGB, dem Aufsichtsrat der BGAG hatte, machte von Stund' an alle Zeugen gesprächiger, ja wahrheitsgetreuer. Keiner wollte von mir anhand dieser Protokolle der Lüge überführt werden. Langsam lichteten sich die Nebel. Die Hauptverantwortung für den Neue-Heimat-Skandal lag im BGAG-Aufsichtsrat und damit bei den Gewerkschaftsvorsitzenden.

Am 11. November dann die große Überraschung: Die Neue Heimat wechselte nach monatelangem öffentlichen Druck wieder von Schiesser zur DGB-Holding. Die Flucht des DGB aus der Verantwortung war misslungen. Die Neue Heimat Hin- und Rückverschiebeaktion kostete mindestens 14 Millionen Mark für nichts und wieder nichts.

Wieder einen Tag später: Alfons Lappas erschien um 9 Uhr als Zeuge vor dem Untersuchungsausschuss. Dieses Mal ohne Weste und im grauen Einreiher. Gelernt hatte er allerdings nichts. Ich fragte ihn um 10:10 Uhr, ob die gerade eingetroffene dpa-Meldung zutreffe, wonach er dem DGB sein Rücktrittsschreiben zugesandt habe. Laut Generalanzeiger Bonn, lief das Weitere so ab:

„Völlig ungerührt sagte Lappas, er sei Vorstandsvorsitzender. Wenn sich eine Änderung in der Personallage ergeben sollte, werde er das schon mitteilen. Gerster fragte noch einmal. Lappas: Ich beantworte diese Frage nicht."

Natürlich war er zurückgetreten. Zu helfen war ihm aber nicht.

„Vom Waldfacharbeiter zum DGB-Topmanager mit 750.000 Mark Jahresgehalt aufgestiegener Hobby-Jäger, ehrgeizig und fleißig, spielte stundenlang den Ahnungslosen. Vom forsch-arrogant auftretenden DGB-Bonzen war nicht viel übrig geblieben." (Generalanzeiger).

Als Ausschussvorsitzender Hüsch Lappas um eine Kopie seines Hausbauvertrages mit der Neuen Heimat bat — dabei soll Lappas begünstigt worden sein — blockte dieser ab. Ich konnte dem Vorsitzenden aus meinen Geheimakten helfen und legte eine Kopie dieses Vertrages vor. Darauf Hüsch: „Herr Gerster ist ein sehr erfolgreicher Ermittler."

Bis heute verstehe ich nicht, warum sich ein befähigter Manager ohne jedes Unrechtsbewusstsein so tief im Neue-Heimat-Genossenfilz verirren konnte. Für ihn waren nicht über 300 Rechtsverstöße schuld, sondern die Bonner „Ermittler", die Licht in das Dunkel einer jahrzehntelangen Günstlingswirtschaft gebracht haben.

Das Ende der DGB-Gemeinwirtschaft

Am 3. Dezember wurde SPD-Schatzmeister Hans Matthöfer als Nachfolger von Lappas in die BGAG-Chef-Etage berufen. Süffisant bemerkte ich: „Ob die Gemeinwirtschaft nun aus dem bekannten Sumpf der Misswirtschaft heraussteigt oder die SPD in diesem Sumpf noch tiefer versinkt, wird die Zukunft zeigen. Zunächst einmal wurde das Genossenband zwischen Neue-Heimat-BGAG-DGB-SPD noch etwas fester geknüpft."

Zwei Tage später verkündete das Zentralorgan des DGB, die „Welt der Arbeit" auf Seite eins in großen Lettern, dass der DGB mich besonders ehren werde. Zum bevorstehenden Jahreswechsel werde mir der Titel „Politischer Amokläufer der Bundeshauptstadt" verliehen. Keine Zeitung druckte diese Meldung nach. Die Journalisten empfanden wohl die Peinlichkeit, dass die DGB-Führung ohne jede Selbstkritik andere für ihren eigenen Neue Heimat-Schlamassel verantwortlich machen wollte. Immerhin blieb ich bis heute alleiniger Träger dieses DGB-Ehrentitels.

Wieder gab es Tumulte im Untersuchungsausschuss. Nachdem BGAG-Vorstandsmitglied Rolf Freyberg den staunenden Abgeordneten die 14-Millionen Abfindung an Schiesser erklärt hatte, nämlich 2,5 Millionen Mark für den nur sechs Wochen eingesetzten Geschäftsführer Havenstein, 7 Millionen Mark für Schiessers Anwaltsbüro, 3 Millionen Mark an ein Wirtschafts- und Steuerberatungsbüro und 1,5 Millionen Mark für Sonstiges, wurde Freyberg von mir nach dem beherrschenden Einfluss der BGAG auf die Neue Heimat und nach rechtswidrigen Vermögensverschiebungen befragt. Wieder einmal mussten meine BGAG-Protokolle herhalten, mit denen ich meine Behauptungen belegen konnte. Dass Freyberg deshalb meine Vorwürfe zugeben musste, reizte die anwesenden DGB-Genossen gewaltig.

Am 7. Dezember beendete der Untersuchungsausschuss seine Beratungen, um Anfang 1987 den Schlussbericht vorlegen zu können. Im Pressedienst unserer Fraktion zog ich folgende vorläufige Schlussfolgerung: Der DGB und die beteiligten Einzelgewerkschaften müssen den verursachten Schaden aufgrund langjähriger Vermögensverschiebungen aus der Neuen Heimat wiedergutmachen. Der Bundestag muss die einschlägigen Gesetze verschärfen, um einen derartigen Skandal in der Zukunft zu verhindern. Dem mehrfachen Verdacht strafbaren Verhaltens von Organmitgliedern müssen die Strafverfolgungsbehörden energisch nachgehen.

Den Abschlussbericht legten wir im Januar vor. Im Bereich der Tatsachenfeststellungen stimmte die SPD weitgehend zu. In der Bewertung leider nicht. Offenbar sollte kein Genosse zur Rechenschaft gezogen werden. Wir hatten jedenfalls Licht in den größten Wirtschafts- und Sozialskandal der Bundesrepublik gebracht, der noch viele Jahre lang den Gesetzgeber, die Staatsanwaltschaften, Gerichte und den DGB beschäftigen und belasten sollte. Waren nach dem ersten Neue-Heimat-Skandal im Jahre 1982 zwar Vietor und einige andere Genossen ausgetauscht worden, aber die skandalösen Geschäftspraktiken weitergegangen, wurde jetzt sichergestellt, dass die gemeine Wirtschaft der DGB-Holding zu Ende ging. Gewerkschafter hatten sich als schlechte Unternehmer erwiesen. Deren Zeit war vorüber.

Die unglaubliche Arbeitsbelastung durch den Neue Heimat-Untersuchungsausschuss hatte für mich schon Anfang November zu dem Entschluss geführt, dass ich bei der anstehenden Wahl des Mainzer CDU-Kreisvorstandes nicht mehr als Kreisvorsitzender kandidieren wolle. Meine gewachsenen politischen Pflichten in Bonn, dazu meine Aufgaben als Vizepräsident der Deutsch-Israelischen Gesellschaft und der THW-Bundeshelfervereinigung sowie mein Engagement im Wahlkreis, das ich auf keinen Fall reduzieren wollte, ließen mir für dieses aufwendige Parteiamt keine Zeit mehr. „Die Nachricht schlug wie eine Bombe ein", schrieb die AZ damals und Helmut

Kohl fragte mich fassungslos: „Wie kannst du dir den Ast absägen, auf dem du sitzt?"

Aber wenn man sonntagmittags von Bonn nach Hause zurückkehrt, dort zwei Stunden Frau und Kinder sieht, um dann mit neu gepacktem Koffer und frischer Wäsche wieder für eine Woche nach Bonn zu entschwinden, dann muss man Ballast abwerfen. Das Parteiamt war das, was ich nach fast 12 Jahren Kreisvorsitz am ehesten loswerden wollte.

Am 25. Januar 1987 wählten die Bürger den 11. Deutschen Bundestag. Obwohl die CDU gegenüber 1983 bundesweit Verluste hinnehmen musste, konnte ich meinen Vorsprung im Wahlkreis von 12.000 Stimmen nochmals auf mehr als 14.000 Stimmen ausbauen. Was für ein Weg: 1972 hatte ich über 18.000 Stimmen hinter Hugo Brandt gelegen, jetzt lag ich über 14.000 Stimmen vor meinem neuen Gegenkandidaten und ehemaligen Schulkameraden Prof. Dr. Eckehard Pick.

Ich richtete mich auf eine ruhigere Wahlperiode in Bonn ein. Welcher Irrtum!

5. Das Glück, Weltgeschichte mitzuerleben (1987 – 1990)

Am 25. Februar 1987 wurde dem Gutenberg-Museum in Mainz das Blockbuch Apokalypse übergeben. Blockbücher sind die Vorläufer der Gutenbergdrucke mit beweglichen Lettern. Ich hatte ein Jahr vorher dem Direktor des Gutenberg-Museums, Professor Halbey, die Hilfe des Bundes bei der Anschaffung eines Blockbuches in Aussicht gestellt. Aus dem Kulturtitel des Bundes erhielt das Museum 1,5 Millionen Mark. Halbey war glücklich, eine Lücke im Gutenbergmuseum war geschlossen.

Die Mainzer Fastnacht war in diesem Jahr für Politiker offenbar besonders attraktiv: Norbert Blüm sang mit Joe Ludwig als Drehorgelmann auf der Bühne des Gonsenheimer Carnevalvereins, Klaus Töpfer ging als singender Clown in die Bütt der Marienborner Brunnebutzer, und ich las als Geschichtsprofessor der 150-jährigen Mainzer Ranzengarde die Leviten. 11 Jahre lang war ich im Reitercorps der Garde mitgeritten. Dort verabschiedete ich mich, um künftig mitzulaufen: „O Tempora, o mores, wer nit reit, is noch kää Zores, sondern basisdemokratisch, uffgeklärt, republikanisch." Auch unsere Kinder Thomas, Maria und Anna waren begeisterte Mitstreiter in der Garde. Regina half beim Pflegen und Anziehen von vier Uniformen und als unsere „Jublerin" am Zugweg.

Stagnation in der Innenpolitik
In Bonn wurden die Karten in der Fraktion neu gemischt. Ich hatte mich in den letzten zehn Jahren im Haushaltsausschuss wohl gefühlt. Allerdings hatte mich die Innenpolitik der Kohl-Regierung mehr und mehr verärgert. Das hatte zwei Gründe, die unschwer bei Innenminister Friedrich Zimmermann und den FDP-Innen-

„Wer nit reit, is noch kää Zores": Hier jedenfalls reite ich noch als Ranzengardist beim Rosenmontagszug in Mainz mit.

politikern lagen: Zimmermann war ein loyaler Weggefährte von Helmut Kohl. Er bemühte sich jedoch in keiner Weise um die FDP, welche ihr Image als Partei der bürgerlichen Freiheitsrechte pflegte. Deshalb mied Zimmermann Kompromisse mit der FDP, welche seinen Ruf als konsequenter „Law-and-Order-Mann" beeinträchtigt hätten. Seinen Spitznamen „Di-Mi-Do-Minister" hatte er sich verdient, weil er meist nur dienstags, mittwochs und donnerstags in Bonn gesehen wurde. Seit Beginn der Kohl/Genscher-Regierung hatte sich in keinem Politikbereich so wenig bewegt wie im Bereich der Innenpolitik.

Dabei bestand reihenweise Handlungsbedarf: Die Volkszählung 1987, von den Grünen als Teufelswerk verschrieen, stand auf der Kippe. Seit rund 10 Jahren hielt die Rote Armee-Fraktion, ihr brutaler Terror, die Republik in Atem. Politisch motivierte Brand- und Sprengstoffanschläge – 509 in den letzten 15 Monaten – nahmen ständig zu. Massenhafter Asylmissbrauch frustrierte Bürger und Behörden. Überfällig war ein neues Ausländergesetz, das die Integration und den kaum mehr beherrschbaren Zuzug neu regeln musste. Da ich mir zutraute sowohl mit Zimmermann als auch mit der FDP einigermaßen klarzukommen, entschied ich mich, als Innenpolitischer Sprecher der Fraktion zu kandidieren. Die Sache hatte einen Haken: Seit 11 Jahren hatte ich der Arbeitsgruppe Innenpolitik nicht angehört. Aus dieser Gruppe kandidierten Dr. Rolf Olderog, Vorsitzender der CDU-Landesgruppe Schleswig-Holstein, und Dr. Heribert Blens, später Vorsitzender des Vermittlungsausschusses von Bundestag und Bundesrat. Von Helmut Kohl hatte ich ebenso wenig Hilfe zu erwarten wie von der Fraktionsführung. Ich setzte auf meine Arbeit und Erfolge in den Untersuchungsausschüssen und gewann im ersten Wahlgang. Im bisherigen „Bermudadreieck" Zimmermann, CDU/CSU-Fraktion und FDP wollte ich gestalten und die dortige Funkstille überwinden.

Bei den Landtagswahlen am 18. Mai in Rheinland-Pfalz verlor die CDU gegenüber 1983 gewaltige 6,8 Prozent. Eine Koalition mit der FDP musste künftig die Regierungsmehrheit sichern. Das als schlecht empfundene Wahlergebnis wie die Zugeständnisse gegenüber der FDP wurden fast nur Bernhard Vogel angelastet. Die Luft in der CDU Landtagsfraktion wurde bleihaltig (so hätte man es in einem Western ausgedrückt): Wir Bonner mussten hilflos mitansehen, wie die Einheit der Union rund um den Landtag zerrissen wurde.

Am Freitag, dem 12. Juni, bot ich meine 1500. Sprechstunde an. Ich versprach, dass ich weiterhin jeden Monat in acht Orten meines Wahlkreises für Jedermann unangemeldet erreichbar sein werde.

Bedeutend schwerer als regionale Ereignisse wog der Staatsbesuch des amerikanischen Präsidenten Ronald Reagan in Deutschland. Kein anderer Politiker hatte bis dahin so eindeutig und klar den Abbau der Mauer mitten durch Deutschland gefordert. Niemand glaubte an deren raschen Fall, dennoch hatte Reagan das bis dahin Undenkbare aussprechbar gemacht und nicht zuletzt die Bürgerrechtsbewegungen in der DDR ermutigt.

In einem bizarren Widerspruch dazu standen die Krawalle gegen den amerikanischen Präsidenten, die auch von Sozialdemokraten, Grünen und Kommunisten unterstützt wurden. Für diese unheilige Linke waren die USA der Feind und der Sozialismus, auch in der DDR, ein willkommener Gesinnungsgenosse. Unbelehrbar schwamm man auf der Woge eines überholten Zeitgeistes. Nicht Sozialismus, sondern Freiheit hieß die Sehnsucht der Ostdeutschen und Osteuropäer. Auch beim SPD-Präsidium war diese Erkenntnis noch nicht angekommen. Während dieses an einem gemeinsamen Thesenpapier mit der sozialistischen Einheitspartei der DDR, der SED, werkelte und aus der SPD nur Annemarie Renger vor der Gefahr geistiger Irritationen warnte, ging die Gewaltherrschaft der SED langsam, aber kontinuierlich ihrem Ende entgegen.

Nachdem Bundeskanzler Kohl im Juli einen offiziellen Staatsbesuch in China und — teilweise hart kritisiert — auch in Tibet absolviert hatte, besuchte einen Monat später eine Delegation des Innenausschusses die Volksrepublik und Tibet. Dabei leiteten uns zwei recht gegenläufige Interessen: Gerade nach dem Kohl-Besuch ging es darum, die Möglichkeiten eines Kulturabkommens zwischen China und Deutschland auszuloten. Gleichzeitig forderten wir bei allen Partnern in Peking das Selbstbestimmungsrecht der Tibeter und die Rückkehr des Dalai Lama ein. In beiden Fällen stießen wir zwar auf Interesse, hatten aber auch das Gefühl, wir hätten gegen eine Gummiwand geredet. In der Tat ist die Selbstständigkeit der Tibeter heute noch weiter weg als damals und auch der Kulturaustausch ließ noch einige Zeit auf sich warten.

Länger als die Reise selbst bewegte „eine Nachtfahrt in der chinesischen Staatsbahn 1. Klasse" die Gemüter. Wir hatten auf Wunsch von Dr. Burkhard Hirsch eine 17-stündige Bahnfahrt in China absolviert. Dabei hatten wir gewettet, den Satzteil „eine Nachtfahrt in der chinesischen Staatsbahn 1. Klasse" in die nächste Bundestagsdebatte einzuführen, und zwar jedes Delegationsmitglied! Wer das nicht schaffte, sollte zahlen.

Die Haushaltsdebatte nahte. Wilfried Penner, stellvertretender Fraktionsvorsitzender der SPD, fing an: „Bildungsminister Jürgen Möllemann, dessen Neigung für das Vermummungsverbot ja bekannt ist, soll seine Nachtfahrt in der chinesischen Staatsbahn 1. Klasse enthüllen". Möllemann wehrte sich gegen derartige „Verdrehungen, Unwahrheiten, Lügen". Er sei nie in China Eisenbahn gefahren. Er könne nur vermuten, dass Penner lüge oder nicht ganz bei Sinnen sei. Als nächster erklärte ich, dass Penner „eine Nachtfahrt in der chinesischen Staatsbahn 1. Klasse" hinter sich habe: „Ich vermute, dass er dort einen Chinesen gesehen und fälschlicherweise mit Möllemann verwechselt hat." Auch Antje Vollmer von den Grünen brachte die Nachtfahrt durch einen makabren Witz unter die Leute. Ein Chinese fragt drei ihm gegenübersitzende Deutsche in der Bahn, ob sie Nazis und Antisemiten seien. Dem Einzigen, der das zugibt, vertraut er während eines Ganges zur Toilette seine Koffer an, weil er die Wahrheit gesagt habe. Burkhard Hirsch von der FDP verglich den Haushalt des Innenministers mit „einer Nachtfahrt in der chinesischen Staatsbahn 1. Klasse: Manches kommt einem ziemlich chinesisch vor. Keine Aussicht nach vorn, um sich herum nur alte Kameraden und der Blick auf die Umgebung bleibt flüchtig und begrenzt." Als auch der Ausschussvorsitzende Gottfried Bernrath (SPD) auf eine Zwischenfrage von Hirsch erklärte, dieses habe er auf der Nachtfahrt in der chinesischen Staatsbahn 1. Klasse seinen Koalitionskollegen Gerster fragen sollen, war dem Allerletzten klar, dass wieder einmal eine Abgeordneten-Wette über die Bühne gegangen war. Von der Süddeutschen Zeitung bis zum Spiegel hatten die Journalisten einmal etwas weniger Ernstes zu berichten. Heute wäre so etwas undenkbar: In Bonn menschelte es mehr als heutzutage in Berlin.

Derweil nahmen auf der einen Seite die Asylbewerber, auf der anderen Seite die Gewalttätigkeiten bei Demonstrationen im Wochenrhythmus zu. Beim Protest gegen die Startbahn West am Flughafen Frankfurt wurden zwei Polizisten ermordet. Dort waren mit Präzisionsschleudern Stahlkugeln geschossen und Brandflaschen geworfen worden. In Wackersdorf waren Polizeifahrzeuge samt Insassen umgeworfen und angezündet worden. In Berlin hatten Protestierer Gehwegplatten von Hausdächern auf die Polizei geworfen. All diese Aktionen sollten töten.

Während die offizielle Devise lautete: Warten auf die FDP, trafen wir Innenpolitiker der Koalition uns wöchentlich, um neben der Routinearbeit ein Programm gegen die Eskalation der Gewalt auszuhandeln. Ein neues Demonstrationsrecht war überfällig. Noch kam keine Bewegung in die Sache.

Der Schriftsteller Martin Walser hatte zum 10. Jahrestag der Ermordung von Hanns Martin Schleyer den inhaftierten RAF-Terroristen einen regelmäßigen gesellschaftlichen Dialog angeboten. Daraufhin hatte ich Walser zu einer öffentliche Diskussion über die Möglichkeiten, in einer Demokratie unterschiedliche politische Auffassungen gewaltlos durchzusetzen, aufgefordert. Erst nach zwei Erinnerungsschreiben antwortete Walser: mit einer Absage per Postkarte! Für mich hatte er mit dieser Absage an Glaubwürdigkeit verloren.

Willkommene Abwechslung vom politischen Alltag brachte der 12. Januar 1988. Mainzer Carneval Verein, Mainzer Ranzengarde und das Prinzenpaar Clemens I. und Prinzessin Dorothee I., insgesamt über 150 Personen, waren meiner Einladung nach Bonn gefolgt. Nach einem Empfang bei Bundestagspräsident Philipp Jenninger wurde in der Deutschen Parlamentarischen Gesellschaft die Ausstellung „Bürgerfest und Zeitgeschehen", eine Darstellung von 150 Jahren politischer Fastnacht in Mainz, eröffnet. Anschließend wurde in der Landesvertretung Rheinland-Pfalz angemessen diniert. „Das war ein Höhepunkt unserer 150-Jahrfeiern und ein Augen- und Ohrenschmaus in Bonn", vermerkte der Präsident des Mainzer Carnevalvereins, Dr. Rudi Henkel, dankbar.

In Sachen Polizei- und Demonstrationsrecht wie im Asyl- und Ausländerrecht bewegte sich noch immer nichts im „Bermudadreieck". In Jerusalem, wohin ich wieder eine Delegation des Bundestages geführt hatte, versuchte ich eine halbe Nacht lang, meinen FDP-Kollegen Burkhard Hirsch zum Einlenken zu bewegen. Seinen Einwand, „mit Zimmermann nicht" gab ich an den Bundeskanzler weiter. „Für neue Gesetze brauchen wir einen neuen Innenminister, am besten Wolfgang Schäuble." Meinen eigenen Frust gab die Welt am Sonntag am 9.4.1988 wieder:

„Die Wortführer in FDP und CSU müssen sofort aufhören, sich wie kastrierte Hähne auf dem Hühnerhof zu gebärden, die nur laut gackern und nichts bewirken."

Am 19. Mai veröffentlichte Friedrich Karl Fromme in der FAZ ein Portrait von mir, das folgendermaßen endete:

„Für ihn umfasst der Abgeordnetenberuf auch den Beistand für Menschen, die nicht mehr weiter wissen; das dabei vorkommende Querulantentum nimmt er in Kauf, auch den Einsatz der Zeit, den es braucht, wenn man in Bonn etwas sein will und daheim im Wahlkreis Mainz, den er zur Zeit als direkt Gewählter hält, auch. Für Gerster ist es erfreulich und ein Ausgleich für manche Bonner Merkwürdigkeiten, wenn er mit Abgeordneten anderer Parteien „vernünftig" (hinten mit sch, wie es sich in Mainz gehört) reden kann. Dafür nimmt er manche Strapaze auf sich. Er schätzt Arbeitskraft, Kenntnisse und Überzeugungs-Intensität seines schwierigen innenpolitischen Kollegen Hirsch von der FDP. Wenn es Übereinstimmungen im Grundsätzlichen mit Sozialdemokraten gibt, ist Gersters Reaktion eher die der Zufriedenheit als der politischen Eifersucht, und auch mit so manchen Grünen kommt Gerster in Einzelheiten zurecht. Die Politik findet er interessant, und er möchte, dass das so bleibt. Aber in Hass ausarten soll das nicht. Dass Politik so viel Zeit und Arbeitskraft fordert, ist schon genug. Und Gerster will als Politiker, als studierter gar, nicht besser sein als ein Mensch sonst — aber, bitteschön, auch nicht schlechter."

Die innenpolitischen Koalitionsrunden ähnelten einer Tour der Leiden. Der Innenminister ging jedem denkbaren Kompromiss mit der FDP aus dem Weg. Hirsch gönnte Zimmermann keinen Erfolg und mein Vertreter, Hermann Fellner von der CSU, war willig, konnte aber gegen den CSU-Innenminister auch nichts ausrichten. Wir saßen im ausgebauten Keller der früheren Residenz des zypriotischen Botschafters, meinem Büro, in der Heussallee und verstanden uns menschlich gut, kamen sachlich aber kaum weiter.

„Gott schütze Rheinland-Pfalz!" Die CDU stürzt ihren Ministerpräsidenten

Unterdessen tat sich in Rheinland-Pfalz eine zweite Baustelle auf.

Während Bernhard Vogel mit viel Mühe eine CDU/FDP-Regierungskoalition auf die Beine gestellt und dabei den bisherigen Fraktionsvorsitzenden Hans-Otto Wilhelm zum Umweltminister gemacht hatte, nahm die Kritik an Vogel in der Landespartei zu. Als Ministerpräsident war er dagegen ohne Alternative. Die Stimmung in der Partei entfernte sich von der Stimmung in der Bevölkerung. Der Protest gegen Vogel, von Wilhelm und seinen Getreuen geschickt in der Partei verbreitet, mündete in der politische Forderung, Partei- und Regierungsamt zu trennen. Nur so könne die Partei moderner werden. Wilhelm wollte Parteivorsitzender werden. Ich gehörte zu denen, die eine Reform der Landespartei für geboten, eine Kampfabstimmung Wilhelm gegen Vogel aber für falsch hielt: „Man wählt einen erfolgreichen Ministerpräsidenten nicht als Parteivorsitzenden ab."

Vogel hatte lange nicht zur Kenntnis nehmen wollen, dass es eine ernst zu nehmende Protestwelle gegen ihn als Landesvorsitzenden gab. Als er es merkte, versprach er, in der Partei den Posten eines Generalsekretärs zu schaffen. Vor unserem Urlaub, den ich in diesem Jahr mit meiner Familie in der Normandie verbringen wollte, hatte ich Bernhard Vogel zum wiederholten Male vor der „Bewegung Wilhelm" gewarnt. Auf seine Frage, ob ich mir ein Engagement in der Landespolitik vorstellen könne, antwortete ich mit einem klaren „Nein". Vogel konnte davon nicht überrascht sein. Er hatte mir in der Vergangenheit wiederholt den Posten eines Landrates, zuerst in Mainz-Bingen, zuletzt als Nachfolger des neuen Trierer-Regierungspräsidenten Gerhard Schwetje in der Südlichen Weinstraße angeboten. Er wusste, dass meine klare Priorität der Bundespolitik galt.

Umso überraschter war ich, als mich mitten im Urlaub Heidi Parade von der Rheinpfalz anrief und mitteilte, Bernhard Vogel habe mich am Vorabend in einem Journalistengespräch im Weinkeller der Staatskanzlei als künftigen CDU-Generalsekretär genannt. Ihren Glückwunsch unterbrach ich säuerlich mit der Bemerkung: „Ich würde eher Marketenderin der Mainzer Ranzengarde als Generalsekretär der rheinland-pfälzischen CDU werden." Von Stund' an wurde ich dem Wilhelm-Lager zugerechnet. Auch deshalb tat mir die Marketenderin-Bemerkung, die bundesweit die Runde machte, nachträglich leid. Das Wilhelm-Konzept, den Ministerpräsidenten als Landesvorsitzenden abzuwählen, um am Tag danach mit diesem Ministerpräsidenten weiterzumachen, als wäre nichts geschehen, hielt ich nach wie vor für unüberlegt.

Ausgerechnet am 11.11. kam es in Koblenz auf dem CDU-Landesparteitag zum folgenschwersten Desaster der jüngeren CDU-Geschichte: Bernhard Vogel, der mit dem Generalsekretär-Kandidaten Georg Gölter im Gepäck angetreten war, wurde als Landesvorsitzender abgewählt. Hans-Otto Wilhelm erhielt 57,8 Prozent der Stimmen. Vogel trat als Ministerpräsident zurück und verließ den Saal mit dem legendären Satz „Gott schütze Rheinland-Pfalz!"

Mich hatte betroffen gemacht, wie meine Parteifreunde, an der Spitze meine Freunde aus Mainz, Sieg und Niederlage auf diesem Parteitag gefeiert haben, wie einst die Befreiung der Rheinlande von den Franzosen. Wie schrieb Walter Löckel in der AZ vom 14.11.:

„Ein demokratisch normaler Vorgang, sicher aber auch ein abschreckendes Beispiel dafür, wie die Politik mit Menschen umgeht."

Recht hatte der Mann. Die CDU Rheinland-Pfalz hatte einen neuen Landesvorsitzenden, aber keinen Ministerpräsidenten mehr. Nur wenige, ich gehörte dazu, sahen klar und deutlich, dass die Union bei der nächsten Landtagswahl im Jahre 1991 in eine lange Oppositionszeit fallen werde. Der Sturz Bernhard Vogels war für mich ein folgenschweres Ereignis, unter dem ich lange litt.

Aber ich habe vorgegriffen. Aus dem Urlaub zurückgekehrt, fuhr unsere Landesgruppe wieder für fünf Tage in die DDR. Dieses Mal ging es auf die Nordtour entlang der Ostseeküste. Wir trafen mit großen Hoffnungen Bürgerrechtler wie Wolfgang Schnur. Nach dem Fall der Mauer sollte er Vorsitzender des Demokratischen Aufbruchs, einem Allianz-Partner der CDU werden. Dass er danach als Stasiagent enttarnt wurde, war eine der ganz großen Enttäuschungen für mich!

Zum Domplatzfest am 14. September hatten wir uns einen besonderen Gag ausgedacht. Bundesumweltminister Klaus Töpfer, in diesem Jahr Schirmherr, sollte mit mir von der Main-Spitze zum Fischtorplatz, also quer durch den Rhein, schwimmen und dokumentieren, dass der Rhein wieder sauberer geworden war. Nach Bekanntwerden dieses Planes rieten die ministeriellen Bedenkenträger, dies besser sein zu lassen. Töpfer schwankte hin und her, schwamm doch und widmete den Zweck nun der Botschaft, der Rhein müsse noch sauberer werden. Auch zog Töpfer bei hochsommerlichen Temperaturen einen Taucheranzug an, während mir die Badehose ausreichte. Der Spott der Nation war Klaus Töpfer sicher. Wäre er pro und nicht contra Vater Rhein geschwommen, mancher Spott wäre ihm erspart geblieben.

Anfang November gab es neben dem Sturz Vogels in nur einer Woche ein weiteres folgenschweres Ereignisse, das mir ebenfalls zu schaffen machte: Bundestagspräsident Jenninger, den ich seinerzeit für dieses Amt vorgeschlagen hatte, trat nach einer inhaltlich korrekten, aber falsch vorgetragenen Rede zur Erinnerung an die „Reichspogromnacht" vor 50 Jahren von seinem Amt zurück. Auch ich war unter dem ersten Eindruck von dieser Rede irritiert, statt Jenninger, dessen Einstellung zu den Nazi-Verbrechen über jeden Zweifel erhaben war, beizuspringen. Wieder einmal hatte sich der alte Satz bewahrheitet: In der Politik ist oft nicht das, was ist, sondern was die Leute glauben, dass es ist.

Schäuble wird Innenminister
Inzwischen erreichten die Zuwanderungszahlen neue Höhen. Für die nahe Zukunft war mit einer halben Million Zuwanderer pro Jahr zu rechnen. Das Problem beim Asylrecht lag darin begründet, dass jeder Ausländer mit der Behauptung, er sei politisch verfolgt,

ein jahrelanges Verwaltungs- und Gerichtsverfahren in Gang setzen konnte. Bis zum rechtskräftigen Ende dieses Verfahrens durfte er nicht abgeschoben werden. Der Antrag garantierte den Aufenthalt, während in allen anderen Rechtsverfahren erst die Rechtskraft Wirkung zeigt. Das nutzten Schlepperbanden gegen teures Geld aus und brachten Nichtverfolgte, sogenannte Wirtschaftsflüchtlinge, nach Deutschland. Längst waren Behörden und Gerichte überlastet, der Verfahrensstau unerträglich.

Daher schlug ich Anfang 1989 einen 6-Punkte-Plan zum Abbau des Asylmissbrauches vor, der zu meiner Überraschung auf Zustimmung bei SPD und FDP stieß. Nur das CSU-geführte Innenministerium schwieg verstockt. Mitte März hat die CDU/CSU-Fraktion diesen Plan einstimmig angenommen. Noch wollten wir ohne Grundgesetzänderung die aus dem Ruder gelaufenen Asylverfahren wieder einfangen. Nur vier Wochen später haben Hermann Fellner (CSU), Dr. Burkhard Hirsch (FDP) und ich Eckwerte für ein neues Ausländerrecht vorgelegt. Kanzleramtsminister Schäuble hatte uns gebeten, ohne den Innenminister, nur mit dessen Staatssekretär Hans Neusel und mit Justizminister Klaus Kinkel ein Konzept zu erarbeiten. Und das gelang! Der bayerische Innenminister Dr. Edmund Stoiber grollte aus der Ferne, aber ohne jede Wirkung. Diesem Papier folgte die nächste Überraschung: Helmut Kohl versetzte Friedrich Zimmermann in das Bundesverkehrsministerium und berief Wolfgang Schäuble zum Bundesinnenminister. Damit war die größte Hürde vor gemeinsamen innenpolitischen Taten aus dem Weg geräumt. Zimmermann war kein schlechter Mann, aber er war zur falschen Zeit am falschen Platz.

Für die innenpolitischen Koalitionäre Hermann Fellner (CSU), Dr. Burkhard Hisch (FDP) und mich als CDU-Mann brachen nun Zeiten an, in denen nicht nur gestritten, sondern auch Probleme gelöst werden konnten. Nach alter Tradition führte der CDU-Mann, also ich, die Gespräche, an denen jeweils Fachleute aus dem Innenministerium beteiligt wurden. Ich war in einer Art Butterbrotsituation, aus der heraus ich den durchaus komplizierten FDP-Vertreter mit dem von München mitgesteuerten CSU-Mann möglichst auf der CDU-Linie zusammenbringen musste. Burkhard Hirsch beschrieb meine Rolle in dem Buch „Johannes

Gerster" von Wolfgang Wiedemeyer (1995) folgendermaßen:

„Wenn man einmal Johannes Gerster in voller Uniform zu Pferde als Kommandant der Mainzer Ranzengarde gesehen hat, dann weiß man, dass Karneval für diesen Mann nicht nur ein Vergnügen, sondern ein Glaubensbekenntnis ist. Seine Fröhlichkeit kann ansteckend sein. Er kann sie aber auch in aller Massivität einsetzen wie andere Leute einen Dampfhammer. Wer mit ihm verhandeln will, sollte sie respektieren, darf ihn aber nicht fürchten. Er würde es merken. Offenbar hat er zwei Gehirne: Eines nutzt er um seinen Verhandlungspartner davon zu überzeugen, dass Widerstand absolut sinnlos ist. Und gleichzeitig entwickelt er in seinem anderen Gehirn einen realistischen Kompromißvorschlag, der so gut ist, dass man ihn nicht ablehnen kann, auch wenn man gerne noch mehr erreicht hätte."

Die Europawahlen am 18. Juni brachten für die Union vor allem in zwei Bundesländern böse Überraschungen. In Rheinland-Pfalz verlor die CDU weitere 7,8 Prozent. Der Versuch des CDU-Landesvorsitzenden Wilhelm, den Sturz von Bernhard Vogel vergessen zu machen, war gescheitert. In Bayern, das unsere Eckwerte für ein neues Ausländerrecht abgelehnt hatte, waren die Republikaner mit 16 Prozent und viermal so hohen Stimmanteilen als in CDU-regierten Ländern aus den Wahlen hervorgegangen. Das bestätigte meine These, dass die Nichtbeherrschbarkeit des Ausländerzuzuges und ein Ausländerrecht, das die Integration eher behindert als befördert, den Rechtsradikalen Wasser auf die Mühlen leitet. Und das war das Letzte, was Deutschland brauchen konnte.

In Rheinland-Pfalz war im Gefolge der Europawahlen erstmals die SPD stärkste Kommunalpartei geworden. Auch das unterstrich schmerzhaft den Niedergang der CDU im Stammland Kohls.

Seit 1986 gehörte ich dem Verwaltungsrat der Deutschen Welle an. Im August kam deren Intendant Heinz Fellhauer wegen undurchsichtiger Geschäfte in der Karibik ins Rutschen. Er musste gehen. Der Verwaltungsratsvorsitzende Bundesminister a. D. Dr. Bruno Heck bestürmte mich, ich solle mich um das Amt des Intendanten bewerben. Ich lehnte ab und fand, der hessische Fraktionskollege Dieter Weirich sei die bessere Alternative. Dieser war gelernter Journalist und wollte auch unbedingt Intendant werden, Kohl und Dregger, letzterer damals Fraktionsvorsitzender im Bundestag, machten sich für ihn stark. Weirich bestätigte die Richtigkeit seiner Wahl durch gute Arbeit. Nur kurze Zeit später verstarb Bruno Heck. Ich wurde sein Nachfolger als Verwaltungsratsvorsitzender und arbeitete über die Jahre gut, wenn auch manches Mal kritisch, mit Dieter Weirich zusammen.

Im Oktober kam eine weitere Aufgabe auf mich zu: In Wesel wurde ich auf der Bundesversammlung der THW-Helfervereinigung zum Präsidenten gewählt. Nicht zuletzt der Vorgänger, aber auch eine Reihe von Landesvorsitzenden, darunter Bundestagsabgeordnete aus der CDU/CSU und SPD, hatten mich gebeten, die Leitung des etwas ins Trudeln geratenen Verbandes zu übernehmen. Die Probleme der noch in den Kinderschuhen stehenden Organisation, die die Interessen von immerhin 60.000 Helfern bundesweit vertrat, waren lösbar und wurden auch in den drei Folgejahren Schritt für Schritt gelöst. Mein Vorgänger arbeitete übrigens als einer der Vizepräsidenten loyal mit.

Tränen bei der Maueröffnung
Inzwischen hatten Zehntausende Übersiedler aus der DDR, vor allem über Ungarn und Österreich, dem Kommunismus in der DDR den Rücken gekehrt. Die Antwort der SPD auf diese Entwicklung überraschte. Ihr linker Flügel traf sich mit Vertretern der Grünen und der DKP, um die Zukunft der sozialistischen Staaten zu erörtern. SPD-Parteivorsitzender Hans-Jochen Vogel beantwortete meine Aufforderung, diesem Treiben ein Ende zu setzen, mit Nichtstun. Die SPD hatte die Zeichen der Zeit offenbar nicht erkannt. Dafür sprachen auch die Forderungen des Regierenden Bürgermeisters von Berlin, Walter Momper (SPD), deutschen Aussiedlern aus Polen und der UdSSR keine Vertriebenenausweise und Übersiedlern aus der DDR keine Überbrückungshilfe mehr zu geben. Während die Sozialdemokraten sich energisch wehrten, den Asylmissbrauch einzudämmen, sollten Deutsche aus der DDR, aus Polen und der UdSSR abgewehrt werden.
Am 9.11.1989 war ich beim Flüchtlingsbeauftragten der Verein-

ten Nationen, dem Österreicher Walter Koisser, zum Abendessen eingeladen. Der Termin war mir nicht so angenehm, da zur gleichen Zeit der Bundestag tagte. Mit Koisser verband mich aber eine enge und vertrauensvolle Zusammenarbeit in Flüchtlingsfragen. Auch war es die dritte Einladung, zwei frühere Termine waren kurzfristig geplatzt. Wir waren 12 Personen, darunter der Botschafter Israels, Avi Primor. Mitten in das Abendessen kam die Nachricht von der Öffnung der Mauer. Auch bei uns wurde wie überall sofort der Fernseher eingeschaltet. Ich habe nicht nahe am Wasser gebaut. Aber die Bilder von Berlin und der Ausschnitt aus dem Bundestag, als die Kolleginnen und Kollegen spontan die Nationalhymne sangen, trieben mir die Tränen in die Augen. Natürlich wurde dieses Ereignis ausgiebig diskutiert. Ich war genauso überrascht wie alle anderen. Auch gehörte ich nicht zu denjenigen, die behaupteten, sie hätten das kommen sehen. Aber eines war mir an diesem Abend klar: „Wenn die Mauer offen bleibt, wird es zur Wiedervereinigung Deutschlands kommen, früher oder später." Primor hatte damit kein Problem, sah aber Probleme in Israel mit einem neuen Großdeutschland. Ich sagte ihm: „Herr Primor, Israel verliert mit der DDR einen Feind in der UNO und behält seinen Freund Deutschland, das seine Politik gegenüber Israel nicht ändern wird." Mit dieser Prognose sollte ich noch manchen Freund in Israel beruhigen.

Auf dem Weg zur Wiedervereinigung
Am 7. Dezember berief mich die CDU zum Vorsitzenden des Bundesfachausschusses Innenpolitik. Als Nachfolger des Berliner Innensenators Professor Kewenig sollte und konnte ich künftig ohne Rücksicht auf die CSU und die FDP der Innenpolitik der CDU neue Konturen geben. Dass dies in Zeiten, in denen die deutsche Wiedervereinigung politisch, rechtlich, organisatorisch auf die Reihe zu bringen war, besonders reizvoll war, lag auf der Hand.

Dabei war ich seit dem 9. November fast nur noch in Bonn oder in den neuen Bundesländern gewesen. Dort zahlten sich meine Kontakte aus früheren DDR-Besuchen aus. Viele Freunde organisierten sich entweder im Demokratischen Aufbruch oder im Neuen Forum. Jedes Wochenende reiste ich beladen mit Schreibmaschinen, Kopierern, Druckern, mit Ausgaben des Grundgesetzes, Broschüren zur politischen Bildung vor allem nach Thüringen. Dort erwarteten uns die, die über Jahre auf mehr Freiheit und Offenheit gehofft und dafür zuletzt auf die Straßen gegangen waren. Sie sogen das, was wir über eine freiheitliche Gesellschaft, Parlamentarismus, Parteien usw. zu sagen hatten, wie trockene Schwämme auf. Beim Jahreswechsel 1989/1990 bilanzierte ich das Glück, in diesen Zeiten, in denen Weltgeschichte geschrieben wurde, politisch mitwirken zu können.

Am 6. Februar 1990 kürten mich die CDU-Delegierten aus den Kreisverbänden Mainz und Mainz-Bingen zum sechsten Mal zu ihrem Direktkandidaten für die Bundestagswahlen. Ich erhielt in geheimer Abstimmung 116 Ja-Stimmen, 5 Nein-Stimmen bei einer Enthaltung. Für das sechste Mal ein Klasse-Ergebnis! Nur einen Tag später debattierte der Bundestag in erster Lesung das neue Ausländergesetz. Wolfgang Schäuble hatte entlang unserer Eckwerte einen Gesetzentwurf erarbeiten lassen. Für die CDU/CSU begründete ich die Vorlage, die wir bis Mai verabschieden wollten. Eine langjährige Tour der Leiden sollte endlich ein Ende finden.

Am Samstag, dem 10. Februar, fuhr ich mit Jürgen Dietz nach Erfurt. Dieser hatte mich vor Jahren in Bonn besucht und dort seine Figur als Bote vom Bundestag gefunden, die seither Tausende in den MCV-Sitzungen und Millionen in den Mainzer Fernsehsitzungen begeistert hatte. Unterwegs trafen wir den MCC-Präsidenten Bernd Mühl, aber auch Leute aus dem Mainzer Bischöflichen Ordinariat. Alle hatten das gleiche Ziel: die abendliche Prunksitzung der Erfurter Karnevalvereine „Erfordia", „Braugold", „Festkomitee", „Katholisches Krankenhaus" und „Marbacher Club" im Haus der Stadt Moskau. Zuvor hatte ich dem Demokratischen Aufbau, wie bei all diesen Besuchen Schreibmaschinen, Papier und jede Menge Informationsmaterial in die gerade bezogene Geschäftsstelle gebracht und im Johannes-Lang-Haus in einer Wahlveranstaltung Rede und Antwort gestanden. Immerhin stand am 18. März die erste freie Wahl der Volkskammer ins Haus. Meine Ankündigung, kommende Woche werde eine Grundsatzvereinbarung über die Währungsunion, also die Einführung der Deutschen Mark West in der DDR, getroffen, wurde mit Jubel aufgenommen.

Dieser Jubel war aber nichts gegenüber der Prunkfremdensitzung am Abend. Jürgen hatte die Zeit meiner politischen Termine genutzt, um seinen Vortrag mit Erfurter Themen zu aktualisieren. Der Saal stand kopf als der Gonsenheimer, allen aus dem Fernsehen bekannt, die Erfurter von früher und von heute durch den Kakao zog. Anschließend wurde ich auf die Bühne gebeten, überreichte dem Komitee Orden der Mainzer Fastnachtsvereine und nahm mich in wohlklingenden Versen selbst auf den Arm. Damit wollte ich keinesfalls eine neue Karriere als Büttenredner starten. Mir ging es vielmehr darum, den Menschen Mut für die bevorstehenden Veränderungen im Zuge der Wiedervereinigung zu machen. Die Halle tobte. Einen Abgeordneten des alten Systems hatten sie garantiert noch nie in der Bütt gesehen.

Meine Frau Regina hatte — wie meine Mutter Jahrzehnte vor ihr — die Eigenschaft, Freunde und Freundinnen der eigenen Kinder wie ein Magnet anzuziehen. Als Kind hatte ich mein Elternhaus immer als Haus der offenen Tür erlebt. Legendär war die elterliche Wohnung, weil dort alle Räume miteinander verbunden waren und man durch diese um das zentral gelegene Treppenhaus herum mit dem Fahrrad fahren konnte. Und unsere Mutter ließ so etwas zu. An Fastnacht kleidete sie bis zu 20 Jugendliche für die damals populären Maskenbälle ein. Dafür lagerten bei uns über das Jahr massenweise Fastnachtskostüme in alten Koffern. Nach dem Ankleiden wurden die jungen Leute auch noch geschminkt. Das alles brachte ein großes Gaudi. Regina war in ähnlicher Weise Zweitmutter ganzer Völkerscharen. Alle Freunde meiner Kinder trafen sich immer bei uns, selten woanders. Legendär in unserer Wohnung war eine Schaukel im langen Flur, auf der gut Schaukelnde mit den Füßen bis an die 3,40 Meter hohe Decke kamen. Über Silvester und Fastnacht übernachteten regelmäßig Freundinnen und Freunde unserer Kinder in unserer Wohnung. Absoluter Höhepunkt war Fastnacht 1990. In der Nacht von Sonntag auf Rosenmontag übernachteten in Schlafsäcken vergraben, auf die gesamte Wohnung verteilt, sage und schreibe 14 Gäste bei uns und das bei nur einer Toilette in dieser Altbauwohnung. Wenn ich nachts zum Örtchen musste, stieg ich sorgsam über im Flur liegende Schlafsackschläfer. In unserer sechseckigen Küche gab es dann morgens in Schichten über drei Stunden verteilt Frühstück für alle. Dort sah ich dann Leute, die ich noch nie gesehen hatte. Von Freitag bis Dienstag war 1990 erstmals unser „Vereinigungs-Tilo" aus Thüringen dabei. Wir hatten ihn zusammen mit seinen Eltern zwei Tage nach der Öffnung der Mauer in Mainz aufgegabelt. Tilo Peter ist so alt wie unser Sohn Thomas. Er kam seit 1989 regelmäßig zu Besuch und war uns immer willkommen, auch in Jerusalem. Er wurde unser viertes Kind und wurde jetzt selbst erstmals Vater eines Buben mit dem ungewöhnlichen Namen Otis Arnim.

Zurück zu den Volkskammerwahlen im März 1990. Ich hatte rund 20 Wahlveranstaltungen für die „Allianz für Deutschland", das Wahlbündnis aus CDU/CSU, dem Demokratischen Aufbruch (DA) und der Deutschen Sozialen Union (DSU) hinter mir, als die Bombe platzte. Am 14. März, genau vier Tage vor der Wahl, trat der DA-Vorsitzende Wolfgang Schnur als überführter Stasi-Spitzel zurück. Eine Katastrophe für das bürgerliche Lager in der DDR, eine Katastrophe für die CDU/CSU? Keinesfalls. Die Union fuhr am 18. März mit ihren Partnern DA und DSU einen glänzenden Wahlsieg ein. Es war eine Entscheidung für die Deutsche Einheit, gegen die alten Kommunisten und die noch immer doppeldeutige SPD. Schnur hat Stimmen gekostet, aber einen Sieg der Vernunft nicht hindern können.

In der Rhein-Zeitung kündigte ich „Fünf Etappen zur Deutschen Einheit" an: Einführung der Währungs- und Wirtschaftsunion, Angleichung der Sozialsysteme, Entscheidung über den Weg zur Deutschen Einheit: Beitritt oder Verfassungskonvent, Angleichung der Rechtsordnungen und als letztes den Aufbau gleicher Verwaltungsstrukturen.

Während diese Punkte akzeptiert wurden, erlitt ich mit einem weiteren Vorschlag Schiffbruch. Nach meiner Auffassung lag es im Interesse eines wiedervereinigten Deutschlands und eines zusammenwachsenden Europas, von deutscher Kleinstaaterei Abstand zu nehmen. *„Ein Bundesland Bremen mit 700.000 Einwohnern passt so wenig ins vereinigte Deutschland, wie 16 Bundesländer, 16 Landesregierungen, 16 Landtage einfach zu viel des Guten sind."* Natürlich hatte ich recht, aber die Politik war mit der Zusammenführung zweier Systeme bereits

Kranzniederlegung mit Annemarie Renger 1990 in Yad Vashem.

so überlastet, dass eine neue Baustelle „Länderneugliederung" viele überforderte. Ich hatte mit meinem Vorschlag einen Rohrkrepierer produziert. Diese Aktion hatte übrigens ein ganz besonderes Nachspiel. Noch war ich Vorsitzender der CDU-Landesgruppe Rheinland-Pfalz/Saarland im Deutschen Bundestag. Weil ich das Saarland in Frage gestellt hatte, wollten unsere saarländischen Kollegen die gemeinsame Landesgruppe aufkündigen. Nur mühsam konnten wir den Bruch vermeiden.

Ende April 1990 war es endlich so weit: Der Bundestag beschloss mit großer Mehrheit das im Innenausschuss stark nachgebesserte neue Ausländergesetz. Günther Kleer lobte in der AZ für die „humane und liberale Nachbesserung" die Dauerkoalitionäre Gerster, Fellner und Hirsch. Balsam für eine verwundete Seele nach jahrelangem Streit!

Vom 20. bis 24. Mai fand in Israel die 13. deutsch-israelische Konferenz statt. Zentrales Thema war die deutsche Wiedervereinigung. Hatte ich vor Konferenzbeginn sehr kritische Nachfragen unserer israelischen Freunde erwartet, erlebte ich einen völlig anderen Verlauf: Die Israelis waren äußerst neugierig, wie in Deutschland zwei so unterschiedliche Systeme zusammenwachsen würden, und fanden im übrigen den neuen deutschen Weg völlig in Ordnung.

Danach traf sich die CDU/CSU-Arbeitsgruppe Innenpolitik des Bundestages erstmals mit der Innen-Arbeitsgruppe der CDU/DA-Fraktion in der Volkskammer, die unter dem Vorsitz der Sorbin Maria Mischalk stand. Dabei wurde ein Programm zur Lösung folgender Fragen entwickelt: Die Bewältigung des Stasi-Problems der DDR, ein einheitliches öffentliches Dienstrecht auf der Basis des Beamtenstatus, ein gemeinsames Ausländerrecht, Datenschutz für die Bürger in Deutschland und öffentliche Sicherheit und Ordnung. Nach dieser Tagung in sehr angenehmer Atmosphäre wurden regelmäßige Treffen vereinbart.

Inzwischen hatten die Sicherheitsorgane neun mutmaßliche Angehörige der terroristischen RAF in der DDR verhaftet. Was wir bereits in den 70er Jahren vermutet hatten, wurde jetzt Gewissheit: Das SED-Regime und insbesondere das Ministerium für Staatssicherheit hatte den Terrorismus in der Bundesrepublik durch die RAF jahrelang und bis zuletzt gefördert.

Seit dem Fall der Mauer war der Sinn gemeinsamer Landesgruppenfahrten in die DDR erledigt. Wir waren ohnehin als Berater und Helfer dort ständig unterwegs. Deshalb fuhren wir Mitte Juni für drei Tage zu politischen Gesprächen nach Prag und waren über unsere Gesprächspartner sehr erstaunt. Während in Deutschland der Streit andauerte, ob ein vereinigtes Deutschland Mitglied der NATO sein könne, beschwor man uns in Prag unisono: „Natürlich! Deutschland muss Mitglied der EU und der NATO sein und in spätestens 10 Jahren wollen auch wir Mitglied der EU und der NATO sein." Die Politik der SPD, die mit der Mitgliedschaft eines vereinigten Deutschlands in der NATO noch immer haderte, verstand dort niemand.

Am 18./19. Juni folgte die zweite Arbeitssitzung der beiden innenpolitischen Arbeitsgruppen aus Bundestag und Volkskammer zunächst in Mainz, dann auf einem Rheinschiff nach Bonn und dann zusammen mit Bundesinnenminister Schäuble in Bonn. Die Idee einer Arbeitssitzung auf dem Rhein zahlte sich aus. Unsere Gäste aus der DDR genossen den Vater Rhein, die Stimmung war euphorisch und die Ergebnisse eindeutig. Während die Frage, wann und wie denn nun die Wiedervereinigung erfolgen solle, öffentlich so dahinwaberte, forderten wir übereinstimmend gesamtdeutsche Wahlen und damit den Beitritt der DDR zur Bundesrepublik noch in diesem Jahr. Um den neuen Parteien in der DDR eine Chance zu geben, sollte die Wahl dort nach einem eigenen Wahlgesetz mit einer gesonderten Prozentklausel erfolgen.

In Rheinland-Pfalz dümpelte die CDU so vor sich hin. Mit der Wahl von Hans-Otto Wilhelm als Landesvorsitzender war eine Kette von falschen Entscheidungen verbunden, die sich nun bitter rächten. Falsch war die Abwahl eines angesehenen Ministerpräsidenten als Parteivorsitzenden. Kurzsichtig war die Ankündigung Wilhelms, Staats- und Parteiamt zu trennen. Da jeder im Land wusste, dass Wilhelm Ministerpräsident werden wollte, führte das zu einem Übergangs-Ministerpräsidenten Carl-Ludwig Wagner, dessen Demontage von Stund an betrieben wurde. Darüber hinaus verkündete Wilhelms Umfeld jedem, der es hören wollte, Wagner müsse nach der nächsten Landtagswahl ohnehin seinen Stuhl für Wilhelm räumen. Die Lage war fatal, der politisch unverdorbene „Normalbürger" konnte diese Spielchen nicht verstehen. Deshalb forderte ich am 18. Juni eine klare Weichenstellung: Entweder solle man ohne jede Begrenzung voll auf Wagner setzen oder Wilhelm jetzt zum Ministerpräsidenten küren. Mit einem „Regierungschef mit Verfallsdatum" ließe sich jedenfalls keine Wahl gewinnen. Die Entrüstung war heftig. Alle wussten, dass ich recht hatte, keiner stimmte mir öffentlich zu, das Verhängnis nahm seinen Lauf. Auch eine Kabinettsumbildung mit zwei neuen Ministern und drei neuen Staatssekretären brachte keine Entlastung.

Als gäbe es in Bonn nichts zu tun, stieg ich vom 28. Juni bis 7. Juli wieder aufs Fahrrad und radelte mit Familie, Freunden, Bekannten unter dem Motto „Bleib fit – mach mit!" alle Gemeinden und Stadtteile meines Wahlkreises ab. 360 km legten wir zurück. Besonders erfreut war ich über die Teilnahme von 12 Erfurter Freunden auf der gesamten Tour. Ein zusätzlicher, Christian Barabasch, 16 Jahre alter Schüler, war von Erfurt mit dem Fahrrad nach Mainz gekommen und absolvierte ebenfalls die gesamte Strecke. In Nieder-Olm gab es ein Thüringer Fest mit DA- und JU-Freunden aus dem Stadt- und Landkreis Erfurt. Wer vor einem Jahr gesagt hätte, ich würde 1990 eine gesamtdeutsche Fahrradtour durch den Wahlkreis veranstalten, den hätte ich für verrückt erklärt.

Die Arbeit im Ausschuss Deutsche Einheit lief auf vollen Touren. Was Wolfgang Schäuble in diesen Zeiten leistete, war unglaublich. Natürlich gab es Auseinandersetzungen vor Entscheidungen, für die es keine Vorbilder gab. Wenig zufriedenstellend war die Behandlung enteigneter Grundbesitzer, aber die geforderte Rückabwicklung von Enteignungen durch die Nazis, die Russen und die DDR war nicht möglich. Heiß wurde der Streit um das Wahlrecht zur Bundestagswahl. Wir Innenpolitiker hatten frühzeitig die Wahl in zwei Wahlbereichen, in Ost und West, und eigene Prozenthürden vorgeschlagen. Doch es wurde ein einheitliches Wahlrecht mit der Möglichkeit von Listenverbindungen zugunsten kleiner Parteien beschlossen. Diese Regelung hat das Bundesverfassungsgericht prompt verworfen, also kam man auf den Vorschlag der Innenpolitiker zurück. Wir betraten halt absolutes Neuland in vielen Bereichen, mit großen Chancen, aber auch mit großen Risiken.

Im Juli 1990 kamen 18.855 Asylbewerber nach Deutschland, auf das Jahr hochgerechnet bedeutete dies weit über 200.000 Asylbewerber, von denen höchstens 6-8 Prozent als politisch Verfolgte gelten konnten. Urplötzlich im heißen August erklärte Spitzenkandidat Oskar Lafontaine, er sei nun bereit, das Asylgrundrecht zu ändern, also unsere Forderung zu übernehmen. Wir waren erst sprachlos, bis der alte Lafontaine wieder zum Vorschein kam: Auf dem Parteitag der SPD Westliches Westfalen erklärte er, bei der Armutswanderung nach Deutschland seien nicht die Asylbewerber das Problem, sondern die deutschen Aussiedler aus Osteuropa. Nicht das Zuzugsrecht von Asylbewerbern, sondern das von deutschen Aussiedlern müsse im Grundgesetz begrenzt werden. Ich war garantiert nicht der Einzige, dem es bei den Pirouetten Lafontaines schwindelig wurde.

Ende August fand der Parteitag des Demokratischen Aufbruchs in Ostberlin statt. Dort sollte entschieden werden, ob man als eigene Partei in die kommenden Wahlen gehen oder ob man geschlossen in die CDU eintreten solle. Angela Merkel lässt in ihrer politischen Biographie von Wolfgang Stock auf Seite 35 wissen:

„Von der West-CDU wird Johannes Gerster nach Berlin geschickt, um dafür zu sorgen, dass auf dem Parteitag des DA die Zweidrittelmehrheit für die Auflösung und den Übertritt in die CDU erreicht wird. Er bekam Angst, weil viele in der Debatte sagten, wie ungern sie den DA auflösen. Ich war dagegen sicher, dass die Leute vernünftig abstimmen würden, weil wir ja keine Alternative hatten.“

Angst hatte ich keine. Aber die Stimmung im Saal war am Kippen, weil die Befürworter eines Beitrittes zur CDU wie auch Angela Merkel schwiegen und den Kritikern des Beitrittes das Feld überließen. Ich sagte daher in meiner Rede:

„Wenn Sie allein antreten, werden Sie keine Chance haben, politisch zu überleben. Sie können nur in der großen CDU-Familie politisch überleben. Und Sie werden in der deutschen Demokratie dringend gebraucht.“

Danach warf mir das DA-Neumitglied Merkel vor, mit der Massivität meiner Rede hätte ich die Leute eher verschreckt, für die CDU zu stimmen. Dagegen dankte mir Rainer Eppelmann, der damalige Abrüstungsminister der DDR, der nach Wolfgang Schnur den Vorsitz des Demokratischen Aufbruchs übernommen hatte. Dieser evangelische Pfarrer zählt zu den glaubwürdigsten Bürgerrechtlern, welche den Aufstand der Bürger gegen die kommunistische Unterdrückung organisiert und dadurch die Mauer in Deutschland zum Einsturz gebracht haben.

Das Ergebnis entsprach der Stimmungslage nach meiner Rede: 80 Prozent stimmten für den Beitritt zur CDU. Politiker aus dem DA wurden Landes- und Bundesminister, sogar Bundeskanzlerin. Dies wäre ohne diesen Beschluss nicht möglich geworden. Ohne solche Bürgerrechtler wäre nicht nur die CDU, sondern auch die Demokratie in Deutschland um ein wichtiges Element ärmer geworden.

Am 5. September beriet der Bundestag über den Einigungsvertrag zwischen der Bundesrepublik und der DDR. In meinem Redebeitrag lud ich vor allem die Bürger der DDR ein, den Weg in eine gute und sichere gemeinsame Zukunft mitzubauen. Am 12. September feierten wir unser 11. Domplatzfest, das zum ersten Mal gesamtdeutsch ausgerichtet wurde. Schirmherrin war die Präsidentin der DDR-Volkskammer, Sabine Bergmann-Pohl. Der Reingewinn betrug 25.000 DM, den Jürgen Dietz mit seiner Firma Intermedica auf 50.000 DM verdoppelte. Damit hatten wir mit elf Domplatzfesten 251.700 DM Reingewinn für soziale Zwecke erwirtschaftet.

Auf diesem Fest entstand mit unseren Erfurter Freunden zusammen eine gewagte Idee: Die CDU meines Wahlkreises wollte am Jahrestag des Mauerfalls, am 9. November, auf dem Wenigemarkt in Erfurt ein CDU-Partnerfest Erfurt – Mainz veranstalten. Gesagt, getan: Am 9. November fuhren elf Omnibusse mit über 500 CDU-Mitgliedern und Freunden und mit der Gau-Algesheimer Kirchenmusik, sowie sechs Lastwagen mit Buden und Ständen, ja mit einer eigenen Bühne nach Erfurt. Dort übergaben wir der evangelischen Stadtmission den Gewinn des Domplatzfestes in Mainz in Höhe von 50.000 DM zugunsten Behinderter und erwirtschafteten durch das Erfurter Fest weitere 15.000 DM für die katholische Kirche in Erfurt und feierten ein glanzvolles Wiedervereinigungsfest.

Am 2. Dezember wählten die Deutschen in Ost und West das gesamtdeutsche Parlament. Die Koalition von CDU/CSU und FDP erhielt einen klaren Regierungsauftrag. Die Parolen Lafontaines, das Schüren von Angst und Schrecken, hatte nicht verfangen. Ich konnte wieder mit klarem Vorsprung den Wahlkreis Mainz-Bingen gewinnen. Durch die friedliche Revolution in der DDR, durch die Mäßigung sowjetrussischer Politik unter Michail Gorbatschow und durch eine geschickte Politik Helmut Kohls in Ost und West war Deutschland wiedervereinigt. In der nun beginnenden Wahlperiode musste der Innenausbau des vereinigten Deutschlands bewerkstelligt werden.

6. Politischer Aufstieg, Kampf gegen den Krebs und Abschied von der Bundespolitik (1990 – 1993)

Meine sechste Wahlperiode begann mit meiner Wiederwahl zum Landesgruppenvorsitzenden, zum innenpolitischen Sprecher und damit Fraktionsvorstandmitglied, in den Ältestenrat, den Vermittlungsausschuss und in die Parlamentarische Kontrollkommission zur Überwachung der Geheimdienste.

Am 12. Dezember 1990 empfing Bundespräsident Richard von Weizsäcker den Mainzer Domchor in seinem Bonner Amtssitz, der Villa Hammerschmidt. Der Chor bedankte sich mit einem exklusiven Adventskonzert, darunter dem wunderbare Chorsatz „Machet die Tore weit" von Andreas Hammerschmidt. Richard von Weizsäcker wies darauf hin, dass wir lange Jahre Wahlkreisnachbarn waren: „Gerster in Mainz und ich in Alzey-Worms. Ich war damals immer froh gewesen, wenn die mächtigen Leute aus Mainz ab und zu ihre Gnade über meinen Wahlkreis scheinen ließen." Keiner verstand, was der Bundespräsident meinte. Ich schon. Bis zu seiner Wahl als Regierender Bürgermeister von Berlin im Jahre 1981 hatte ich für von Weizsäcker, der damals schon weltweit auf Achse und für Höheres bestimmt war, monatlich eine Sprechstunde in Alzey abgehalten und für ihn Petitionen erledigt.

Nach einem Abendessen in der rheinland-pfälzischen Landesvertretung gab der Domchor im Bonner Münster ein Konzert für das Diplomatische Corps und die Bonner Politikgesellschaft. Ich war stolz auf Matthias Breitschaft und „seinen" Domchor.

Zwischen Weihnachten und Neujahr verständigten wir uns mit unserem Koalitionspartner FDP und unseren ebenso komplizierten Brüdern von der CSU auf ein innenpolitisches Arbeitsprogramm für die neue Wahlperiode: Nach dem Einigungsvertrag musste die rechtliche Einheit auf fast allen politischen Feldern erreicht werden. Wie ging man mit dem Gift der DDR, den Stasiakten, um?

Der ständig wachsende Zuzug nach Deutschland musste begrenzt werden. Für die Enteignungen in der DDR war ein Ausgleich zu finden.

Am 2. Januar 1991 feierten wir meinen 50. Geburtstag. Am Vorabend hatte „mein" CDU-Stadtbezirk Altstadt zu einem Fest eingeladen, dem am nächsten Tag auf Einladung des CDU-Bezirksverbandes Rheinhessen-Pfalz ein Empfang im Fürst von Bismarck Saal im Hause Kupferberg folgte. Aus den Reden von Kultusminister Dr. Georg Gölter, Bundestagspräsidentin Professor Rita Süssmuth und Oberbürgermeister Herman-Hartmut Weyel entnahm ich, was für ein toller Hecht ich sei. Anstelle von Geschenken hatte ich um Spenden für Behinderte in Erfurt gebeten. Kurz danach durfte ich weitere 25.000 DM an die evangelische Stadtmission in Erfurt übergeben. Am selben Tag hatte die Mainzer Rhein-Zeitung verbreitet. *„Für Johannes Gerster gibt es im Leben mehr als die Politik. Spätestens mit 60 will er in einem anderen Land leben."* Damals hat mir das niemand geglaubt.

Nach wochenlangen Zeitungsspekulationen ging Ende Januar die Mitteilung durch die Presse, „Gerster wird kein Parlamentarischer Staatssekretär, weil seine Fraktion den herausragenden Experten nicht verlieren will." Eine entsprechende Anfrage hatte ich mit „Nein" beschieden.

Weder die Abhängigkeit von einem Minister noch die Kabinettsdisziplin reizten mich.

Pazifisten können sehr, sehr aggressiv sein: der Irak-Krieg

Der Irak hatte Kuwait überfallen, eine Koalition unter der Führung der USA mit Beteiligung arabischer Staaten wie Saudi-Arabien vertrieb die irakischen Truppen aus Kuwait, dafür gingen irakische Raketen mit deutschem Know-how auf Israel nieder. Während 200 000 Menschen auf dem Bonner Hofgarten gegen den Krieg demonstrierten, protestierte ich unmittelbar daneben u. a. mit Ralph Giordano vor einem Häuflein von 500 Menschen gegen den Antisemitismus eines Teiles der Friedensbewegung. So mannhaft wir für Israel gestritten hatten, so froh war ich, dank der Polizei sicher nach

Hause zu kommen. Ich lernte, dass Pazifisten sehr, sehr aggressiv sein können.

Israel war empört über Kriegswaffenexporte aus Deutschland in den Irak. Die Losung: „Wegen der Deutschen müssen wir wieder Gasmasken in unserem eigenen Land tragen", vergiftete das Klima in Israel und alle Bemühungen, trotz der Shoah ein gutes Verhältnis zu Deutschland aufzubauen. Mit Kollegen organisierte ich eine Solidaritätsreise nach Israel. Bundestagspräsidentin Süssmuth schloss sich unserer Gruppe an und schrieb vier Jahre später in dem Portraitband „Johannes Gerster" von Wolfgang Wiedemeyer:

„In dieser persönlich wie politisch schwieriger Situation bewies Johannes Gerster nicht nur menschliches Einfühlungsvermögen, sondern auch seine große politische Begabung. Es gelang ihm in seiner unnachahmlichen Art, genau den richtigen Ton zu treffen, um die israelischen wie die deutschen Parlamentarier spüren zu lassen, dass trotz aller Gefahren und politischen Schwierigkeiten die deutsch-israelischen Beziehungen nicht zerbrechen würden. Er schaffte es, allen Beteiligten wieder Zuversicht und Optimismus zu vermitteln – gerade auch durch die ihm eigene Offenheit. Ich erinnere mich noch gut daran, wie sich durch seine sehr persönliche und freimütige Art der Gesprächsführung die frostige Atmosphäre nach und nach entspannte, wie sich Vertrauen entwickelte, wie die deutschen und die israelischen Parlamentarier neue Zuversicht erfasste. Diese Stunden im abgedunkelten King-David-Hotel waren zweifellos eine Sternstunde der deutsch-israelischen parlamentarischen Beziehungen, an der Johannes Gerster entscheidenden Anteil hatte."

Zu den größten Geschmacklosigkeiten dieser Zeit gehörte die Äußerung des damaligen Bundesvorstandssprechers der Grünen, Christian Ströbele, die irakischen Raketenangriffe auf Israel seien die fast zwingende logische Konsequenz der Politik Israels. Meine Forderung, diesen Menschen aus der Partei hinauszuwerfen, lehnten die Grünen ab.

Derweil erschreckte uns die langsame Gangart beim Aufbau funktionsfähiger Verwaltungen und Justizbehörden in den neuen Bundesländern. Ein 10-Punkte Programm, vor allem zur Gewinnung von geeigneten Fachleuten, auch durch die Reaktivierung von Pensionären, sollte zügig Abhilfe schaffen. Nicht nur die Opposition kritisierte diesen Plan der CDU/CSU/FDP-Innenpolitiker. Ich hielt dagegen: *„Wer schnell hilft, hilft doppelt. Wer langsam hilft, zahlt doppelt."* (Bild-Zeitung vom 2.3.1990)

Im Jahre 1991 feierte der Mainzer Domchor sein 125-jähriges Bestehen. Domkapellmeister Matthias Breitschaft bat mich, als Gründungsmitglied am Aufbau des „Vereins der „Freunde der musica sacra am Hohen Dom zu Mainz" mitzuwirken. Er hatte den Chor 1985 in der tiefsten Krise seiner Geschichte übernommen und durch die Neugründung der Domkantorei St. Martin und weitere Aktivitäten die musica sacra erheblich verbessert. Ich sagte als alter „ Domchorbub" zu, auch weil ich meinem ältesten Bruder Wolfgang vor dessen allzu frühen Tod 1986 versprochen hatte, Breitschaft in Mainz zu helfen. Der Verein wurde gegründet, ich wurde sein 1. Vorsitzender, bis mein Umzug nach Israel eine Fortsetzung dieser Aufgabe unmöglich machte.

Zur gleichen Zeit konnte ich als Präsident der THW-Bundeshelfervereinigung die Bilanz unserer Aktion „Hilfe für die Sowjetunion" ziehen: In nur drei Monaten hatten 80 Hilfs-Konvois in über 300 Lastzügen über 3.000 Tonnen Hilfsgüter, Lebensmittel und Sachspenden in die UdSSR gebracht. Unsere russischen Partner rechneten uns hoch an, dass die großen Probleme im gerade wiedervereinigten Deutschland uns nicht hinderten, dem krisengeschüttelten Russland zu helfen. Dabei übersah ich keinesfalls die viel näher liegenden Probleme in den neuen Bundesländern, z. B. in unserer Mainzer Partnerstadt Erfurt. Mit dem Mainzer THW bauten wir eine Fußgängerbrücke über die Gera in der Nähe des Parks „am Venedig", in einem weiteren Einsatz entfernten wir vom hohen Turm der Thomaskirche ein seit sechs Jahren völlig überflüssiges Stahlgerüst, das zu DDR-Zeiten in 60 m Höhe einfach hängen geblieben war. Beide Aktionen kosteten Erfurt nichts. Bei beiden Einsätzen planten wir die Gründung eines THW-Ortsverbandes Erfurt, bei der ich wenig später im wunderbaren Rathaus von Erfurt die Schirmherrschaft und die Festrede übernehmen durfte.

Die CDU verliert Rheinland-Pfalz

Während uns in Bonn die Rechtsangleichung Deutschland West und Ost plagte und uns Regelungen für die Behandlung der Akten des Staatssicherheitsdienstes und des SED-Parteiarchivs nervten, plagte uns in Mainz der 21. April, der Tag der Landtagswahlen. Nach 44 Regierungsjahren, von 1947-1991, verlor die CDU mit 38,7 Prozent sang und klanglos. Die SPD hatte mit 44,8 Prozent die freie Wahl zwischen FDP und Grünen als Mehrheitsbeschaffer. Während der CDU-Landesvorsitzende Wilhelm den ungünstigen Einfluss aus Bonn für die historische Niederlage der CDU verantwortlich machte, sah ich die Hauptursachen in der Demontage Vogels im Jahr 1988 und in der wenig glaubwürdigen Tandemlösung Wilhelm/Wagner. Die Leute sollten Wagner wählen, um Wilhelm zu bekommen. Das machten sie nicht mit. Wieder einmal hatten machtbewusste Politiker das Gefühl der Bürger für Glaubwürdigkeit unterschätzt.

Danach nahm uns die Gesetzgebungsarbeit in Bonn wieder voll in den Griff. Endlich konnte ein von der Koalition und der SPD gemeinsam erarbeitetes Stasi-Unterlagengesetz im Bundestag beraten werden. Die Grünen hatten sich verweigert, obwohl ihre Vorstellungen fast 1:1 übernommen worden waren. Nach langen Kämpfen hatten wir das Recht der Opfer auf Einsicht in die Akten gegen das Interesse der Täter, die Bücher zuzumachen, durchgesetzt. Auch diejenigen, die mit der Öffnung der Akten Mord und Totschlag heraufbeschworen, konnten widerlegt werden. Als Vorsitzender der interfraktionellen Arbeitsgruppe hatte ich mich für dieses Gesetz massiv eingesetzt, weil ich bei meinen DDR-Besuchen mehr als andere die geistige Not vieler DDR-Dissidenten vor Ort erlebt hatte. Für die politische Hygiene des wiedervereinigten Deutschlands waren das Stasiunterlagengesetz und die spätere Arbeit der Gauck-Behörde, also der Behörde des Bundesbeauftragten für die Unterlagen des Staatssicherheitsdienstes der ehemaligen Deutschen Demokratischen Republik (BStU) wie sie korrekt heißt, wichtig und richtig.

Der Bundestag hatte beschlossen: Berlin wird Bundeshauptstadt. Für mich stand die Bonner Republik für bescheidene und erfolgreiche deutsche Geschichte. Berlin stand für großdeutsche Überheblichkeit. Weder sympathisierte ich mit dem Klassizismus der wilhelminischen Zeit und schon gar nicht mit der nationalsozialistischen Reichshauptstadt. Deshalb hatte ich für Bonn geworben und gestimmt. Helmut Kohl und Wolfgang Schäuble, letzterer auch durch eine brillante Rede vor der Abstimmung, hatten maßgeblich für eine 20 Stimmen-Mehrheit pro Berlin gesorgt. Sie hatten recht, ich lag falsch. In Zeiten der Teilung war immer wieder die Hauptstadt Berlin in einem vereinigten Deutschland beschworen worden, auch war die Verlagerung der Hauptstadt nach Osten Balsam auf die Wunden der Bürger in den neuen Bundesländern. Diese rückten mit der Hauptstadt Berlin mehr ins Zentrum Deutschlands. Auch das war wichtig für die innere Einheit.

Der Deutsche Beamtenbund, in Sorge um das Wohl derjenigen, denen nun ein Umzug von Bonn nach Berlin drohte, hatte gleich eine originelle Forderung parat: Diese armen Umzügler sollten ab 45 Jahre in den wohlverdienten Vorruhestand statt nach Berlin gehen dürfen. Für die CDU/CSU-Fraktion erklärte ich: „Wir sind dem Beamtenbund dankbar, dass der Vorruhestand nicht unmittelbar nach der Anstellung beginnen soll." Wir hatten größte Probleme zur Überwindung der deutschen Spaltung zu lösen und standen damit vor der größten Herausforderung seit den Jahren nach dem Zweiten Weltkrieg. Die Vorruhestandsforderung, wie manch andere Forderung berufständiger Egoisten dieser Zeit, bewies, dass das nicht alle Zeitgenossen begriffen hatten.

Die Sommerpause 1991 neigte sich dem Ende zu. Seit der Wahlniederlage im April hatte es auf Landesebene keinerlei Wahlanalyse, keinerlei Versuch gegeben, aus den Fehlern der Vergangenheit zu lernen. Deshalb erklärte ich, dass ich auf dem bevorstehenden Parteitag der CDU Rheinhessen-Pfalz nicht mehr als stellvertretender Bezirksvorsitzender kandidieren werde. Was sollte ich mit einem Führungsamt in einer Partei, die eine Ebene höher jede kritische Diskussion unterband?

Mit den früheren Ministern Heiner Geißler und Georg Gölter erarbeitete ich eine Wahlanalyse, die schonungslos die Fehler der Vergangenheit belegte und dem Landesvorstand vorgelegt wurde. In kürzester Zeit grassierte dieses Papier in der gesamten Landespartei. Natürlich wurde es auch der Presse bekannt, die breit darüber berichtete und die trostlose Lage der CDU Rheinland-Pfalz kommentierte. Dabei wurde mir unterstellt, ich sei gegen Wilhelm, weil Kohl das wolle und weil ich mich bei Kohl als Bundesinnenminister empfehlen wolle. Dieser Quatsch lohnte nicht, dementiert zu werden: Kohl sollte erst zwei Jahre später mit mir über die CDU-Rheinland-Pfalz reden.

In dieser Phase arbeitete ich eng mit Heiner Geißler zusammen, was eine Beteiligung Kohls per se ausschloss. Diese Wahlanalyse, die kaum zu widerlegen war, sorgte dafür, dass Hans-Otto Wilhelm auf den Bezirksparteitagen Rheinhessen-Pfalz und Koblenz-Montabaur fast erschrocken erklärte, er werde Anfang 1992 als Landesvorsitzender zurücktreten. Die Rhein-Zeitung titelte am 26.8.1991: *„Wilhelm wusste seinen Abschied als Opfergang zu inszenieren."*

Den Zuzug deutscher Aussiedler haben wir auf administrative Weise gestreckt, das heißt, zurückfahren können. Mit dem Fall der Mauer kehrte mehr Demokratie in Osteuropa ein und doch schnellte die Zahl der Asylbewerber aus diesem Raum weiter in die Höhe. 1990 waren 193 000 gekommen, in diesem Jahr rechneten wir mit 250 000 und für 1992 mit über 350 000 Asylbewerbern. Die Anerkennungsquote lag bei 7%. Von 93 % Nichtanerkannten reisten nur ca. 6 % freiwillig wieder aus oder wurden erst nach Jahren abgeschoben. Mit der Unterbringung und mit den Verwaltungs- und Gerichtsverfahren war unser Land schlicht und einfach überfordert. Diesem Missbrauch des Asylrechtes konnte nur mit einer Ergänzung von Artikel 16 Grundgesetz, also mit einer 2/3 Mehrheit des Bundestages begegnet werden. Das wollte die FDP, die sich als Menschenrechtspartei darstellte, nicht. Das wollte die SPD auch (noch) nicht. Die Mehrheit der Bevölkerung sah die Notwendigkeit dieser Grundgesetzergänzung längst ein und die Rechten machten sich die bisherige Handlungsunfähigkeit des Staates zunutze: Ich lud die Innenpolitiker der CDU/CSU, der FDP und der SPD regelmäßig zu Gesprächen ein, die allesamt nichts brachten. Es war zum Verzweifeln. Deshalb legte ich in der Bild am Sonntag vom 22.9.91 ein eigenes Konzept vor, das fünf Personengruppen vom Asylverfahren ausschließen sollte:

1. Wer aus Staaten kommt, in denen politisch nicht verfolgt wird,

2. Menschen, die nach höchstrichterlicher Rechtsprechung keinerlei politischer Verfolgung ausgesetzt sind, 3. wer aus einem sicheren Drittstaat einreist, wo er Asyl hätte beantragen können, 4. wem bereits in einem anderen Staat das Asylverfahren zugesichert worden ist und 5. wenn das Asylverfahren bereits in einem anderen westeuropäischen Staat negativ abgeschlossen wurde.

Natürlich wurde ich von der SPD und aus der FDP wegen dieses Alleinganges angegriffen. Den Kollegen aus der FDP antwortete ich am 29.9.91 in der Welt am Sonntag: *Eine Koalition hat die Pflicht zur Einigung. Es kann nicht sein, dass die CDU immer nach der Pfeife der FDP tanzt.*"

Am Vorabend zum Tag der Deutschen Einheit, am 2. Oktober 1991, fand im Berliner Schauspielhaus ein Festkonzert statt, das von der Berliner Festspiel GmbH für den Bundesminister des Innern veranstaltet und von der ARD am nächsten Vormittag ausgestrahlt wurde. Ich war Initiator dieser Veranstaltung. Deshalb war es rein zufällig, dass als Ausführende der Mainzer Domchor, die Mainzer Domkantorei St. Martin und das Mainzer Domorchester mit Beethovens C-Dur Messe und Bruckners Te Deum ausgewählt wurden. 187 Mainzer Musikerinnen und Musiker waren mit zwei Flugzeugen nach Berlin geflogen. Sie legten größte Ehre ein. Auch bei der Berliner Senatspräsidentin Hanna-Renate Laurien, der früheren Kultusministerin von Rheinland-Pfalz. Diese hatte Ende August durch ein Schreiben an mich das Konzert in die Hedwigskathedrale abschieben wollen, „denn Berlin sei vom Künstlerischen her anspruchsvoller als Mainz und sie habe wie der Festspielintendant einen guten Namen zu verlieren." Natürlich haben wir das Schauspielhaus durchgesetzt und „Hanna Granata", wie sie wegen ihres Durchsetzungsvermögens genannt wurde, hatte einmal das Nachsehen. Nach dem Konzert war sie voll des Lobes über die Mainzer. Begeistert waren auch die Teilnehmer der Deutsch-Israelischen Konferenz, darunter sieben Abgeordnete des israelischen Parlamentes, der Knesset, die ich eingeladen hatte. Der Knesset-Vizepräsident Dan Tichon lud die Mainzer spontan zu einer Konzertreise nach Israel ein.

Stellvertretender Fraktionsvorsitzender in Bonn

Wenn man von einer Sache überzeugt ist, soll man dafür kämpfen, aber nicht klagen, wenn man danach angegriffen wird. Beim Besoldungsanpassungsgesetz hatten die Verteidigungspolitiker einen Passus hineingeschmuggelt, der 7 000 Soldaten und 4 800 Beamten den „goldenen Handschlag", sprich Frühpensionierung ab 48 Jahren bescheren sollte. Ich fand, dass man diese Leute gut bei der Gauck-Behörde oder im Bereich Asylverfahren einsetzen könne. Also wurde der Passus still und leise gestrichen, was Verteidigungsminister Gerhard Stoltenberg und seine Mannen erst nach der Verabschiedung des Gesetzes bemerkten. Die Sache ging als „Gersters Beamtencoup" (Rheinischer Merkur, 15.1.1991) in die Presse ein. Nach dem Presse-Lob folgte der Tadel auf den Fuß: Da ich im Stasi-Unterlagengesetz dem Opferschutz Vorrang vor den Enthüllungsgelüsten der Boulevardpresse eingeräumt hatte, wurde ich in der Bild-Zeitung vom 29.11.1991 mit Bild als „Der Maulkorb-Mann" unter die „Minusmänner des Jahres" eingereiht. Dort war ich in bester Gesellschaft mit Gregor Gysi, Lothar de Maizière, Erich Honecker, Wim Wenders und Hugo-Egon Balder.

Auf dem CDU-Bundesparteitag in Dresden wurden meine Anträge zur Asylpolitik einschließlich der Grundgesetzergänzung einstimmig angenommen. Da es auch in unserer Fraktion einige gab, die Angst vor der eigenen Courage, sprich vor einer Grundgesetzergänzung hatten, war diese Bestätigung meiner Linie durch das höchste Parteigremium ganz wichtig. Während des zweiten Tages ließ mir Helmut Kohl ausrichten, ich solle ihn bitte einmal am Präsidiumstisch aufsuchen. Das Gespräch hatte zwei Teile: Ob ich wirklich glauben würde, dass FDP und SPD für eine Ergänzung des Asylgrundrechtes zu gewinnen seien. Meine Antwort: Eher die SPD und über diese die FDP. Der Vorsitzende des Innenausschusses, Gottfried Bernrath, seines Zeichens langjähriger Bürgermeister von Grevenbroich, sei wie fast alle Kommunalpolitiker der SPD sicher, Artikel 16 Grundgesetz müsse ergänzt werden. Über die SPD und über die Führung der FDP müssten die bisher ablehnenden FDP-Innenpolitiker gewonnen werden. Wir würden SPD und FDP weiter unter Druck setzen. Kohl fragte mich beiläufig, ob ich stellvertretender Fraktionsvorsitzender für die Bereiche Innen, Recht und

Umwelt werden wolle. Ich überlegte kurz, sagte ja und wurde in der Fraktionssitzung am 14.1.1992 gewählt. Zahlreichen Tageszeitungen war meine Person ein Portrait wert. Das von Herbert Prantl – einem durchaus kritischen Begleiter der Union – in der Süddeutschen Zeitung vom 13.1.1992, begann mit dem Absatz:

„Bei aller Robustheit gilt der künftige stellvertretende Vorsitzende der CDU/CSU-Bundestagsfraktion als ein begnadeter Pragmatiker, als ein Konservativer mit besonderem Gespür für das politisch Machbare. Er ist kein intellektueller Kopf, aber durchaus geschickt im Verhandeln, manchmal zu Grobheiten bereit, aber bei politisch Freund und Feind als absolut verlässlich bekannt. Und so gilt bei allen Koalitionshändeln und den Versuchen, sie wieder auszuräumen: Wenn Gerster etwas zusagt, dann hält er es auch. Mit der Wahl zum Stellvertreter Schäubles macht sich die Fraktion diese Gabe zunutze."

Wolfgang Schäuble, inzwischen Vorsitzender der CDU/CSU Bundestagsfraktion beschrieb meine Rolle im Buch von Wolfgang Wiedemeyer (1995) dagegen so:

„Im Haushaltsausschuß war er Berichterstatter für das Bundesinnenministerium, seit 1987 innenpolitischer Sprecher der Unionsfraktion, seit Ende 1991 Stellvertretender Vorsitzender. Nicht ohne Amüsement habe ich damals beobachtet, wie er als innenpolitischer Sprecher peinlich darauf achtete, dass ihm die für diesen Bereich verantwortlichen stellvertretenden Vorsitzenden nicht „in die Suppe spuckten", während er, kaum war er selbst Stellvertreter geworden, keineswegs Einschränkungen seiner Allzuständigkeit für das Gebiet von Innen- und Rechtspolitik zuließ. Gemeinsam haben wir in diesen Jahren viele schwierige Themen vorangebracht: Vorhaben auf dem Gebiet der inneren Sicherheit, das neue Ausländerrecht und schließlich das neue Asylrecht."

Am 25. Januar 1992 trat Hans-Otto Wilhelm auf dem CDU-Landesparteitag zurück. Werner Langen wurde sein Nachfolger. Hauptaufgabe des neuen Landesvorsitzenden war es, die zerstrittenen Parteiflügel zusammenzuführen und in wichtigen politischen Fragen wieder die Meinungsführerschaft im Lande zurückzugewinnen. Keine leichte Aufgabe!

Mit dem Aussiedlerbeauftragten der Bundesregierung, dem Parlamentarischen Staatssekretär Horst Waffenschmidt, fuhr ich auf den Jahreskongress der Russlanddeutschen nach Moskau, um den 1000

Delegierten eine Botschaft zu überbringen: „Das Tor für Russland-deutsche bleibt grundsätzlich offen. Die Möglichkeiten zur Aufnahme in Deutschland sind aber begrenzt. Deshalb muss jeder wissen, dass nicht 2 Millionen Menschen in Kürze mit einer Umsiedlung rechnen können." Botschaft eins kam gut an, Botschaft zwei eher weniger, sie musste aber dort vermittelt werden. In der Tat gingen die Zuwanderungszahlen bei den Aussiedlern langsam aber stetig zurück.

Mitte März erhielt ich eine Rechnung der Staatskanzlei von Rhein-land-Pfalz über 2.500 DM. Der Grund: Längst war die Fernseh-fastnachtssitzung „Mainz bleibt Mainz, wie es singt und lacht" zu einem gesellschaftlichen Höhepunkt des Jahres geworden. Nach der Sitzung werden die Ehrengäste und die Aktiven der vier Fast-nachtskorporationen zu einem Empfang eingeladen. Veranstalter sind die Landesregierung, der Oberbürgermeister und die jeweilige Sendeanstalt. Regelmäßig begrüßt der Ministerpräsident noch einmal die Gäste, lobt die Sitzung, die Aktiven usw. In diesem Jahr war der Ministerpräsident wohl etwas unpässlich, also sprang ich als Ranzengardeoffizier ein und begrüßte zum Gaudi derjenigen, die das Spiel durchschauten, alle Gäste. Der für seinen Humor bekannte Chef der Staatskanzlei, Klär, meinte, deshalb müsse ich ein Viertel der Kosten nachträglich übernehmen. Mit dem Satz „Wer bestellt bezahlt" lehnte ich ab, bot aber der Staatskanzlei „Nachhilfe in närrischen Grundrechten und die Ausrichtung (und Bezahlung) des Empfangs für die Folgejahre für den Fall an, dass die Landesregierung in solch närrischen Dingen überfordert sein sollte". Leider ging man darauf nicht ein, dafür beendete Klaus Rein in der AZ vom 28.3.1992 seine Glosse zu diesem Vorgang mit dem Satz:

„Mainz merke sich: Humor muss bezahlt werden, Anstand ist gratis. Und: Abgeordnete sind immun – auch gegen Rechnungen."

Bei den Landtagswahlen in Baden Württemberg und Schleswig-Holstein stellte sich ein, was ich seit längerem als Folge der Nichtlösung der Asylproblematik vorausgesagt hatte: Im Süden kam die rechte Partei Die Republikaner mit 10,9 Prozent und im Norden die rechte DVU mit 6,3 Prozent erstmals in den Landtag. Wieder einmal legte ich einen Plan zur Trennung der Verfolgten und eindeutig Nichtverfolgten vor. In allen Zweifelsfällen sollte das bisherige, allerdings beschleunigte Asylverfahren gelten. Bei Leuten, die unter keinen Umständen politisch, rassistisch oder religiös verfolgt sein können, sollte dieser objektive Tatbestand innerhalb von Stunden festgestellt und sie dann sofort abgeschoben werden. Erstmals erklärte die bisherige harte Gegnerin einer Grundgesetzergänzung, die stellvertretende SPD-Vorsitzende Herta Däubler-Gmelin, meine Vorschläge zum Thema Asyl und Aussiedler seien wichtige Schritte nach vorn. Immerhin. Auch bei der FDP gab es Bewegung: Das Präsidium befürwortete plötzlich, Listen verfolgungsfreier Staaten aufzustellen, deren Bürger kein Asylverfahren bekommen sollten. Allerdings stieß es damit bei der eigenen Bundestagsfraktion noch auf Widerstand.

Natürlich war im Jahr 2 nach der Wiedervereinigung das Asylthema nicht das einzige innenpolitische Thema: So betrieb, nachdem die Stasivergangenheit des brandenburgischen Ministerpräsidenten Stolpe (SPD) bekannt geworden war, die SPD plötzlich die Auflösung der Gauck-Behörde, wogegen wir mit allen Mitteln angingen. Mit dem Bundesfachausschuss Innenpolitik erarbeiteten wir weiterhin ein Aktionsprogramm zur Bekämpfung der organisierten Kriminalität. Dann erarbeitete eine Koalitionsarbeitsgruppe unter meinem Vorsitz, die sogenannte Gerster-Kommission, Eckwerte für ein Entschädigungsgesetz zugunsten enteigneter Grundbesitzer in der DDR. Als ich bei einer dieser Debatten im Bundestag ausgerechnet mit meinem Großneffen Florian Gerster (SPD) aus Worms zusammenrasselte, erklärte ich: „In jeder Familie gibt es schwarze Schafe; er ist ein rotes."

Ein rotes Tuch wurde ich selbst für unseren Koalitionspartner FDP, als ich mit dem Vorsitzenden des Innenausschusses, Hans Gottfried Bernrath (SPD), Gespräche in Paris über die Harmonisierung des Asylrechtes auf europäischer Ebene führte. Frankreich erwartete in diesem Jahr 30 000, wir in Deutschland 400 000 Asylbewerber. Groß war die Verwirrung in Bonn als wir beide öffentlich verlautbarten, dass schon im Zuge europäischer Rechtsanpassung das deutsche Asylgrundrecht angepasst werden müsse. Man war verwirrt und die FDP – wie von mir gewollt – sauer, dass ich auf ihre Mitwirkung verzichtet hatte.

Schlafslose Nächte in Mostar

In Jugoslawien tobte immer noch ein grausamer Bürgerkrieg. Gegen Serbien war ein UN-Wirtschaftsembargo verhängt worden. Deutschland sollte sich an der Überwachung mit einem Zerstörer der Bundesmarine beteiligen, was die SPD ablehnte. Der außenpolitische Sprecher unserer Fraktion, Karl Lamers, forderte darüber hinaus eine UN-Militäraktion gegen Serbien. Dieser Forderung schloss ich mich an. Auf einem 3-Tage-Besuch hatte ich mich über die Lage vor Ort informiert. So hatte ich in Mostar den EU-Beauftragten Hans Koschnik, „meinen" früheren DIG-Präsidenten, besucht und ihm versprochen, über den Bundesinnenminister ein stärkeres Engagement des THW beim Wiederaufbau durchzusetzen. Wichtiger noch: Die „Bereinigung und Säuberung" in Bosnien-Herzegowina ließ einem den Atem stocken. Dort wurde von Serben wahllos auf wehrlose Kinder und Frauen geschossen. Erstmals in meinem Leben klagte ich über schlaflose Stunden. In Bonn zurück erklärte ich noch eindeutiger: Die Welt könne diesem Völkermord nicht tatenlos zusehen, nur ein gezielter Militärschlag gegen die Serben könne diese zur Zurückhaltung bringen.

Der Bundeskanzler war alles andere als amüsiert. Auf einer eigens einberufenen Pressekonferenz erklärte er: „Dies ist nicht mein Vorschlag, ich bin nicht dafür." Am nächsten Morgen wurde auf einer eilends einberufenen Sondersitzung der Fraktion die Ablehnung eines Militäreinsatzes gegen die Serben zementiert. Kohl, Schäuble inzwischen Fraktionsvorsitzender, seine Stellvertreter Wolfgang Bötsch und Michael Glos sowie Verteidigungsminister Volker Rühe gingen ans Mikrofon, um meine Auffassung totzutreten. Karl Lamers machte ganz erschrocken einen Rückzieher, er sei nur falsch verstanden worden und am nächsten Tag, dem 25. Juli 1992, titelte die FAZ: „*Gerster steht mit seinem Vorstoß allein.*" Dies hinderte mich nicht, in der Welt am Sonntag vom 26. Juli meine Auffassung von einem Militärschlag gegen Serbien noch einmal zu untermauern. Die Zeitung dankte es mir mit der Überschrift: „*Wir schauen tatenlos einem Völkermord zu.*" Die CDU/CSU-FDP-Bundesregierung bewies damals weniger Mut als Jahre später die rot-grüne Bundesregierung Gerhard Schröder, die sich an Militäreinsätzen zur Rettung von Menschenleben auf dem Balkan beteiligte. Vielleicht hatte Günter

Bannas doch recht, als er einige Zeit vor den Balkandiskussionen in der FAZ geschrieben hatte, Kohl und Schäuble, die mich bei der Wahl als stellvertretender Fraktionsvorsitzender unterstützt hatten, hätten einen bequemeren Kandidaten als Gerster finden können. Dieser werde sich nicht in die Reihe der Jasager einreihen.

Das Bohren dicker Bretter: der Asylkompromiss

Der August 1992 brachte schwerste Krawalle auf deutschen Straßen. Allein in Rostock und Schwerin hatten sich an einem Wochenende über 1000 rechtsradikale Gewalttäter regelrechte Straßenschlachten mit der Polizei geliefert. 16 000 BGS-Beamte aus acht Bundesländern waren in Mecklenburg-Vorpommern im Einsatz. Neben geistigen Verirrungen und Unsicherheiten schürten die Probleme der Zuwanderung die Gewaltbereitschaft. Menschen, die 40 Jahre in der DDR gelebt hatten und einen erheblichen Nachholbedarf verspürten, sahen mit großem Missvergnügen die Betreuung von ständig neuen Zuwanderungsgruppen. Ich rechnete inzwischen mit über einer Million Zuwanderer in diesem Jahr: 500 000 Asylbewerber, darunter Bürgerkriegsflüchtlinge vom Balkan, 200 000 Aussiedler, 140 000 Vertragsarbeitnehmer wie z.B. polnische Stuckateure, 100 000 illegale Zuwanderer aus dem ehemaligen Jugoslawien, rund 80 000 Menschen im Rahmen der Familienzusammenführung. Was mich bis zur Weißglut reizte, war die Unehrlichkeit derjenigen, welche eine Grundgesetzergänzung als das Ende des Grundrechte-Staates beklagten und gleichzeitig behaupteten, eine Grundgesetzergänzung werde sich auf den Zuwanderungsdruck nicht auswirken. Meiner Meinung nach war die Demokratie in einer Zerreißprobe, weil es in der Asylpolitik wie bei der Frage eines Solidarpaktes zur Überwindung größter Probleme in den neuen Ländern am notwendigen Entscheidungswillen fehle.

Anfang Oktober beschloss der FDP-Bundesparteitag in Bremen einen 7-Punkte-Katalog zur Asyl- und Ausländerpolitik. Damit öffnete der Koalitionspartner den Weg zur Ergänzung von Artikel 16 des Grundgesetzes. Stattdessen sollte die Genfer Flüchtlingskonvention gelten, die in offensichtlich unbegründeten Fällen eine sofortige Aufenthaltsbeendigung in Deutschland zuließ. Aber noch fehlte die SPD, die wir für eine 2/3 Mehrheit benötigten. Als sich dort weiterhin nichts bewegte, stellte ich in der Welt am Sonntag vom 1.11.1992 den Plan eines Asylsicherungsgesetzes vor. Da es in der Asylfrage zu einem sozialen Notstand gekommen sei, müsse analog eines Notstandsgesetzes und nach dem Beispiel eines Haushaltssicherungsgesetzes ein Asylsicherungsgesetz zum regulierten Stopp des Asylbewerberstromes beitragen. Ich kündigte an, wir würden dieses Gesetz vorbereiten und im Bundestag einbringen, wenn der SPD-Sonderparteitag am 16./17. November gegen die notwendige Grundgesetzergänzung stimmen werde.

So etwas nennt man politische Erpressung. Der Sturm der Entrüstung übertraf meine Erwartungen. Mir wurde Verfassungsbruch vorgeworfen. In einer aktuellen Stunde des Bundestages wurde das Ganze zum Staatsstreich hochstilisiert. In einer Sondersitzung des Innen- und Rechtsausschusses drückte sich der Vorsitzende des Rechtsausschusses Horst Eylmann (CDU) und distanzierte sich vom Begriff des Staatsnotstandes in Sachen Asyl. Wie vergiftet das politische Klima war, zeigte ein Pamphlet, das der Parlamentarisch-Politische-Pressedienst gegen mich verbreitete. Er schrieb: *„Die in der Personalunion von Biedermann und Brandstifter in der Union immer häufiger und einflussreicher werdenden Handlanger der Rechtsradikalen haben in dem aus Mainz kommenden Regierungsdirektor a. D. Johannes Gerster in der Tat ihren Prototypen und Rädelsführer gefunden. Dass diese Mischung aus Rüpelhaftigkeit, Verschlagenheit und intrigantem Ehrgeiz trotz erheblicher persönlicher Vorbehalte des aus der gleichen Region kommenden CDU-Vorsitzenden und Bundeskanzlers Helmut Kohl in die Fraktionsspitze aufrücken konnte, ist ein untrügliches Signal für den Verfall an politischer Kultur und moralischer Substanz der größten Regierungspartei, die sich in Figuren wie Edmund Stoiber und Erwin Huber bei der bayerischen Schwesterpartei gleichermaßen manifestieren."*

Mich ließ das nicht kalt. Aber mich ärgerten nicht diese Beschimpfungen, sondern die Uneinsichtigkeit einer linken Gesellschaft, die den Rechten Wasser auf die Mühlen leitete. Ich sah mit dem Aufkommen der Rechten ein Ende der bisherigen Stabilität unserer Republik. Das trieb mich um. Der SPD-Parteitag gab grünes Licht für eine Ergänzung des Asylgrundrechtes, worüber am letzten Wochenende im November Delegationen von CDU/CSU, SPD und

FDP Verhandlungen in der Landesvertretung Baden-Württemberg aufnehmen sollten. Zuvor lud ich die Innenpolitiker der Koalition und der SPD zu zwei Vorbereitungsgesprächen ein und war nicht wenig überrascht, dass trotz interpretationsfähiger Parteitagsbeschlüsse die Ampel eindeutig auf die Grundgesetzergänzung gestellt war. Am Freitag, dem 27. November, kamen zusammen: Für die CDU/CSU: Fraktionsvorsitzender Wolfgang Schäuble, Bundesinnenminister Rudolf Seiters, Ministerpräsident Erwin Teufel und Johannes Gerster, der stellvertretende Fraktionsvorsitzende Wolfgang Bötsch, der bayerische Innenminister Edmund Stoiber und mein Stellvertreter Wolfgang Zeitlmann. Für die FDP: Fraktionsvorsitzender Hermann-Otto Solms, Justizministerin Sabine Leutheuser-Schnarrenberger, Burkhard Hirsch und Jörg von Essen. Für die SPD: Fraktionsvorsitzender Hans Ulrich Klose, Gerhard Wartenberg, Hans de With, Jürgen Schmude und die Ministerpräsidenten Rudolf Scharping und Gerhard Schröder.

Für die Unionsseite wurde rasch erkennbar, dass SPD und FDP einer Grundgesetzergänzung zustimmen werden, dass beide Parteien aber um jede Menge Aufweichungen und Ausnahmen stritten. Die Debatte lief bis in die Nacht zum Samstag, den ganzen Samstag und sollte am Sonntag mit einem gemeinsamen Vorschlag für einen Gesetzentwurf beendet werden. Wolfgang Schäuble traf sich Sonntag früh zu einem Frühstück mit dem bayerischen Innenminister Edmund Stoiber, anschließend sollte die gesamte CDU/CSU-Delegation eine Bilanz des bisher Vereinbarten ziehen. Dann sollte mit SPD und FDP weiter beraten werden. Zu meiner Überraschung plädierten Schäuble und Stoiber für eine Beendigung der Beratungen an diesem Wochenende. Bisher war erreicht worden, dass Asylbewerber aus sicheren Drittstaaten nicht mehr in das Asylverfahren aufgenommen werden. Noch nicht vereinbart war der Ausschluss von Asylbewerbern, die über sichere Drittstaaten nach Deutschland einreisen, das waren mit Abstand die meisten. Nach einer sehr engagierten Debatte, die mich innerlich aufwühlte, einigten wir uns, diese offene Frage in jedem Fall noch zu klären. Ich wunderte mich nicht über Schäuble. Er ist der Meister der Kompromisse. Ich wunderte mich über Stoiber, der sich mit einem Leck im Asylkompromiss zufriedengeben wollte. Aus München hatten seine Asyl-Forderungen immer sehr stark geklungen. Klar, der CSU-Minister kannte aus Bayern keine Koalitionsquerelen und keine ernst zu nehmende SPD. In Bonn war aus dem bayerischen Löwen ein Schaf geworden. Dafür waren Erwin Teufel, Rudolf Seiters, Johannes Gerster, von der CSU eher als Weicheier eingestuft, plötzlich hart wie Granit. Natürlich wurden die Gespräche an diesem Sonntag nicht beendet und ein zweiter Durchgang für kommendes Wochenende am gleichen Ort vereinbart.

Ein dicker Hals, aber nicht wegen Stoiber
Ich fuhr am späten Nachmittag ziemlich erschöpft nach Mainz zurück. Dort klagte ich meiner Frau über Spannungen am Hals, wo irgendeine Geschwulst im Wachsen begriffen war. Auf meine Bemerkung, ich habe mich so über Stoiber geärgert, dass ich einen dicken Hals bekommen habe, antwortete sie nüchtern: „Du hast einen dicken Hals, aber nicht wegen Stoiber. Morgen früh musst du zu Ulla Hahn." Das war unsere bewährte Hausärztin, die Eltern und Kinder immer gekonnt und bewährt behandelt hatte.

Auf dem Weg dorthin kaufte ich u. a. die Bild-Zeitung. Auf der Titelseite prangten die Konterfeis der 17 Verhandler vom Wochenende unter der Balkenüberschrift: *„Asyl-Entscheidung wieder vertagt. Die 17 Versager."* Frau Dr. Hahn machte nach einer kurzen Untersuchung ein bedenkliches Gesicht. Bisher war sie immer schnell und richtig in ihren Diagnosen gewesen. Jetzt reichte sie mich an eine Spezialistin, Dr. Ingeborg Schniep, weiter. Damit begann ein Untersuchungsmarathon, wovon mir die Entnahme einer Rückenmarksprobe am nächsten Tag und die Entfernung eines Lymphknotens am Donnerstag unter Vollnarkose in der Privatklinik meines ehemaligen Schulkameraden Dr. Bernd Keller-Lux besonders im Gedächtnis blieben.

Ich befand mich in einem Dilemma: Am Wochenende sollte die abschließende Runde der Asylverhandlungen stattfinden. Bis Montag sollte ich in der Fontana-Klinik bleiben, um den histologischen Befund meines Lymphknotens zu erfahren. Ich war nie ernsthaft krank gewesen, glaubte immer noch an gute Untersuchungsergebnisse. Also bestellte ich mir für Samstag früh ein Auto an die Privatklinik, legte einen freundlichen Abschiedsbrief auf mein Bett, so nach dem Motto; „Bin weg zu Asylgesprächen in Bonn und komme spätestens Montag früh zurück."

Um 9 Uhr begannen die Asylgespräche, die bis Sonntagmittag andauerten. Das Ergebnis war erfreulich: Die CDU/CSU hatte sich durchgesetzt: Mit einer Grundgesetzergänzung und Begleitgesetzen wurde es möglich, offensichtlich unbegründete Asylfälle kurzfristig zu bescheiden. 47 000 Asylbewerber in nur einem Monat, wie im Sommer registriert, würde es in Zukunft nicht mehr geben.

Mein Schulkamerad, alles andere als amüsiert über meinen Ausflug in die Politik, erklärte mir am nächsten Tag, es gäbe ein Problem. Näheres würde mir mittags um 15 Uhr Frau Dr. Schniep mitteilen. Diese erklärte mir mit dem Charme eines Börsenberichtes, ich sei am Morbus Hodgkin bzw. an Lymphogranulomathose, einer Art Lymphknotenkrebs, erkrankt. Es bestünden Heilungschancen. Zur Behandlung gebe es zwei Alternativen: Entweder Herausnahme der Milz mit anschließender Strahlentherapie oder hintereinander Chemotherapie und Bestrahlung.

Ich ging nach Hause und heulte wie nie zuvor. Meine Frau wirkte ruhig und sagte: „Du schaffst das." Mein Sohn Thomas und meine Tochter Maria studierten in Würzburg und Freiburg und kamen am Wochenende nach Mainz. Meine damals 16-jährige Tochter Anna redete sehr ernst mit mir: Ich solle mich nicht aufgeben, sondern daran denken, dass meine Frau und meine drei Kinder mich brauchten und deshalb unbedingt kämpfen!

Ich brauchte etwa zwei Tage für mein seelisches Gleichgewicht. In einem Anflug von schwarzem Humor sagte ich mir und besorgten Freunden: „In den Himmel komme ich nicht, kein Teufel will mich haben, also geht das Leben weiter."

Dabei ging der politische Betrieb in Mainz und Bonn, unterbrochen durch Arztbesuche, tatsächlich weiter.

Kampf gegen den Krebs
Am 9. Dezember empfahl mir Frau Dr. Schniep die zweite Behandlungsvariante: ca. vier Monate Chemotherapie und danach ca. zwei Monate Strahlentherapie. Eine Milzoperation benötige eine sechs-

wöchige Vorbereitung, dafür wüchsen die Lymphknoten zu rasch. Es bestünde schon jetzt die Gefahr, dass Luft- und Speiseröhre so zusammengepresst würden, dass ein künstlicher Ausgang nötig werde. Sie rate mir aber, einem anderen Onkologen die bisherigen Diagnosen und ihren Behandlungsplan zur Begutachtung vorzulegen. Wenn dieser zum gleichen Ergebnis komme, solle ich ihr für die weitere Behandlung voll vertrauen und mich durch niemanden verunsichern lassen. Als Zweites gab sie mir auf den Weg mit: „50 Prozent des Behandlungserfolges hängt von Ihrem Willen ab, den Kampf zu gewinnen." Also fuhr ich mit dem ICE nach Hannover und ließ mich dort in der Uniklinik von einem anerkannten Onkologen gegenchecken. Er bestätigte die Diagnose und das Behandlungsprogramm. Innerhalb weniger Stunden hatte mein Bundestagskollegen Hans-Jürgen Doss mir den Termin in Hannover besorgt.

Zurückgekehrt von Hannover wurde für die erste Chemo-Ladung der 17.12. und für die im Wochenrhythmus vorgesehene zweite Ladung Heiligabend, der 24. Dezember, vereinbart. Das sollte ambulant in der Praxis Dr. Schniep erfolgen. Die Infusionen würde ich liegend in einem Zeitraum von drei bis vier Stunden bekommen. Mir wurde aufgegeben, an diesen „Empfangstagen" möglichst nicht zu arbeiten, Mainz nicht zu verlassen, also Abschied vom Bonner Betrieb zu nehmen, allerdings würde gegen geistige Arbeit in Mainz nichts sprechen. Unseren Fraktionsvorsitzenden Wolfgang Schäuble und, da der Bundeskanzler auf Staatsbesuch in Moskau war, den Chef des Bundeskanzleramtes, Fritz Bohl, unterrichtete ich über meine Erkrankung und die Tatsache, dass ich wohl sechs Monate in Bonn pausieren müsse. Mein Amt als stellvertretender Fraktionsvorsitzender wollte ich für einen anderen zur Verfügung stellen. Schäuble wie Bohl wiesen dies energisch zurück. Helmut Kohl, der abends aus Moskau zurückkehrte, rief mich am nächsten Morgen sofort an. Er war betroffen, wünschte mir alles Gute und sagte mir und meiner Familie jedwede Unterstützung zu. „Natürlich bleibst du in allen deinen politischen Ämtern und ich werde Bohl und Schäuble sagen, dass die wichtigsten Koalitionsrunden zur Innenpolitik mit dir in Mainz stattfinden müssen." Das geschah auch in den folgenden sechs Monaten einige Male. CDU/CSU- und FDP-Innenpolitiker tagten dann in unserem Wohnzimmer, besser als in

Bonn, nämlich von meiner Frau bewirtet. Kohl rief mich übrigens regelmäßig, fast wöchentlich, an und erkundigte sich intensiv über den Verlauf meiner Erkrankung. Ich lernte einen Helmut Kohl kennen, der nichts mit dem in den Medien gezeigten „Machtmenschen Kohl" gemein hatte. Der einzige Nachteil war, dass dieser Mensch regelmäßig so um 7 Uhr in der Frühe anrief.

Am 14. Dezember trat Bundespostminister Christian Schwarz-Schilling zurück. Der Grund: Die Tatenlosigkeit der Bundesregierung angesichts des Völkermordes auf dem Balkan. In einer turbulenten Fraktionssitzung wurde erkennbar, dass die breite Mehrheit auf die Androhung und die Anwendung militärischer Gewalt zur Beendigung des Mordens in Bosnien nicht verzichten wollte. Noch im Juli war ich dank der Intervention Kohls und Schäubles in der Fraktion mit dieser Aufforderung allein geblieben.

Anfang Januar 1993 musste Bundeswirtschaftsminister Möllemann (FDP) wegen der Vetternwirtschafts-Affäre zurücktreten. Der rheinland-pfälzische Wirtschaftsminister Rainer Brüderle (FDP) wollte wieder einmal Bundeswirtschaftsminister werden. Ich erklärte öffentlich:

„Das Bundeswirtschaftsministerium machte bisher aus jedem FDP-Mann ein Männchen. Bangemann, Hausmann, Möllemann. Es wäre eine Illusion zu glauben, dass dieses Amt aus einem Brüderle einen Bruder macht."

Ausgerechnet das Ministerium Ludwig Erhards, des Vaters des Wirtschaftswunders, war seit Jahrzehnten der FDP überlassen, das war Fehler genug.

Am 13. Januar berichtete der Kölner Express in dickem Balken auf Seite 1: „*Gerster Krebs! Kohl bangt um seinen langjährigen Weggefährten*".

Während Ulrich Zink, Lokalchef der AZ-Mainz, der seit 18. Dezember von meiner Erkrankung wusste, meine Bitte, nicht zu berichten, respektiert hatte, war der Express nicht zu stoppen. Damit gab es auch für viele andere Zeitungen, auch für die AZ, kein Halten mehr. Plötzlich war meine Erkrankung ein öffentliches Ereignis. Ich bekam Hunderte wohlmeinende Zuschriften. Viele rieten mir von der klassischen Behandlung, der Chemotherapie, ab. Dafür sollte ich die Ernährung umstellen, z.B. rote Rüben essen, meine Wohnung wegen unterirdischer Wasserströmungen verlassen, und und

und … Meine Bonner Mitarbeiterin Christine Balters sorgte dafür, dass alle einen Dankesbrief mit meiner persönlichen Unterschrift erhielten.

Ich akzeptierte die Chemotherapie als Gift, als Feind, der in meinen Körper einfließen musste, um zusammen mit mir einen noch größeren Feind, den Krebs, zu besiegen. Ich war überzeugt, dass ich wieder vollständig gesunden würde. Dabei half mir mein christlicher Glaube an die Vorsehung. Waren wir nicht alle Spatzen in Gottes Hand?

In den folgenden Wochen stellte sich heraus, dass man sich an eine Chemotherapie gewöhnen kann. Einen Tag in der Woche bekam ich das „Gift" in den Körper, das ich offenbar besser verkraftete als andere. Noch im Dezember letzten Jahres hatte ich mir mit Rücksicht auf die Mainzer Nachrichtenkanäle in Worms eine Perücke anfertigen lassen, da mir der totale Haarausfall durch die Chemotherapie vorausgesagt war. Meine Haare wurden zwar dünner, aber gebraucht habe ich die Perücke nur ein einziges Mal. Über mein Bonner Büro gab ich regelmäßig Presseerklärungen ab, blieb also präsent.

Auch der Verwaltungsrat der Deutschen Welle tagte am 18. April 1993 mir zuliebe in Mainz. Die Welle war im Umbruch. Sie übernahm vom Deutschlandfunk die Fremdsprachenabteilungen und Personal vom Rias. Der Personalbestand wuchs von 1 500 auf 2 200 Personen an. Da das Kölner Funkhaus asbestverseucht und zu klein war, schlug ich den ursprünglich für den Bundestag vorgesehenen Schürmann-Bau in Bonn als neuen Standort vor. „Die Deutsche Welle sendet aus der Bundesstadt Bonn", das hatte etwas. Der Vorschlag schlug wie eine Bombe ein und wurde nach den üblichen Bedenken schließlich Realität.

Am 25. April schlug die Bild am Sonntag zu. Auf zwei Seiten wurde in Text und Bildern über meine Krebserkrankung berichtet. Dort lauteten die Balkenüberschriften: *Kohls Freund: Mein Kampf gegen den Krebs. Wir sind Spatzen in der Hand Gottes.*" Wieder rollte eine Welle von aufmunternden Briefen an. Nur vier Tage später meldete die Bild-Zeitung unter der Überschrift: *Terror-Drohung gegen sechs Bonner Politiker*", dass auch ich auf der Todesliste autonomer Terroristen stünde.

In der Woche vor Pfingsten standen im Bundestag eine Reihe

wichtigster und über Jahre umkämpfter Reformgesetze zur Entscheidung an: Das neue Asylrecht, der neu gefasste Abtreibungsparagraph 218 und die Einführung der Pflegeversicherung. Ich hatte vorgeschlagen, die Apostelgeschichte nachzulesen, in der von der Ausgießung des Heiligen Geistes die Rede ist. Denn die SPD war in Sachen Asyl total zerstritten. Nur etwa die Hälfte wolle dem vereinbarten Kompromiss zustimmen, hieß es, was zusammen mit den Koalitionsstimmen knapp reichen könnte. Eine Parlaments-Rede-Schlacht war angesagt.

Ich hatte die Chemotherapie hinter mir und bekam jetzt fünf Mal in der Woche eine Bestrahlung in den Universitätskliniken. So auch an diesem Mittwoch, an dem um 14 Uhr die Debatte über das Asylrecht beginnen und bis in die Nacht andauern sollte. Ich hatte mir das Erstrederecht für meine Fraktion gesichert und wollte nach fünfmonatiger Bonn-Abstinenz das erste Mal wieder dort auftauchen. Ich selbst kam mir allerdings fremd vor. Seit Beginn der Bestrahlungen, die von der Nase abwärts bis zu den Lungenflügeln reichten, hatte ich mich, um Verbrennungen vorzubeugen, von meinem Bart trennen müssen. Wegen der Cortisonbeimischungen war ich aufgeschwemmt und wegen meiner dünn gewordenen Haare trug ich erstmalig die Perücke. Ich war mit einem Dienstwagen vor dem Strahlenbau in der Uniklinik vorgefahren, um nach meiner Bestrahlung sofort nach Bonn kutschiert zu werden. Mein Strahlenprofessor Thelen sah das, fragte, was das zu bedeuten habe: Anderes Aussehen, Anzug, Krawatte, Dienstlimousine, alles anders als sonst? Ich kam mir wie ein erwischter Schüler vor, beichtete jedoch, was ich vorhatte. Darauf Thelen: „Ich verfolge heute Rundfunk und Fernsehen sowie morgen die Tageszeitungen. Wenn ich erfahre, dass Sie im Bundestag geredet haben, setze ich sofort die Strahlentherapie aus. Das ist viel zu viel und zu gefährlich für Sie."

Was sollte ich machen? Ich wollte so rasch und sicher wie möglich den Krebs loswerden. Also fiel Bonn aus, Heiner Geißler übernahm meinen Part, allerdings erst zum Ende der Debatte, die ich ab Nachmittag am Rundfunk verfolgte. Ich war froh, dass endlich das neue Asylrecht verabschiedet wurde und zugleich traurig, dass ich beim Schlussakt nicht mitwirken durfte. Kohl und Schäuble trösteten mich tags darauf unabhängig voneinander mit der Bemerkung, dass nur durch mein jahrelanges Bohren dicker Bretter eines der wichtigen Probleme im wieder vereinigten Deutschland gelöst worden war. Sie beide hatten gespürt, dass ich die Asyldebatte im Bundestag mit blutendem Herzen von Mainz aus verfolgt hatte.

Am 17. Juni, genau sechs Monate nach der ersten Chemotherapie, bekam ich die letzte von zwanzig Bestrahlungen. Meine Ärzte hatten mir geraten, mich zu schonen, direkte Sonneneinstrahlungen zu meiden und in Kur zu gehen. So wie ich mich zu Beginn der Bestrahlungen gegen eine stationäre Behandlung gewehrt hatte mit dem Argument, ich sei von meiner Wohnung in Mainz genau so schnell im Strahlenbau wie von einem Bett innerhalb der Klinik, auch seien Leib und Seele eine Einheit und zu Hause eher gesundungsfähig als im Krankenhaus, so wehrte ich mich jetzt mit Händen und Füßen gegen eine Kur. Ich wollte mich mit meiner Familie und nicht unter kränkelnden Kurgästen erholen. Dafür versprach ich meinen Ärzten, mit Frau und drei Kindern fünf Wochen im Süden Englands zu urlauben, aber erst nach Beginn der rheinland-pfälzischen Schulferien Mitte Juli. So ließ ich mich nach der letzten Bestrahlung am nächsten Tag, einem Samstag auf eine sicherheitspolitische Tagung des CDU-Bezirksverbandes Trier fahren, um dort das Hauptreferat zu halten. Von dort ging es nach Klein-Winternheim zur Trauerfeier und Beerdigung des Altbürgermeisters Franz Junkers. Dieser war nach dem Zweiten Weltkrieg als Vertriebener in die rheinhessische Gemeinde gekommen, hatte dort als Landarbeiter seine Brötchen verdient und in einen Bauernhof eingeheiratet. Er gehörte 34 Jahre dem Gemeinderat für die CDU an und war 18 Jahre lang Ortsbürgermeister von Klein-Winternheim. Mich verbanden drei Dinge mit ihm. Junkers hatte in den 50er-Jahren mit dem Pferdefuhrwerk von Klein-Winternheim aus meinen Eltern Kartoffeln, Eier und sonstige landwirtschaftliche Erzeugnisse in die Mainzer Altstadt gebracht. Als Kinder durften wir dann mit ihm in Mainz herumfahren. Junkers war als CDU-Bürgermeister in meinem Wahlkreis stets ein hilfsbereiter und treuer Freund und Helfer.

Während ich in den letzten Wochen zu Fuß zu meinen Bestrahlungen ging, wurde Junkers im Bett in die Strahlenabteilung gefahren. Wir begegneten uns wiederholt. Dabei versprach ich Franz Junkers, bei seiner Beerdigung zu reden. Das war für mich nicht leicht, aber menschlich geboten.

Ab 24. Juni meldeten die Gazetten „Der Mainzer wieder auf der Bonner Bühne" oder „Gerster hat die Krankheit besiegt". Am 27. Juni kam bei einem Polizeieinsatz auf dem Bahnhof von Bad Kleinen in Mecklenburg-Vorpommern der mutmaßliche Terrorist Wolfgang Grams und der GSG 9-Beamte Michael Newzella ums Leben. Bei diesem Einsatz ging einiges daneben, bei der Aufklärung dieses Falles in den folgenden Tagen ging alles daneben. Jedenfalls entstand in der Öffentlichkeit der Eindruck eines absoluten Chaos. Am Sonntag, dem 4. Juli, riefen um die Mittagszeit unmittelbar nacheinander Helmut Kohl und Wolfgang Schäuble an. Beide erklärten mir, dass Bundesinnenminister Rudolf Seiters auf einer Pressekonferenz um 17 Uhr in Bonn die politische Verantwortung für offensichtliche Fehler und Koordinationsmängel übernehmen und zurücktreten werde. Meinen Einwand, man müsse Seiters umstimmen, begegneten beide, dass das versucht worden und endgültig gescheitert sei. Beide fragten, ob ich sofort einsatzfähig sei. Ich erklärte ihnen die Geschichte vom fünfwöchigen Familienurlaub statt der vorgeschriebenen Kur. Erst ab Ende August sei ich wieder voll einsatzfähig. Kohl antwortete daraufhin, dass er Manfred Kanther als Nachfolger von Seiters berufen werde. Mein Rat lautete: „Handeln Sie schnell, kein Vakuum im Sommerloch!" In diesem Gespräch siezte ich Kohl noch, der mich seinerseits regelmäßig duzte. Mir war dieses Stück Distanz zum „Mächtigen" wichtig.

Am 7. Juli 1993 spekulierte die AZ Mainz zu allem Überfluss über den nächsten Oberbürgermeisterkandidaten von Mainz, Johannes Gerster. Ich erklärte kurz, knapp und lustlos: „Meine Aufgabe sehe ich in Bonn. Auch stellt sich die OB-Frage erst in zwei Jahren." Inzwischen tobte die öffentliche Diskussion über die Folgen von Bad Kleinen. Generalbundesanwalt von Stahl trat zurück. Eine der dümmsten Forderungen lautete, die GSG 9, die Eingreiftruppe des Bundesgrenzschutzes, die sich vielfältig bewährt hatte, aufzulösen. Ich erklärte: „Wenn es bei einem Brand zu Pannen kommt, löst man auch nicht die Feuerwehr auf." (WamS vom 11.7.93).

Am 12. Juli wurde Manfred Kanther auf einer Sondersitzung des Bundestages als Bundesinnenminister vereidigt, anschließend debattierte das Parlament die Vorgänge in und nach Bad Kleinen. Ich eröffnete für meine Fraktion die Debatte, mein erster Auftritt nach sieben Monaten Krebsbehandlung. Obwohl ich die Opposition keinesfalls schonte, bekam ich nach meiner Rede starken Applaus von allen Seiten. Alle hatten von meiner Erkrankung gewusst, alle hatten mich wieder ein Stück aufgenommen. Das fand ich menschlich anständig. Bonn war eben nicht nur Kampf um Stimmen, in Bonn hat es trotz aller Gegensätze in der Sache auch gemenschelt. Kohl bat mich nach der Debatte für den nächsten Tag um ein Gespräch im Kanzleramt.

Die CDU in Rheinland-Pfalz im freien Fall

Kohl hatte am nächsten Abend viel Zeit. Zunächst ging es um meinen Gesundheitszustand, meine Familie und von mir angesprochene innenpolitische Themen. Danach fragte mich Kohl, wie es mit der CDU in Rheinland-Pfalz weitergehen solle. Tatsache war, die Partei befand sich dort im freien Fall und kam bei Umfragen bereits auf unter 30 Prozent. Wenn man bedachte, dass die CDU bis 1987 mit der absoluten Mehrheit von 51,9 Prozent der Stimmen regiert hatte, dann hatte sie bis zu den Umfragen jetzt, sechs Jahre später 23 Prozent verloren. Daher war meine Antwort klar und deutlich: „Wilhelm und Langen müssen weg. Wilhelm als Landtagsfraktionsvorsitzender, weil er noch immer nicht verstanden hat oder verstehen will, dass die Partei zusammengeführt und nicht gespalten werden darf. Langen als Landesvorsitzender, weil er Wilhelm nicht gewachsen ist und überfordert erscheint." Zugleich äußerte ich die Auffassung, dass man beide nicht „abschießen", nicht einfach in die Wüste schicken könne, dass beide mit Anstand andere Aufgaben bekommen sollten.

Dann kam die Frage, wer kann das sinkende Schiff retten. Ich vertrat die Auffassung, dass keiner in der Landtagsfraktion stark genug sei, es müsse für den Landesvorsitz jemand von außen kommen.

Kohl fragte: „Wer?"

Ich antwortete: „Heiner Geißler."

Familienurlaub (in Südengland) statt Kur nach meiner Krebserkrankung: Das Foto stammt vom Ende dieses Urlaubs, als es mir deutlich besser ging.

Kohl: „Nein."

Ich sagte: „Klaus Töpfer."

Kohl: „Nein."

Kohl sagte: „Gerster."

Ich sagte: „Nein."

Auf die Frage Kohls, ob das mein letztes Wort sei, antwortete ich: „Ich brauche jetzt fünf Wochen Urlaub. Dann bin ich bereit, über alles noch einmal zu reden." Ein Termin für Ende August wurde vereinbart.

Mitte Juli ging es endlich auf Urlaubsreise und zwar in zwei Etappen: Wir hatten einen Audi 80 Coupé, im Prinzip zu klein für fünf Personen, vor allem zu klein für das Gepäck von fünf Leuten. Also reisten Regina, Anna und ich mit dem Auto via Frankreich und mit der Fähre in den Süden Englands. Thomas und Maria, die in ihren Studien etwas länger als die Schülerin Anna gebunden waren, kamen via Flugzeug und englischer Bahn einige Tage später nach. Die Rückreise wurde später neu gemischt: Regina und Anna fuhren das Auto zurück. Dafür nutzten Thomas, Maria und ich die englische Bahn und den Flieger nach Frankfurt.

Es war ein Glück, dass Thomas und Maria in den Urlaub nachkamen. Denn kurz nach meiner Ankunft spürte ich in der Luft- und Speiseröhre schmerzhafte Verbrennungen, Spätfolgen der Strahlentherapie. Die Schmerzen waren so stark, dass ich nichts essen und allenfalls stundenweise schlafen konnte. Ich war fix und fertig. Meine Ärzte rieten mir, mich nur mit frischer Milch zu ernähren. Ich lief ständig mit einer Milchflasche herum. Weitere transportierten Regina und Anna in ihren Rucksäcken. Thomas und Maria brachten dann aus Mainz die notwendigen Medikamente mit, die auch nach einiger Zeit anschlugen. Was meine Frau und meine Kinder in dieser Zeit klaglos mitmachten, war vorbildlich. Ich durfte auf keinen Fall in die Sonne, ich war hungrig, durstig, aber jeder Schluck bereitete Höllenqualen, ich war ungeduldig und grantig. Also: Ich hätte mit mir keinen Urlaub machen wollen! Und als Jugendlicher schon gar nicht. Meine Familie war einfach klasse!

Nach fünf Wochen kamen wir wieder in Mainz an. Die Innenpolitik nahm mich sofort in Beschlag. Nach der Neuregelung der

Asylverfahren, die übrigens sofort Wirkung entfaltete, stand nun ein erheblicher Reformstau in Sachen innerer Sicherheit auf der Tagesordnung. Während die SPD-regierten Länder Hessen, Niedersachsen, Saarland und Bremen ständig ihre Bereitschaftspolizeien und die Verfassungsschutzbehörden abbauten, nahmen politischer Extremismus und Gewalt auf deutschen Straßen erheblich zu. In Fulda hatte beispielsweise brauner Pöbel in Bataillonsstärke unter den Augen einer passiven Polizei gerade eine ganze Stadt in Angst und Schrecken versetzt. Rudolf Scharping, der durch eine Mitgliederbefragung ausgewählte neue SPD-Spitzenmann, gab wohlfeile Erklärungen ohne erkennbaren Wert ab.

Aus Pflichtgefühl in die Landespolitik
Ende August gab ich Kohl in einem zweiten Gespräch die Zusage, als CDU-Landesvorsitzender und Spitzenkandidat für die Landtagswahl 1996 zu kandidieren, wenn folgende Voraussetzungen erfüllt werden können: Landes- und Fraktionsvorstand müssen einvernehmlich mitmachen, Langen und Wilhelm bekommen eine neue Aufgabe, Christoph Böhr soll den Fraktionsvorsitz übernehmen, was keine Tandemlösung bedeutet. Diese war gerade das zweite Mal gescheitert. Meine Zusage erfolgte widerwillig. Ich verließ ungern die Bundespolitik. Die Landespolitik hatte mich nie gereizt. Dann schon eher das Amt des Oberbürgermeisters in Mainz. Im Gegensatz zu manch anderen wusste ich aber, dass ich mit der Spitzenkandidatur für die Landtagswahl 1996 als Oberbürgermeisterkandidat im Jahre 1997 ausschied. Denn ich konnte kein Wanderpokal sein. Erst Bund, dann Land, dann Stadt, das war nicht mein Leben. Wenn ich trotzdem für die Landespolitik bereit war, dann aus zwei Gründen: Die Landespartei war erstens drauf und dran, den Bach hinunterzugehen. Zweitens konnte ich aus Dankbarkeit gegenüber meiner Partei, die mich über meine schwere Krankheit hinweg anständig behandelt hatte, diese jetzt nicht im Stich lassen.

Mit Kohl hatte ich vereinbart, dass Langen auf Platz 1 der Landesliste für das Europaparlament und Wilhelm in meinem Wahlkreis, abgesichert durch die Landesliste, für den Bundestag kandidieren sollten. Mir war natürlich klar, dass dies für mich Verzicht bedeuten würde. Ich gab nicht nur meine Position als Stellvertretender Fraktionsvorsitzender im Bundestag und damit wichtige Einflussmöglichkeiten auf, ich würde von 1994 bis 1996 eine Art außerparlamentarische Opposition sein, auch ohne die bisherigen Einkünfte. Die ganz Cleveren hielten so viel Uneigennützigkeit für etwas blöde und naiv. Ich fand mich dagegen gut, während meine Frau bis heute meint, eigentlich hätte ich nie Ministerpräsident werden wollen.

Am 31. August 1993 veröffentlichte Evelyn Roll in der Süddeutschen Zeitung unter der Überschrift *„Im Stammland Kohls treibt die CDU im Chaos"* einen Artikel, der das Problem auf diesen Nenner brachte: Selbst mit einer Einigung Wilhelm-Langen wäre der CDU in Rheinland-Pfalz sowieso nicht mehr zu helfen. Kurz danach sickerte über die Presse durch, dass eine Findungskommission der Landes-CDU bis zum 1. Oktober nach Abstimmung mit Helmut Kohl eine Lösung der umstrittenen Führungsfrage vorlegen solle. Dieser Kommission sollten, so von mir mit Kohl auch abgesprochen, CDU-Landesvorsitzender Langen, dessen Stellvertreter Maria Böhmer und Christoph Böhr, Landesschatzmeister Rüdiger Sterzenbach, CDU-Fraktionsvorsitzender Hans-Otto Wilhelm, die drei CDU-Bezirksvorsitzenden Dr. Theo Zwanziger, Dr. Georg Gölter und Peter Rauen sowie ich als CDU-Landesgruppenchef in Bonn angehören. Diese Gruppe tagte zwei Mal mit Helmut Kohl in der Vorderpfalz und schnürte nach endlosen Debatten das Konzept, das dieser mit mir bereits Ende August in Bonn fixiert hatte. Kohl ging mit dem Führungspersonal der Landes-CDU um wie die kluge Ehefrau, die ständig lautlos den Ehemann führt und ihm nicht einmal die Chance gibt, dieses zu bemerken.

Am 17. September titelte die AZ Mainz: *„Rheinland-Pfalz: Die CDU im freien Fall"*. Am 22. September erklärte ich nach der Bekanntgabe der Einigung der Findungskommission mit Helmut Kohl:

„Es gibt Aufgaben, die strebt man an. Und es gibt Aufgaben, die nehmen einen in Beschlag. Das, was auf mich zukommt, bewegt sich in der zweiten Kategorie. ... Der Zustand der CDU als maßgeblicher Oppositionspartei ist ungenügend. Durch Verluste der Union darf nicht Platz gemacht werden für neue und radikale Parteien. Dass die Union aus der Talsohle herauskommt, liegt im Interesse aller Demokraten. Diese Überlegung hat mich bewogen, von der

Bundes- in die Landespolitik zu wechseln. Weder wurde ich von Helmut Kohl vergattert, noch gegen meinen Willen in die Pflicht genommen. Nach der notwendigen Vorklärung einiger Fragen habe ich mich selbst in die Pflicht genommen."

Die Nachricht über das neue Personal-Konzept wurde in der Presse, ob in Rheinland-Pfalz oder bundesweit, durchweg positiv aufgenommen. In zahllosen Portraits, in denen ich als „Dampfwalze" oder als „Bulldozer" bezeichnet wurde, wurde gerade meine Durchsetzungsfähigkeit als Erfolgsgarantie in der rheinland-pfälzischen Schlangengrube herausgestellt. Also eigentlich musste ich zufrieden sein. Und doch ärgerten mich zwei Dinge: Ich war jetzt 21 Jahre im Deutschen Bundestag und immer wieder mit Helmut Kohl zusammengerasselt: Einst bei der Verjährung von Mord bis jüngst zur Frage eines Militäreinsatzes auf dem Balkan. Und doch taten manche so, als sei ich ein Befehlsempfänger von Helmut Kohl. Dieser wusste genau, dass ich allenfalls überzeugt aber nicht überredet werden konnte. Kohl hat dies nach anfänglichen Problemen mit mir auch akzeptiert. Das Zweite, was mich störte, dass die Presse regelmäßig den Egoismus der Politiker kritisierte, aber einem Typen wie mir nicht abnehmen wollte, dass ich das Bessere ausschlug, weil die Not mich an einen anderen Platz rief. Mich hat keinerlei Ehrgeiz in die Landespolitik verschlagen, sondern ganz einfach und altmodisch das Pflichtgefühl. Meine Freude hielt sich in Grenzen, aber ich konnte mit ruhigem Gewissen schlafen.

Mitte November 1993 lag die CDU inzwischen 17 Prozent hinter der SPD im Land zurück: 29 Prozent zu 46 Prozent! Am 11. Dezember 1993 wählte mich der CDU-Landesparteitag in Trier in geheimer Wahl mit 96 Prozent der Stimmen zum neuen Landesvorsitzenden. Zum Spitzenkandidaten für die Landtagswahl 1996 bestimmten mich die Delegierten in offener Abstimmung einstimmig.

Eine mir lieb gewordene Tradition musste ich jetzt leider einschränken: Nach gut 2000 Sprechstunden, 11 bis 12 pro Monat im Wahlkreis, konnte ich als CDU-Landesvorsitzender nur noch die wöchentliche Doppelsprechstunde in Mainz beibehalten. In 21 Jahren, von 1972 bis 1993, hatten rund 25.000 Bürgerinnen und Bürger bei mir um Rat und Hilfe nachgesucht.

7. Verlieren heißt gewinnen (1993 – 1997)

Aufräumen in der Landespartei: die CDU schöpft wieder Mut

Bereits drei Tage nach dem Landesparteitag hat sich der neue Landesvorstand konstituiert. Von den neunzehn gewählten Vorstandsmitgliedern waren zehn, das heißt über die Hälfte, neu im Vorstand.

Noch vor meiner Wahl hatte mir der damalige Landesgeschäftsführer Heinz Hesping gestanden, dass seit 1991 jeder Haushalt der Landespartei überschuldet war. Darüber hinaus erfuhr ich erst jetzt, dass noch weitere Altschulden aus dem Landtagswahlkampf 1991 abzutragen waren. Die Partei hatte nicht nur politisch, sie hatte auch finanziell abgewirtschaftet. Und das vor drei Wahlen im Jahre 1994: Den Kommunal- und Europawahlen sowie den Bundestagswahlen. Zusammen mit dem neuen Landesschatzmeister Dr. Stephan Kern holten wir sofort Mitglieder des Wirtschaftsrates der CDU zusammen, schilderten die Lage und sammelten noch im Dezember in einer Sonderaktion Spenden in sechsstelliger Höhe. Darüber hinaus musste ich zwei Referenten der Landesgeschäftsstelle erklären, dass wir aus finanziellen Gründen auf ihre Mitarbeit verzichten müssen. Ein toller Start mit Kündigungen. Aber was sollte ich machen? Für das Wahljahr 1994 war ein rigoroser Sparkurs angesagt. Die laufenden Kosten mussten um 20 Prozent gekürzt, die Spendeneinnahmen sollten vervielfacht werden. Um das Ergebnis vorweg zu nehmen: Nach zwei harten Spar- und Sammeljahren war der Haushalt ausgeglichen. Bei meinem Weggang aus der Landespolitik waren alle Schulden getilgt und eine kleine Rücklage gebildet. Dank Stephan Kern und dem ein Jahr später berufenen Generalsekretär.

In der ersten Landesvorstandssitzung legte ich ein Arbeitsprogramm vor, das aus drei Punkten bestand:

– Die Partei musste inhaltlich, programmatisch neu aufgestellt werden.
– Sie musste personell erneuert, das heißt jünger und weiblicher werden.
– Die dahindümpelnde SPD/FDP-Landesregierung musste gestellt werden.

Dabei machte ich mir über die Schwierigkeit der Arbeit keinerlei Illusionen. Es gab Mandatsträger, die den Satz von Franz-Josef Strauß „Mit Programmen gewinnt man keine Wahl" voll verinnerlicht hatten. Nach den Personalquerelen der letzten fünf Jahre bestand ich auf einer inhaltlichen Neubesinnung. Das gefiel nicht jedem. Die CDU Rheinland-Pfalz brauchte mehr Kandidatinnen und eine Verjüngung. Das sah manch alter Platzhirsch als Kampfansage an. Die SPD/FDP-Landesregierung konnte frei schalten und walten, da die Union mit ihren eigenen Querelen voll beschäftigt war. Daher war Angriff total angesagt, auch um die eigenen Reihen wieder zu schließen. Das war manchem feinen Mann nicht recht.

Laut Infas lag die SPD im März 1994 mit 48 Prozent Zustimmung immer noch volle 17 Prozent vor der CDU mit 31 Prozent. Wie sollte dieser gigantische Vorsprung in nur zwei Jahren bis zu den Landtagswahlen aufgeholt werden und das mit einer CDU, die einen Landtagswahlkampf aus der Oppositionsrolle heraus überhaupt nicht gewohnt war? Ich war Optimist und entschlossen, die Landesregierung kräftig aufzumischen und der eigenen Partei wieder mehr Kampfkraft und Kampagnefähigkeit zu vermitteln.

Dabei stand ein neues Problem ins Haus. Die CDU hatte in den sechzehn rheinland-pfälzischen Bundestagswahlkreisen bereits ihre Direktkandidaten aufgestellt, fünfzehn Männer und mit Maria Böhmer die einzige Frau. Jetzt war die Landesliste für die Zweitstimmen aufzustellen. Traditionell wollten alle oder zumindest alle wackeligen Direktkandidaten vor Kandidaten ohne Wahlkreise auf die Landesliste. Hätte ich das zugelassen, hätte dem nächsten Bundestag mit Maria Böhmer nur eine CDU-Frau aus Rheinland-Pfalz angehört und die Presse wäre über den CDU-Erneuerer Gerster hergefallen. Diese erste Bewährungsprobe gegen die Interessen aller Wahlkreise nahm ich an. Eine prominente Frau musste ohne Wahlkreis auf der Landesliste aussichtsreich platziert werden. Meine Wahl fiel auf die

Präsidentin des Bundes der Steuerzahler, die in Köln lebende Dr. Susanne Tiemann. Teile der Partei knurrten, der Aufstellungsparteitag folgte mir, wie zuvor auch der Landesvorstand und die Presse belobigte diesen Coup, der zugleich als Führungsstärke interpretiert wurde.

Mit dem von Sozialminister Ulrich Galle empfohlenen Sex Heft für Jugendliche „Let's Talk about Sex" lieferte uns die Landesregierung einen willkommenen Anlass, die mit dieser Broschüre demonstrierte Verrohung menschlicher Beziehungen zu brandmarken. Mit Flugblattaktionen gingen wir landesweit gegen das Heft und die Landesregierung vor. Der Bischof von Mainz und viele andere wichtige Leute schlossen sich unseren Protesten an, bis das Heft nach monatelangen Diskussionen aus dem Verkehr gezogen wurde. Für mich war diese Aktion ein Beweis, dass die öffentliche Meinung gegen die Landesregierung mobilisierbar und die CDU wieder kampagnefähig geworden war.

Für den CDU-Bundesparteitag Ende Februar hatten zwei Kommissionen des Landesvorstandes Anträge für das neue CDU-Grundsatzprogramm erarbeitet und zwar zum Leitbild der Freiheit und zur inneren Sicherheit. Beide Papiere wurden vom Landesvorstand, von den rheinland-pfälzischen Delegierten und mit kleinen Ergänzungen vom Bundesparteitag beschlossen. Der CDU-Landesverband wurde auf Bundesebene wieder einmal programmatisch und nicht mit Personalquerelen wahrgenommen. Dennoch brachte der Parteitag keinen richtigen Dampf in die Union. Dafür sorgte CDU-Generalsekretär Peter Hintze. Die Zeitungen zitierten mich mit der Aussage: *„Der Unterschied zwischen Heiner Geißler und Peter Hintze: Geißler war General, Hintze ist Sekretär."*
Nachdem Hans-Otto Wilhelm auf dem Aufstellungsparteitag, wie versprochen, hinter Kohl und Geißler auf Platz drei der Landesliste für die Bundestagswahl gewählt war, trat er als Fraktionsvorsitzender im Landtag zurück, Christoph Böhr wurde als sein Nachfolger gewählt. Damit war der letzte Schritt des vereinbarten Führungskonzeptes vollzogen. *„Seit Gersters Amtsantritt schöpft die CDU wieder Mut"*, titelte nicht nur die Kölnische Rundschau. Dabei verging

keine Woche, in welcher von uns kein neues Programm beschlossen und verkündet wurde. Ein Kommunalwahlprogramm, ein Programm zur inneren Sicherheit, zur Verwaltungs- und Strukturreform, ein Abfallentsorgungskonzept, ein Wirtschaftsprogramm, ein Deregulierungsprogramm usw. usw. Es war erfreulich, dass sich immer wieder Parteifreunde und Nahestehende zur programmatischen Mitarbeit anboten. Die Menschen spürten, dass die CDU Rheinland-Pfalz zu neuem Leben erwachte und viele wollten dabei sein. Scharpings Spagat zwischen Ministerpräsident und Kanzlerträumen führten dagegen zu einer Erstarrung der Landesregierung. Für Scharping hatte ich nur Spott übrig: „Der Scharping läuft doch herum wie ein Gründungsvater der SPD."

Meine Noch-Mandats-Zeit in Bonn nutzte ich für zwei Hauptzwecke: Als innenpolitischer Sprecher der CDU/CSU-Bundestagsfraktion äußerte ich mich zu allen relevanten innenpolitischen Fragen. Ich war regelmäßiger Gast der damals aufkommenden Fernseh-Talkshows wie „Talk im Turm" mit Erich Böhme. Für meinen Wahlkreis und für Rheinland-Pfalz kämpfte ich ungebremst auf Bonner Ebene. Ein kleines Beispiel: Für die St. Stephan-Kirche in Mainz hatte ich neben Mitteln für die Chagall-Fenster bis Mai 1994 insgesamt zwei Millionen Mark vom Bund losgeeist. Leider konnte bis heute mein Traum, im Mittelschiff das alte Netzgewölbe wieder herzustellen, nicht Wirklichkeit werden.

Die Absicht, die Arbeit bis zur Landtagswahl 1996 weiter steigern zu müssen, zwangen mich, bundesweites Engagement Schritt für Schritt aufzugeben: Bei der elften Bundesversammlung der THW-Helfervereinigung kandidierte ich nicht mehr zum Präsidenten, schlug meinen Bundestagskollegen Dr. Klaus-Dieter Uelhoff als Nachfolger vor und schied nach vierzehn Jahren, allerdings als neu gewählter Ehrenpräsident, aus dem Präsidium aus. Das THW ist mir bis heute ans Herz gewachsen und umgekehrt ist mir das THW bis heute eng verbunden. Gerade verlieh mir dessen Präsident Albrecht Brömme eine neu geschaffene Ehrenmedaille.

Wieder auf Augenhöhe mit der SPD

Dabei standen wir bereits voll im Kommunal- und Europawahl-kampf. Die SPD war sicher, wieder stärkste Partei zu werden und bezeichnete mich als größenwahnsinnig, als ich den gleichen Anspruch für die CDU erhob. Gleichzeitig starteten wir eine Aufklärungskampagne „Anspruch und Wirklichkeit" über die Fehlleistungen der Scharping-Regierung. Die Liste war lang, unsere Mitglieder verteilten sie lustvoll im ganzen Land, ihnen gefiel das Bild einer „Landesregierung als Stillstandsregierung auf Talfahrt".

Der 13. Juni 1994 wurde zum Überraschungstag für viele. Bei der Europawahl erreichte die CDU des Landes 40,7 Prozent und die SPD nur 38,2 Prozent. Für mich war genau so wichtig: Seit 1979 hatte die CDU bei jeder Europawahl gegenüber der Vorwahl verloren. Erstmals hatten wir diesen Abwärtstrend gestoppt und gegenüber der Vorwahl wieder zugenommen. Bei den Kommunalwahlen gewannen wir landesweit 1,9 Prozent hinzu und kamen auf 39,4 Prozent. Die SPD verlor 4,0 Prozent und kam auf 38,5 Prozent. Wir waren in beiden Wahlen stärkste Partei geworden. Reinhard Küchler bescheinigte in der AZ Mainz vom 16.6.1994 der SPD eine Schlappe und fuhr fort:

„Auch wenn die nächste Landtagswahl erst in mehr als 20 Monaten statt-finden wird, so ist schon jetzt klar, dass im Land jetzt spannende Zeiten bevorstehen. Denn die CDU hat sich von ihrem Tief im Jahr 1991 offenbar schneller erholt, als dies bisher vermutet worden war. Der neue Landesvor-sitzende Gerster hat es innerhalb kurzer Zeit geschafft, seiner Partei einen spürbaren Motivationsschub zu geben. Er kann künftig aus einer Position der Stärke heraus agieren: Der Trend in Richtung 30 Prozentmarke ist gestoppt, jetzt wird es um mehr als 40 Prozent geben. Gerster ist der Gewinner der beiden Wahlen (...)."

Ich stimmte Küchler durchaus fröhlich zu, war aber skeptischer, was die Zukunft anging. Die SPD würde spätestens nach dem Wechsel Scharpings in die Bundespolitik aus dem Tiefschlaf erwachen und mindestens einen Koalitionspartner, entweder die FDP oder die Grünen, finden, während wir bisher keinen Partner auf-tun konnten. Die nächste landespolitische Infas-Umfrage bestätigte mich. Zwar kam die CDU auf 38 %, aber die SPD wieder auf 44 %. Meine Kampfeslust schmälerte das nicht.

Besonders peinlich für den künftigen Ministerpräsidenten Kurt Beck, damals noch Bürgermeister von Steinfeld, verlief die Wahl in seinem Dorf. Mit zwei Stimmen hatte die SPD-Bürgermeisterkandidatin gegen den CDU-Konkurrenten gewonnen. In den Wahlurnen waren 513 Stimmzettel gefunden worden, obwohl nur 509 ausgegeben worden waren. Ausgerechnet in Becks Dorf war die Nachfolgewahl gefälscht worden.

Die Kommunalwahl wirkte sich dauerhaft auf meine Familie aus. Meine Frau Regina hatte erstmals für den Mainzer Stadtrat kandidiert und war mit einem fulminanten Personenstimmen-Ergebnis nach vorn auf Platz 5 gewählt worden. Mit einem vergleichbaren Erfolg landete sie bei der Ortsbeiratswahl sogar auf Platz 1. Der Ortsbeirat wählte sie anschließend zur Ortsvorsteherin Mainz-Altstadt und die Mainzer nannten sie fortan die „Altstadtbürschermeisterin".

Am 1. Juli 1994 flog ich nach der Amtseinführung von Bundespräsident Roman Herzog mit dem Staatsminister im Kanzleramt Bernd Schmidbauer und FDP Bundestagskollegen Hirsch nach Teheran.

Im Gepäck hatten wir den Fall Helmut Szimkus, eines im Iran wegen angeblicher Spionage zum Tode verurteilten deutschen Ingenieurs. Offenbar erregte unsere Ankunft so große Besorgnis bei den iranischen Machthabern, dass Szimkus in dem Moment, als wir in Teheran landeten, nach Deutschland ausgeflogen wurde. Daraufhin sprach ich auf Bitten meiner israelischen Freunde den Fall Ron Arad an. Dieser israelische Kampffliegerpilot war über dem Libanon abgeschossen worden, hatte aber überlebt und die Israelis glaubten, dass er von der Hisbollah in den Iran verschleppt worden sei. Leider blieben meine Bemühungen um Ron Arad damals wie auch bei späteren Versuchen bis heute erfolglos.

Aus Teheran zurück starteten wir eine Kampagne gegen das von der SPD/FDP-Koalition gerade beschlossene Transplantationsgesetz. Danach sollte die Widerspruchsregelung gelten. Wer nicht widersprochen hatte oder widersprechen konnte, dem sollte nach dem Tode die Organe entnommen werden können. Auch die CDU Rheinland-Pfalz wollte mehr Transplantationen zur Heilung und

Rettung von Menschenleben ermöglichen, dies aber nur, wenn der Spender dies ausdrücklich genehmigt hatte. Das erforderte der Respekt gegenüber dem Menschen, das forderte der Schutz der Würde des Menschen. Wir forderten den Ministerpräsidenten auf, das verabschiedete Gesetz nicht zu unterschreiben. Scharping unterschrieb und wir starteten eine landesweite Kampagne mit der Kernthese: „Es kann keinen Anspruch des Staates auf den Körper eines Toten geben. Das Selbstbestimmungsrecht des Einzelnen gilt über den Tod hinaus." Das Landesgesetz war zutiefst menschenverachtend und unmoralisch. Auch öffnete es Tür und Tor für den Organhandel. Mit unserer Kampagne gewannen wir von Tag zu Tag mehr Zustimmung. Die Landesregierung und der SPD-Fraktionsvorsitzende Beck gerieten ins Trudeln und verfingen sich in Widersprüchen, bis sie nach einem Monat erklärten, das Gesetz werde bis zum 30. April 1995 ausgesetzt. Auch dieser Ausstieg war eher eine Lachnummer, denn verfassungsrechtlich gibt es kein „Gesetz auf dem Schwebebalken" (AZ v. 4.8.1994). Mit einem Gutachten des früheren Justizministers Heribert Bickel belegten wir die Verfassungswidrigkeit des Gesetzes. SPD und FDP wurden dadurch genötigt, im Landtag der Aufhebung des Gesetzes zuzustimmen. Wieder einmal hatten wir bewiesen, dass die Opposition zumindest in Einzelfällen eine Richtungsänderung erzwingen kann.

Auf einer Landeskonferenz am 13. August in Bad Kreuznach beschlossen wir unsere Linie für den Bundestagswahlkampf unter dem Motto „Über eine Million Gespräche mit den Bürgern statt Materialschlacht". Die noch andauernde Sanierung unseres Parteihaushaltes zwang uns, die Ausgaben der Landespartei auf 30 Prozent der Kosten des letzten Bundestagswahlkampfes zu drücken. Dennoch lautete unser Ziel, auf über 40 Prozent zu kommen und die Regierungspartei SPD in die 30er Zone zu drücken. Nur fünf Tage später legten wir unser Wirtschaftsprogramm „Starke Wirtschaft – Sichere Arbeitsplätze – Gute Zukunft" vor. Unser Ziel: Rheinland-Pfalz muss wieder erstklassig werden.

Vom 21. bis 26. August flog ich zusammen mit 40 THW-Helfern in

Eine Million Flüchtlinge aus Ruanda im Flüchtlingslager Goma/Zaire (an der Grenze zu Ruanda). Mit Trinkwasser wurden sie durch das THW versorgt.

das vom Bürgerkrieg immer noch erschütterte Partnerland Ruanda. Ich war der erste deutsche Politiker, der sich seit Ausbruch des Bürgerkrieges dorthin wagte. Wir lebten am Rande von 1,4 Millionen Flüchtlingen in THW-Zelten. Ziel dieser Reise war es, dieses arme, geschundene Land mehr in den Mittelpunkt des öffentlichen Interesses zu rücken und Hilfen des Bundes, des Landes und privater Organisationen anzukurbeln. Ich selbst hatte zum ersten und zum letzten Mal einen Geldkoffer dabei. In der Hauptstadt Kigali übergab ich ihn katholischen Schwestern, für die der frühere Staatssekretär Konrad Mohr mit Freunden 200.000 Dollar gesammelt hatte. Jedenfalls nahm ich die Dankbarkeit der Nonnen entgegen, die auf Bargeld angewiesen waren, da Ruanda damals vom internationalen Geldverkehr abgeschnitten war. Dabei bemerkte ich, dass ich für Geldtransporte dieser Art nicht geeignet war. Was hatte ich „Schiss", das Geld beim Zoll, im THW-Zelt oder auf dem abenteuerlichen Weg durch das Bürgerkriegsgelände zu verlieren. Nie mehr, war meine Devise!

Von Gorbatschow bis Kohl

Einen sozialen Zweck verfolgte auch meine Einladung von rheinhessischen Wirtschaftsvertretern am 9. September nach Schloss Waldthausen bei Mainz. Star der Veranstaltung war der ehemalige Präsident der UdSSR Michail Gorbatschow mit seiner Ehefrau Raissa. Der Mainzer Domchor mit Domkapellmeister Breitschaft hatte die Gäste bestens eingestimmt, der Mainzer Juwelier Richard Wagner hatte als Geschenk eine wunderbare Erdkugel aus Bergkristall gefertigt und alle Wirtschaftsvertreter waren ebenso wie die Gorbatschows über diesen sehr menschlichen Empfang nach Määnzer Art begeistert. 60.000 DM kamen für die Mischka-Kinderhilfe, für die Kinder von Tchernobyl, dabei heraus. Am Abend erlebten wir an der Bergstraße im kleinen Kreis und nach guten Speisen und Getränken das Ehepaar Gorbatschow in Höchstform: Wir sangen gemeinsam „Kalinka" und andere russische Volkslieder.

Am 11. September feierte die CDU Rheinland-Pfalz auf dem Platz vor der Friedrich-Ebert-Halle in Ludwigshafen ein Sommer-Festi-

9. September 1994. Empfang für Michail Gorbatschow in Schloss Waldthausen.

val mit Helmut Kohl. Über 20 000 Menschen kamen. Kohl war platt. Eine so gewaltige CDU-Veranstaltung hatte noch keiner vor uns in seiner Heimatstadt auf die Beine gestellt. Ausnahmsweise hatte ich auf meine ansonsten übliche Bemerkung gegenüber Kohl verzichtet, Ludwigshafen sei die ökonomisch wichtigste aber ansonsten hässlichste Stadt von Rheinland-Pfalz. Beflügelt von diesem Erfolg legten wir vier Tage später unsere Wahlkampfplanung einschließlich der Werbemittel und des Kostenrahmens vor. Es gab eine Reihe von Neuerungen. Bis zum 15. Oktober wollte ich mit einem umgebauten Wohnmobil alle Kreise und Städte des Landes bereisen und mit „Politik zum Anfassen" 150 Feste im Freien mit Musik, Unterhaltung, Bewirtung und Politik anbieten. Das war Stress-Programm pur, aber mit viel Freude, weil die Verbände der CDU voll mitmachten.

Dazwischen gab ich am 19. September in Bonn ein festliches Essen zu Ehren des ruandischen Staatspräsidenten Pasteur Bizimungu. Wie in Ruanda versprochen, öffnete ich ihm die Türen zu wichtigen Bonner Ministerien, die verstärkt in Ruanda helfen sollten. Allein die Lösung des Flüchtlingsproblems und der Wiederaufbau überforderten die wirtschaftlichen und finanziellen Möglichkeiten dieses armen Landes erheblich. Die Landesregierung von Rheinland-Pfalz war ungewöhnlich zurückhaltend in diesem größten Krisenjahr Ruandas. Kein Ministerpräsident, kein Minister wagte sich in diesen Zeiten nach Ruanda, es blieb bei Pflichtkontakten im sicheren Deutschland.

Inzwischen berichteten die deutschen Zeitungen über die Bundestagsabgeordneten, die nach den bevorstehenden Neuwahlen ausschieden. Ich war nach fast 22 Bundestagsjahren häufig dabei. So wärmte die Neue Ruhr Zeitung am 1. Oktober eine alte Geschichte aus dem Jahr 1975 auf: An einem heißen Sommertag arbeitete ich damals in meinem Büro, als ich durch das übliche Zeichen zu einer namentlichen Abstimmung ins Plenum gerufen wurde. Dort präsidierte Annemarie Renger. Als sie mich mit einem rasch übergeworfenen Sakko, aber ohne Krawatte in der zweiten Reihe erblickte, schickte mir die Präsidentin einen Zettel mit der Bemerkung auf den Platz: „Herr Gerster, ziehen Sie bitte eine Krawatte an!" Unterschrieben mit: Annemarie Renger. Ich schrieb zurück: „Warum? Gerster" Die Antwort der SPD-Politikerin: „Sonst kommen morgen die Jusos in der Badehose." Ich besorgte mir daraufhin sofort eine Krawatte. So war das damals im Hohen Haus: förmlich, aber doch menschlich. Heute ist das Ganze nicht mehr so förmlich, aber ist es menschlicher? Ich glaube kaum.

Mitten im Bundestagswahlkampf fanden die Sozialdemokraten endlich einen Anlass, mir kräftig vor das Schienbein zu treten. Der Aufschwung der Landes-CDU war ihnen seit den Wahlen im Juni nicht nur unangenehm sondern auch unheimlich. Den Anlass für eine besondere Attacke lieferte ich selbst. Das Bundesverfassungsgericht hatte in letzter Instanz den Ausspruch „Soldaten sind Mörder" als vom Recht der freien Meinungsäußerung gedeckt angesehen. Wer den Aufbau der Bundeswehr nach dem Zweiten Weltkrieg ohne ideologische Brille erlebt, die Philosophie der Bundeswehr als Verteidigungsarmee verinnerlicht hatte, war empört. Ich legte eine Schippe drauf und sagte, natürlich völlig unmöglich und auch unnötig, dieses Urteil sei „linker Scheißdreck". Die Sozialdemokraten, froh mich endlich packen zu können, schossen aus allen Rohren auf mich. Die Rheinpfalz titelte: *Landesweite Empörung nach Gerster-Entgleisung.*" Für mich war das Verhalten zahlreicher CDU-Mandatsträger, die sofort in Deckung oder auf Distanz zu mir gingen, noch interessanter. Manche, die seit Jahren die schlappe Oppositionsrolle der Landes-CDU kritisiert hatten, waren nun die Ersten, die mir über die Presse ein „So nicht!" zuriefen. Sie hatten ja recht, die Formulierung war unmöglich, die Kritik aber angebracht. Deshalb weigerte ich mich, von dieser Urteilsschelte auch nur ein Jota zurückzunehmen.

Wir distanzieren die SPD

Unmittelbar vor den Wahlen konnte ich im Mainzer Hof eine offizielle Delegation des israelischen Parlamentes, der Knesset, empfangen. Die sechs Abgeordneten und der Generalsekretär der Knesset wurden von meinem Freund Dan Tichon, dem Vorsitzenden der israelisch-deutschen Parlamentariergruppe angeführt. Mir ging es darum, dass nach meinem Ausscheiden aus dem Bundestag der inzwischen enge Kontakt zur Knesset weiter gepflegt werde. Deshalb hatte ich gegen den Rat meiner Mitarbeiter viel Zeit für die israelischen Freunde.

Die Bundestagswahlen am 16. Oktober 1994 brachten eine weitere Enttäuschung für die Landes-SPD und einen weiteren Aufstieg der CDU. Wir landeten mit 43,8 % deutlich vor der SPD mit 39,4 %. Bei den Erststimmen lag die CDU sogar bei 46,9 Prozent. Damit war die SPD in der dritten Wahl des Jahres zum dritten Mal nur zweiter Sieger. Unser Wahlziel 40 % plus hatten wir deutlich erreicht. Die Euphorie im Landesvorstand war fast grenzenlos. Ich sah mich veranlasst, das Wahlergebnis zu feiern und gleichzeitig wieder zu bremsen. Ich wusste, wie schwer es werden würde, nach 44 CDU-Regierungsjahren bis 1991 und nach nur fünf SPD-Regierungsjahren die SPD im Wahljahr 1996 wieder auf die Oppositionsbänke zu verweisen.

Wir standen auf Augenhöhe mit der SPD, nicht weniger aber auch nicht mehr!

Die erneute Niederlage der SPD bei den Bundestagswahlen war dem neuen Ministerpräsidenten Beck so in die Knochen gefahren, dass er seinen Regierungssprecher Walter Schumacher am 4. November verkünden ließ, ich übe mein Parteiamt auf Staatskosten aus. Dümmlicher konnte man kaum kommen. Der SPD-Landesvorsitzende Beck wurde aus dem Landeshaushalt bestens alimentiert. Ich hatte aus Gründen der Glaubwürdigkeit knapp zwei Jahre vor der Landtagswahl nicht mehr für den Bundestag kandidiert. Als eine Art außerparlamentarische Opposition hatte ich dadurch auf über 50% meiner bisherigen Einkünfte verzichtet und wurde dafür nun als „Absahner" denunziert. Die Gemütslage von Beck und seiner SPD musste nach den letzten Wahlniederlagen bei null angekommen sein, wenn sie auf so niedrigem Niveau angreifen mussten.

Dafür gab es ausreichend Gelegenheit, die Landesregierung aufgrund ihrer handwerklichen Pannen vor sich herzutreiben. Am 18. April 1994 hatte der Verfassungsgerichtshof Rheinland-Pfalz das von Kurt Beck maßgeblich bestimmte neue Personalvertretungsgesetz in allen wesentlichen Teilen für verfassungswidrig erklärt.

Das Gericht hatte Teile des neuen Gesetzes sofort außer Kraft und das alte Landespersonalvertretungsgesetz wieder eingesetzt. Damit war Rheinland-Pfalz bundesweit Schlusslicht in Sachen Arbeitnehmermitbestimmung. Wer nun gedacht hatte, der Alt-Gewerkschaftler Beck werde alles daran setzen, diese Schlappe vergessen zu machen, täuschte sich. Beck tat gar nichts. So begann meine Jagd für ein modernes, neues Gesetz am 9. November mit der Feststellung, der SPD-Chef und Mitautor Beck lasse den Bock, den er geschossen habe, jetzt im freien Gelände verwesen. Bei der nun folgenden Diskussion kam seine Eigenschaft zum Vorschein, die bis heute gleich geblieben ist: Er gibt gerne und oft den großen Reformer. Dies aber auf dem Feld, das er nicht zu beackern hat, nämlich auf der Bundesebene. Zu Hause ist er dagegen zögerlich, ja ängstlich: Lieber nichts tun, als jemandem auf die Füße treten. Viele Jahre später sollte er auch wegen dieser Schwäche als SPD-Bundesvorsitzender scheitern.

Kurz darauf schlug ich dem CDU-Landesvorstand und anschließend dem Landesparteiausschuss die Berufung eines CDU-Generalsekretärs vor. Dieses Amt war noch unter Bernhard Vogel in der Landessatzung eingeführt, bisher aber nicht besetzt worden. Mein Kandidat war Dr. Jürgen Hartmann, Staatssekretär im thüringischen Landwirtschaftsministerium. Hartmann brachte beste Erfahrungen aus Verwaltung und Politik mit. Unter Ministerpräsident Kohl war er Protokollchef der rheinland-pfälzischen Landesregierung gewesen. Danach sammelte er in der CDU-Bundesgeschäftsstelle Wahlkampf-Erfahrungen, vertrat die Konrad Adenauer Stiftung in Paris. Schließlich war er vor seiner Staatssekretärszeit stellvertretender Leiter der Zentralabteilung im Mainzer Landwirtschaftsministerium. Hartmann sollte nicht den Wadenbeißer und Lautsprecher der Landes-CDU spielen. Das passte nicht zu ihm. Das machte ich schon selbst. Ich brauchte einen souveränen Chef unserer Landesgeschäftsstelle, der dort die Geschäfte und die Kreisgeschäftsführer lenken und leiten sollte. Dafür war Hartmann die optimale Wahl. Mit seiner ruhigen, soliden und loyalen Art war er ein großer Gewinn. Er ersetzte den Landesgeschäftsführer Heinz Hesping, der als Verwaltungschef in eine Klinik in Bad Kreuznach wechselte. Landesvorstand, Landesparteiausschuss und Anfang 1995 der Landesparteitag segneten die Personalie Hartmann ab.

Am 28. November wählte mich der CDU-Bundesparteitag in das 13-köpfige Präsidium der CDU Deutschlands. Heiner Geißler hatte zu meinen Gunsten auf seinen Posten in diesem Spitzengremium verzichtet. Fortan spielte ich in einer höheren Liga als die „einfachen" Vorstandsmitglieder Biedenkopf, Vogel, Geißler, Schwarz-Schilling u.a. Man wollte mir nach meinem Verzicht auf das Bundestagsmandat und als außerparlamentarische Opposition in Mainz ein Bundesforum bieten, was ich dankend annahm.

Ministerpräsident Beck hatte gleich nach Dienstantritt auf die gescheiterten Minister Ulrich Galle, Rose Götte und Jeanette Rott verzichtet, aber keinesfalls das Personal der aufgelösten Ministerien verringert. Also herrschte großer Wirrwarr und Chaos in führungslosen, nicht richtig zugeordneten Ministerien. Dabei ließ Beck seine Genossen nicht im Stich. Frau Ministerin a. D. Rott wurde als Staatssekretärin an anderer Stelle eingesetzt. Der Gewerkschafter Galle, der in seinem eigenen Ministerium nur Unfrieden, vor allem mit seinem Personalrat, gestiftet hatte, war ein Fall für den Bürgerbeauftragten und sollte das nun selbst werden. Die FAZ zitierte mich am 28.12.94 so, „das ist, als ob man Al Capone zum Gefängniswärter machte." Heute verstehe ich besser, warum mich die Genossen damals so hassten, vielleicht auch fürchteten. Jedenfalls vermeldete die dpa am 20. Dezember, dass die CDU landesweit mit einem Umfragewert von 42 % beinahe zur SPD mit 43 % aufgeschlossen hatte, während die FDP mit 4 Prozent weiterhin unter der 5 Prozent Marke dahindümpelte.

Diese frohe Botschaft erreichte mich in Ruanda, wohin ich mit einigen ebenfalls guten Botschaften und viel gutem Willen erneut für fünf Tage gereist war. Als Verwaltungsratsvorsitzender der Deutschen Welle drängte ich darauf, dass die Welle beim Wiederaufbau des ruandischen Rundfunks helfen solle. Als Ehrenpräsident der THW-Bundeshelfervereinigung überzeugte ich mich und das Bundesinnenministerium, dass das THW weiter für sauberes Trinkwasser in Ruanda sorgen müsse. Natürlich traf ich Staatspräsident Bizimungu und zahlreiche offizielle und private Helfer wieder. Der Wiederaufbau war in Gang, unendlich viel war aber noch zu tun und zu helfen. Einen Tag vor Heiligabend kam ich zurück. Ruanda, das Elend seiner Menschen ging mir über die Feiertage nicht aus dem Kopf.

Das Jahr 1995 begann mit einem neuerlichen Rückzug der Landesregierung. Ministerpräsident Beck erklärte zur Überraschung aller, er halte an einer seit Langem geplanten eigenen Sonderabfalldeponie nicht mehr fest. Monatelang hatten wir anstelle dieses überdimensionierten Monstrums Kooperationen mit den Nachbarländern und beim Bau einer Sonderabfallverbrennungsanlage bei der BASF eingefordert. Wir waren immer wieder wie dumme Jungs abgeschmettert worden. Mit einem fröhlichen „Guten Morgen, Herr Beck!" begrüßte ich den Sinneswandel zugunsten von Rheinland-Pfalz. Nach Sexbroschüre, Transplantationsgesetz, Personalvertretungsgesetz fiel jetzt die Sonderabfalldeponie in den Orkus.

Im Februar kam es zu einem erneuten Treffen mit dem ruandischen Staatspräsidenten Bizimungu, dieses Mal in Mainz. Nach einem Gespräch mit Bundeskanzler Kohl konnte ich dem Gast mitteilten, dass der Bund für den Wiederaufbau des Landes kurzfristig 162 Millionen Mark zur Verfügung stellen werde. Diese und weitere Hilfen seien an die Erwartung geknüpft, dass die Flüchtlinge nach Ruanda zurückkehren und dort in Sicherheit leben könnten. Bizimungu sagte dies und die kurzfristige Entsendung eines Botschafters nach Bonn zu.

Ebenfalls im Februar 1995 teilte mir Bundespostminister Wolfgang Bötsch mit, dass die Deutsche Bundespost im nächsten Jahr eine Sonderbriefmarke im Wert von 1 DM zu Ehren von Carl Zuckmayer herausgeben werde. Genau zehn Jahre hatte ich um diese Briefmarke gekämpft, nun sollte sie endlich zum 100. Geburtstag Zuckmayers auf dem Markt erscheinen. Der Nackenheimer Carl Zuckmayer hatte exakt 40 Jahre vor mir an meiner Schule, am humanistischen Rabanus Maurus Gymnasium in Mainz, Abitur gemacht. Dass er nach seiner Flucht vor den Nazis, nach dem Zweiten Weltkrieg wieder Brücken nach Mainz schlug und dort die Ehrenbürgerwürde annahm, rechnete ich ihm hoch an. Seine Theaterstücke, seine Bücher, hatte ich längst verschlungen, „als wär's ein Stück von mir".

Im März holte mich meine frühere Krebsbehandlung und vor allem die Strahlentherapie in besonderem Maße wieder ein. Der Praxiskollege meiner Krebsärztin Dr. Schniep, Herr Hinterberger, gründete eine „Gesellschaft zur Förderung der ambulanten Krebstherapie" und suchte dafür als Vorsitzenden eine „Galionsfigur" und das sollte ich sein. Die neue Gesellschaft wollte die Leistungen und das hohe Niveau der Kliniken nicht in Zweifel ziehen, aber auf die wachsenden Möglichkeiten der ambulanten Behandlung und Betreuung Krebskranker hinweisen. Wer gerade eine Krebserkrankung überwunden hatte und sich dabei erfolgreich gegen eine stationäre Unterbringung gewehrt hatte, konnte ein derartiges Ansinnen nicht abwehren. Ich wurde Vorsitzender, hatte einen neuen Posten und war froh, vielleicht ein klein wenig Dankbarkeit über meine Heilung an andere weitergeben zu können.

Mit den Grünen hatte ich zwei Gespräche geführt, um auszuloten, ob es auf einzelnen Gebieten eine Zusammenarbeit geben könne, zunächst in der Opposition, vielleicht später in einer Regierung. Herauskam eine gemeinsame Erklärung, das Landtagspräsidium mit damals vier Vizepräsidenten auf zwei Vizepräsidenten zu verkleinern. SPD und FDP reagierten hektisch. Darüber hinaus erbrachten diese Gespräche keinerlei Perspektiven für eine halbwegs seriöse Sachpolitik. Die Grünen gebärdeten sich fundamentalistisch und kompromissunfähig. Dass sie politische Spielregeln nicht beachteten, bewies ihr Landesvorsitzender, der die vereinbarte Vertraulichkeit unserer Treffen brach, diese an die große Glocke hängte und anschließend behauptete, wir liefen den Grünen nach. Mit solchen Leuten war keine gemeinsame Politik zu machen.

Die CDU wird jünger und weiblicher
Viel mehr beschäftigte mich die Kandidatenaufstellung für die Landtagswahl 1996. Ich hatte immer wieder gefordert, die Erneuerung der Partei in programmatischer und personeller Hinsicht mutig anzugehen. Sachpolitisch hatten wir der Landesregierung auf vielen Feldern den Schneid abgekauft, jetzt ging es um Besitzstände und

Karriereplanungen. Nach schlechten Erfahrungen bei der Aufstellung der Bundestagskandidaten, stellte sich mir die Frage: Lässt du die Nominierung in den Landtagswahlkreisen laufen, dann wird die bereits jetzt betagte Landtagsfraktion in der nächsten Wahlperiode noch älter aussehen und noch weniger Frauen aufweisen. Oder legst du dich mit der halben Partei an und drängst auf jüngere Kandidatinnen und Kandidaten?

Ich entschied mich für die zweite Alternative, wirkte in die Parteibasis hinein und wusste zweierlei: Dass sich die Zahl meiner innerparteilichen Gegner schlagartig erhöhen werde und dass ich nach dem Wahltag einige Rechnungen vorgelegt bekommen würde. Dies nahm ich in Kauf. Sollte ich Ministerpräsident werden, würde ich diesen Sturm aushalten. Sollte ich Oppositionsführer werden, würde dies nur kurze Zeit andauern. Ich war mir sicher, dass nach erfüllten Bonner Jahren die Oppositionsrolle im Landtag mich nicht ausfüllen konnte. Also kämpfte ich an allen Fronten der Partei frei und locker für mehr Jugend und für mehr Frauen.

Am 21. April brachte die Bild-Zeitung unter der Überschrift „*Ich habe den Tod besiegt*" einen großen Bericht über meine Krebserkrankung und mein neues Leben in der Landespolitik. Abgesehen vom Schwachsinn dieser Überschrift, denn welcher Mensch hat schon den Tod besiegt, bot es den Propagandisten in der Staatskanzlei Anlass, Spekulationen über den Gesundheitszustand des Spitzenkandidaten Gerster zu streuen. Ich fühlte mich wohl mit einer kleinen, aber beherrschbaren Malaise. Meine Bestrahlungen hatten meine Speicheldrüsen lädiert. Deshalb drohte bei meinen ständigen Reden landauf, landab immer wieder Heiserkeit. Dem leistete ich mit einem Bonbon in der Wange und viel Wasser Abhilfe. Erst Jahre später waren die Speicheldrüsen wieder hundert Prozent funktionsfähig.

Der Juni brachte wieder Stimmung in das Mainzer Regierungsviertel. Nachdem eine Enquetekommission eine Verfassungsreform angeregt hatte, witterten Beck und Genossen nun die große Chance, zum Ende der Wahlperiode, in der es fast nur Pleiten, Pech und Pannen gegeben hatte, mit einer Reform der Landesverfassung neuen Glanz zu gewinnen. Da Verfassungsänderungen eine Zwei-Drittel-Mehrheit und damit die Zustimmung der CDU erforderten und die CDU-Vertreter in der Enquete-Kommission den gemeinsam erarbeiteten Änderungsvorschlägen zugestimmt hatten, sah der Ministerpräsident die Union im Schwitzkasten seiner eigenen Pläne. Er sollte sich täuschen. Ich hatte mir am Wochenende Zeit genommen, die Pläne zu studieren. Was als große Reform angekündigt war, war allenfalls ein Reförmchen. Mehr Schein als Sein. Also brachte ich Landesvorstand und Landtagsfraktion dazu, die Zustimmung der CDU an eine populäre Forderung zu knüpfen: Die CDU stimmt den Verfassungsänderungen nur zu, wenn der Landtag für die übernächste Periode von 101 auf 75 Sitze verkleinert wird. Die früheren CDU-Mitglieder in der Enquete-Kommission mussten jetzt Hohn und Spott der anderen Parteien aushalten, denn niemand hatte die Landtagsverkleinerung in der Enquetekommission gefordert. Jedenfalls brach ein Sturm der Entrüstung aus. Weder SPD noch FDP noch Grüne waren zu einer Verkleinerung des Parlamentes bereit. Wochenlang wurden wir beschimpft, hielten aber Kurs und das Verfassungsreförmchen erlitt eine Beerdigung erster Klasse.

Anfang Juli stellten CDU-Generalsekretär Hartmann und ich die Ergebnisse der Aufstellungrunden für die Landtagswahlen vor. Der Landtagsfraktion gehörten acht Frauen an, künftig konnten wir mit dreizehn Frauen rechnen. Der Altersdurchschnitt der Landtagsfraktion betrug 53 Jahre, der der nächsten Fraktion würde bei 44 Jahre liegen. Von den aussichtsreichen Kandidaten war die Jüngste 23 Jahre und der Älteste 57 Jahre alt. Keine andere Partei, schon gar nicht die SPD, hatte eine vergleichbare Erneuerungsaktion bestanden, ja nicht einmal versucht. Danach flog ich auf Anregung des EU-Administrators Hans Koschnik wieder in das bürgerkriegsgeschüttelte Mostar. Der Wiederaufbau war in vollem Gange. Es gab Abstimmungsprobleme zwischen dem Bundesinnenministerium, der THW-Leitung, der EU und der vor Ort eingesetzten THW-Gruppe über den weiteren Einsatz der deutschen Katastrophenschützer. Hans Koschnik sollte sich auf mich verlassen können. Im Bundesinnenministerium wurde der Einsatz des THW zufriedenstellend gelöst, die deutsche Hilfe ausgebaut.

Vom Balkan zurück, wartete die Rhein-Zeitung auf Seite 1 mit der Balkenüberschrift auf „*SPD / FDP-Koalition ohne Mehrheit*". Mich beeindruckte diese SWF-Umfrage, bei der die FDP immer noch bei 5 Prozent herumdümpelte, überhaupt nicht. Von der Chefin des Institutes für Demoskopie Allensbach, Dr. Renate Köcher, die mich beriet, wusste ich, dass wir bei den Erststimmen gleichauf mit der SPD deutlich über 40 Prozent, aber bei den Zweitstimmen 5 Prozent zurücklagen. Der Zweitstimmenklau der FDP zeigte schon Wirkung. Auf einer Klausurtagung einigten wir uns auf das Wahlziel 45 Prozent für die CDU. Wir mussten so stark werden, damit niemand an uns vorbei eine Regierung bilden konnte. Dazu verkündete ich fröhlich: „Die Landesregierung ist nach vier Jahren so schlapp wie wir dies 1991 nach 44 Jahren waren."

Am 15. September verabschiedete der Landesvorstand den Entwurf unseres Regierungsprogrammes 1996-2001. Dieser Entwurf wurde an alle Gliederungen der Partei, an alle Amts- und Mandatsträger der CDU, an alle relevanten Verbände, Organisationen und Institutionen im Lande verschickt. Jeder war eingeladen, auf 1000 Veranstaltungen im Lande mitzureden und Vorschläge zu machen. Am 1./2. Dezember sollte der Landesparteitag in Bad Dürkheim dann das Programm verabschieden.

Vorher feierten wir aber 50 Jahre CDU Rheinland-Pfalz in Mainz. Wir begannen am Samstag, dem 30. September um 13 Uhr im Mainzer Dom mit einem ökumenischen Fest-Gottesdienst, den der Mainzer Bischof Karl Lehmann und der Pfälzer Kirchenpräsident Werner Schramm sowie der Mainzer Domchor gestalteten. Nach dem Gottesdienst beglückwünschte mich der pfälzische Kirchenpräsident zu diesem stilvollen Gottesdienst und erwähnte auch die Ausdruckskraft der einzigen Frau im Altarraum, der Lektorin. Ich stimmte ihm zu. Denn diese Lektorin der Mainzer Domkirche war meine Frau. Um 15 Uhr folgte in der Mainzer Rheingoldhalle der Festakt mit Bundeskanzler Helmut Kohl. Die musikalische Gestaltung hatte das hervorragende Jugendorchester Enkirch übernommen. Auf der Rathausplattform präsentierten sich 21 Kreisverbände mit Speisen und Getränken. 50 Busse waren aus allen Landesteilen angereist, über 6 000 Besucher füllten den Dom, die Rheingoldhalle und das Gelände um beide Veranstaltungsorte. Die in den letzten Jahren gebeutelte CDU des Landes vermittelte ein Stück Glanz vergangener Jahre und viel Kraft zur Bewältigung der Zukunft. Kohl

sagte zu mir: „Wenn du so weitermachst, gewinnst du die Wahl."
Kurz danach wurde das Buch „Johannes Gerster. Ein Portrait von
Wolfgang Wiedemeyer" vom DW-Intendanten Dieter Weirich vorgestellt. Es erschien in einer Auflage von 50 000 Exemplaren und
war nach dem Wahlkampf fast vergriffen. In der FAZ wurde das
Buch von Eckhard Kauntz unter der sonderbaren Überschrift „Har-
moniehangloser Dampfplattwalzer" zum Anlass genommen, weniger
über die Buchbeiträge von politischen Freunden und Gegnern, son-
dern über alte Kamellen zu berichten, so über die längst widerlegte
Behauptung, Kohl habe mich von Bonn aus nach Mainz abkommandiert. Im Zentrum der Besprechung wird „die Neigung des Johannes
Gerster zu derber Ausdrucksweise und forschen Angriffen bei gleichzeitigem
Mangel an taktischer Finesse" herausgehoben. (FAZ v. 5. 10. 1995).
Am 9. Oktober eröffneten wir in der Landesgeschäftsstelle ein
Bürgerbüro, das wir mit einem alten Freund von mir, Staatssekretär
a. D. Heinz Benner besetzten. Er war die ganze Woche ansprech-
bar und ließ manches Landeskind den offiziellen Bürgerbeauftragten Galle vergessen. Mit ihm, dem Generalsekretär Hartmann,
dem Pressesprecher Manfred Beeres, den Referenten Johannes Lay
und Norbert Eschborn sowie Thomas Feser hatte ich eine kleine,
aber feine Mannschaft zusammen, die weit über das übliche Maß
für die CDU des Landes arbeitete. Auch sie hätten wenig bewirken
können, wenn nicht eine Riege von Damen, die für Hilfsdienste
und manchen Kleinkram bezahlt, in Wahrheit Großes geleistet hat.
Ohne Christine Balters, Eva-Maria Richard-Lex, Irmgard Jabs und
andere lief nichts.

Am Abend des 4. November, einem Samstag, wurde der israelische
Ministerpräsident Itzhak Rabin nach einer Wahlkampfkundgebung
in Tel Aviv erschossen. Es war eine Tragödie für Israel und den Frieden in Nahost, dass nach dem ägyptischen Präsidenten Anwar Sadat
nun ein zweiter Friedensschöpfer heimtückisch ermordet worden
war. Ich hatte Rabin wiederholt getroffen. Deshalb war es für mich
keine Frage, dass ich zur offiziellen Trauer- und Gedenkveranstal-
tung nach Jerusalem reisen würde. Zusammen mit Bundespräsident
Herzog und Bundeskanzler Kohl ging es am folgenden Montag mit
dem Flugzeug von Köln-Wahn nach Tel Aviv und zurück. Der ge-

samte „Ausflug" von Mainz nach Jerusalem und zurück dauerte von 4 Uhr früh bis spätabends 23.30 Uhr. So schnell kann Politik sein. Genau zwei Tage später verkündete die Ben Gurion Universität des Negev, dass sie mir am 30. November in Berlin einen Ehrendoktor der Philosophie verleihen werde. Damit sollten meine jahrzehntelangen Verdienste um die deutsch-israelischen Beziehungen gewürdigt werden. Ich war nach Bundeskanzler Helmut Kohl und der früheren Bundestagspräsidentin Annemarie Renger der dritte deutsche Politiker, der diese hohe Auszeichnung erhalten sollte. Ich fühlte mich beschämt und war zugleich stolz auf diese überraschende Ehrung, an der auch der israelischer Botschafter Avi Primor mitgewirkt hatte.

Jetzt geht es um die Macht im Land
Einen Tag später leitete die neueste Infas-Umfrage eine neue Phase ein. Erstmals wurde die CDU im Land als stärkste Partei vor der SPD eingestuft. Das ging in den folgenden Wochen von 42 bis 45 Prozent hinauf. Ich verbreitete optimistisch diese Zahlen, hatte aber immer die 5 Prozent im Kopf, die uns nach Frau Dr. Köcher die FDP bei den Zweitstimmen abnehmen würde. Was konnten wir anderes tun, als auf Sieg zu setzen.

Am 10. November nominierte die Mainzer CDU Bürgermeister Norbert Schüler als Oberbürgermeister-Kandidaten für die Wahl im nächsten Jahr. Eine ganze Phalanx von Journalisten schrieb, nach der Landtagswahl Anfang 1996 sei ich der ideale OB-Kandidat für Mainz. Joachim Neander hatte bereits am 23.9.1995 diese These über fünf Spalten in der „Welt" verbreitet. Solchen Versuchungen widerstand ich leicht. Hätte ich den Eindruck erweckt, die OB-Kandidatur könne für mich interessant werden, hätte ich für das Amt des Ministerpräsidenten nicht mehr anzutreten brauchen. Entweder ab Mai 1996 Ministerpräsident oder ab durch die Mitte, raus aus der Politik!

Harte Kritik übte ich in der folgenden Woche an Bundeskanzler Kohl, der auf einer offiziellen Chinareise auch dem chinesischen Militär einen Besuch abgestattet hatte. Nach dem Massaker auf dem Platz des himmlischen Friedens, das niemals aufgearbeitet worden war, gab es nach meiner Auffassung keinen Grund für einen demokratisch gewählten Bundeskanzler, den Militärs in China seine Aufwartung zu machen. Kohl war wieder einmal sauer und ich auch, denn auch die Realpolitik muss moralisch-ethische Grenzen beachten.

Die ständig zunehmenden Wählerumfragen, die nun inflationär auf die Menschheit niederprasselten und die CDU vor der SPD sahen, machten die Genossen so nervös, dass sie nun in die untersten Kisten griffen und mit Dreck warfen. So behauptete der SPD-Fraktionsvorsitzende Joachim Mertes, ich würde mein Übergangsgeld zur Aufbesserung der CDU-Landeskasse verwenden. Dieser Unsinn wurde einen Tag vor dem CDU-Landesparteitag verbreitet. Die Delegierten der CDU ließen sich durch solche Tiefschläge ebenso wenig beeindrucken wie die Presse. Der Parteitag fand in bester, optimistischer Stimmung statt. Unser Regierungsprogramm wurde mit Hunderten Verbesserungs- und Änderungsanträgen verabschiedet und ich selbst wurde in geheimer Wahl mit 97 Prozent der Stimmen wiedergewählt. Nichts konnte meine Stimmung trüben. Nur der Landeskorrespondent der Rheinpfalz, Andreas Bahner, machte sich in der Ausgabe vom 4.12.95 Gedanken über meine Zukunft.

„In den vier Monaten bis zur Wahl kann sich noch viel bewegen. Sollte Gerster aber den Einzug in die Staatskanzlei verfehlen, weil rot-grün oder rot-gelb am Ende die Nase vorn hat, wird deutlich werden, dass der Kandidat, dem die CDU in Rheinland-Pfalz ungeheuer viel zu verdanken hat, ein Mann des Übergangs ist. Bei der nächsten Wahl im Jahr 2001 wäre Gerster für eine erneute Kandidatur zu alt. Der elegante Ausweg in diesem Fall, in Mainz 1997 als Oberbürgermeisterkandidat anzutreten und mit hoher Wahrscheinlichkeit gewählt zu werden, ist ihm von Mainzer Parteifreunden um den früheren Partei- und Fraktionschef Hans-Otto Wilhelm bewusst verbaut worden. Sie haben bereits einen Kandidaten aufgestellt."

Das Jahr 1996, das Jahr der Landtagswahlen, begann ich in der Stadt Mostar in Bosnien-Herzegowina. Dabei begleitete mich der Bundestagsabgeordnete Hans-Jürgen Doss, mein Nachfolger als Landesvorsitzender der THW-Helfervereinigung. Zunächst löste ich ein Versprechen ein, das ich bei meinem Vorbesuch gemacht hatte: Gemeinsam übergaben wir vier Lastkraftwagen des THW an den Bürgermeister von Mostar als Grundausstattung für den Kata strophenschutz seiner Stadt. Darüber hinaus führten wir Gespräche mit EU-Administrator Hans Koschnik sowie mit Repräsentanten der örtlichen Verwaltung. Es ging um weitere Hilfen für den Wiederaufbau des Landes. Hans-Jürgen Doss, langjähriger Nachbar aus dem Wahlkreis Alzey-Worms, war mir nicht nur über unsere Landesgruppe und über das THW verbunden, er unterstützte mich in diesem nicht leichten Wahlkampf mit Ideen, Aktionen und Aktivitäten wie kein anderer. Während sich solche, die an dem CDU-Schlamassel der Vergangenheit Anteil hatten, vornehm auf die Zuschauertribüne zurückzogen, war Hans-Jürgen Doss da, wo immer er gebraucht wurde.

Der Härtetest der CDU stand noch aus. 44 Jahre hatte sie das Land Rheinland-Pfalz bis zu den Wahlen 1991 regiert. Jetzt stand eine Partei, die auf Landesebene nie einen Wahlkampf aus der Opposition heraus geführt hatte, einer Landesregierung gegenüber, die keinerlei Hemmungen hatte, das gesamte Staatsequipment einzusetzen, um in den Regierungssitzen verbleiben zu können. Wir von der CDU hatten kaum Geld, keine Minister und Staatssekretäre mit Dienstwagen, keine zuarbeitende Verwaltung, keinen Koalitionspartner in Sicht und bisher keinerlei Wechselstimmung im Lande. Stattdessen wurde das Schlagwort verbreitet: Die haben 44 Jahre regiert, die anderen haben eine zweite Chance mit einem neuen Ministerpräsidenten verdient. Mit dem Gefühl „jetzt erst recht" gingen wir in die Vollen: Von Mitte Januar bis Ende Februar veranstalteten wir 14 Fachkongresse zu allen relevanten Sachthemen in allen Landesteilen. Damit sprachen wir nicht nur CDU-Mitglieder und -Wähler an, sondern auch Fachleute anderer politischer Richtungen.

Die SPD blieb nervös. Als das ZDF aus der Rheingoldhalle in Mainz die Sendung „Menschen 95" mit Günther Jauch ausstrahlte und ich öfter als Ministerpräsident Beck im Publikum erkennbar war, beschwerte sich der Chef der Staatskanzlei Klär beim ZDF-Fernsehrat über diesen „unglaublichen Vorgang." Das Gremium solle sich mit diesem Fall befassen, wozu die Mitarbeiter der Sendung „Menschen 95" allesamt zur Einvernahme einzubestellen seien. Die ganze Republik lachte über diese Kleinkariertheit und Albernheit der Genossen in der Staatskanzlei. „Das Bild Becks als einem Politiker, der souverän über den Dingen steht, hatte einen Kratzer bekommen." (Walter W. Weber, Trierischer Volksfreund v. 18.1.96).

Am 18. Januar startete ich meine „Rheinland-Pfalz Tour", die mich unter dem Motto „Eine Million Gespräche statt Materialschlachten" bis zum Wahltag am 24. März zu 600 Veranstaltungen in jeden Winkel des Landes bringen sollte. Dabei begleitete mich ein Wahlkampfbus mit zwei Sitzgruppen für Diskussionsrunden sowie einer kompletten Ton- und Lichtanlage für Freiluftveranstaltungen. Mit diesem Bus waren wir autark, wir konnten spontan an jeder Ecke halten und zu den Leuten reden. Natürlich blieben aber die vorher geplanten und genehmigten Veranstaltungen in der Mehrzahl.

Am 31. Januar stelle ich im Mainzer Kurfürstlichen Schloss meine Spitzenmannschaft vor. Die Auswahl hatte Probleme beschert. Der Landtagsfraktion gehörten erfahrene und bewährte Minister aus der CDU-Regierungszeit, z.B. Dr. Georg Gölter und Dr. Alfred Beth, an. Würde ich meine Mannschaft aus diesem Personenkreis auswählen, würde es heißen: Statt Erneuerung nur alter Wein in alten Schläuchen. Diese Kollegen waren aber immer noch besser als jüngere Kollegen aus der Fraktion. Also konnte ich die Jugend nicht an den Alten vorbeiziehen lassen. Ich musste meine Mannschaft von außen berufen, nur der Fraktionsvorsitzende sollte dabei sein. Neben Christoph Böhr, der im Falle der Regierungsübernahme Fraktionsvorsitzender bleiben wollte, und mir, gehörten der Mannschaft an: Friedhelm Ost, MdB, für Wirtschaft und Arbeit, Prof. Dr. Klaus Landfried, für Bildung, Wissenschaft und Technologiepolitik, Dr. Maria Böhmer, MdB, für Soziales, Familien, Jugend, Frauen und Senioren, Michael Prinz zu Salm-Salm, für Umweltschutz und Gesundheitspolitik, Prof. Dr. Susanne Tiemann, MdB, für Finanzen und Bürokratieabbau und Landrat Joachim Weiler, für Innen- und Kommunalpolitik.

Die FAZ berichtete am 1. Februar unter der Überschrift „Interessant, farbig und kompetent" positiv über diese Regierungsmannschaft. Auch in anderen Medien war die Reaktion durchaus positiv, aber keinesfalls überschwänglich. Kritik gab es eigentlich nur aus dem Kreis solcher CDU-Größen, die nicht im Team vertreten waren.

Anfang Februar forderte Ministerpräsident Beck die FDP auf, sich in einer Zweitstimmen-Kampagne um die CDU-Wähler zu bewer-

Einziges Foto von dem legendären Wahlkampfbus; 2. und 3. v. l. sind Anna und Thomas Gerster.

ben. „Wir – SPD und FDP – grasen nicht auf der gleichen Weide."
Anlass war die jüngste Umfrage, die die FDP immer noch unter der
5 Prozent-Marke ortete.

Mitte Februar legten wir der Landespressekonferenz mehrere interne Strategiepapiere aus der Staatskanzlei vor. Geplant war dort
eine dumm-dreiste Schmutzkampagne gegen die CDU und ihren
Spitzenkandidaten. Eines der Papiere enthielt Zitate und Vorschläge
von mir, die – so wörtlich – *als Material zur Polemik gegen Gerster verwendet werden können*". Wörtlich heißt es dann weiter: „*Die Grundidee
ist, Gerster als unseriösen und in seinen politischen Aussagen widersprüchli-
chen Kandidaten darzustellen und damit ein Gegenbild zur Positivdarstel-
lung des Ministerpräsidenten zu entwerfen.*"

Ein weiteres Papier aus der Staatskanzlei enthielt eine erhebliche
Kritik an der SPD, vor allem in den Städten. Dies war mit dem Stra-
tegievorschlag verbunden, den Ministerpräsidenten so darzustellen,
dass sich in den Augen der Wähler keine Verbindung zu der „in aller Regel ziemlich maroden SPD vor Ort" ergebe. Die Rheinland-
Pfälzer sollten also einen SPD-Kandidaten wählen, der „offensichtlich nicht die SPD repräsentieren kann und soll". Verantwortlich für
diese unzulässigen und schmutzigen Strategieanweisungen war der
Leiter der Abteilung 4 „Grundsatzfragen und Regierungsplanung"
der Staatskanzlei, Gerhard Mielke. Wir forderten Beck auf, diese
Schmutzkampagne zu stoppen und Mielke von seiner Aufgabe zu
entbinden. Der sich so bürgernah und überparteilich gebende Ministerpräsident dachte nicht daran.

Und wieder einmal behaupteten SPD und Staatskanzlei, ich er-
hielt als „Multiabkassierer" ein Übergangsgeld, eine zusätzliche
Altersversorgung, Einkünfte als Rechtsanwalt, Einkünfte als CDU-
Landesvorsitzender, Einkünfte aus Vermietung und Verpachtung,
Honorare für Veranstaltungen, Artikel und Buchveröffentlichungen.
In einem offenen Brief an die Landespressekonferenz vom 24. Fe-
bruar legte ich meine gesamten Einkommen nach dem System der
gläsernen Taschens offen. Danach erhielt ich

1. gemäß beigefügter Bescheinigung des Deutschen Bundestages nach 22 Jahren Mitgliedschaft ein Übergangsgeld in Höhe von
10.366 DM. Dieser Betrag unterlag voll der Steuerpflicht.

2. gemäß beigefügter Bescheinigung der Deutschen Welle als

Verwaltungsratsvorsitzender eine monatliche Brutto-Aufwandsentschädigung in Höhe von 1.020 DM. Auch dieser Betrag unterlag voll der Steuerpflicht.

Mehr gab es nicht. Nach heutigen Maßstäben waren das Bruttobezüge von ca. 6.000 Euro. Für eine fünfköpfige Familie war das gut ausreichend, hatte aber nichts mit dem „Multiabkassierer" zu tun. Dass Beck diese Verleumdungskampagne nicht stoppte, zeigte mir, dass bei ihm die Hütte brannte und deshalb kein Mittel der Diffamierung gescheut wurde. All diese unerfreulichen und unfairen Attacken hinderten mich nicht, an meiner Rheinland-Pfalz-Tour mit Wahlkampfbus und einer guten, jungen Mannschaft bis zum Wahlsonntag, dem 24. März 1996, festzuhalten. Ausgepumpt und platt kam ich in der Nacht zum Sonntag nach Hause, froh, dass dieser Dauerwahlkampf vorbei war.

Ich war gelassen und gefasst auf das, was der Sonntagabend bringen würde.

Keine Mehrheit nach der Landtagswahl

So versammelten wir uns am Wahlabend im Büro des Fraktionsvorsitzenden Böhr: der Fraktionsvorsitzende mit seiner Frau, der parlamentarische Geschäftsführer Franz-Josef Bischel, der CDU-Generalsekretär Jürgen Hartmann und ich mit meiner Frau. Im benachbarten Fraktionssaal der CDU sollte die Unions-Wahlparty stattfinden. Kurz nach der Wahl-Prognose um 18 Uhr klingelte das Telefon, Christoph Böhr gab mir den Hörer weiter: Kohl wollte mich unter vier Augen sprechen. Ich bat die Gesellschaft hinaus und teilte ihm mit, dass ich spätestens um 19 Uhr vor die Presse treten wolle, um das Wahlergebnis zu interpretieren und als Landesvorsitzender zurückzutreten. Kohl beschwor mich, das auf keinen Fall zu tun. Der Verlierer sei eindeutig Kurt Beck, nicht die CDU, nicht Gerster! Mit meinem Rücktritt würde ich der SPD die Chance bieten, ihre eigene Niederlage zu kaschieren. Damit hatte mich Kohl an der richtigen Stelle getroffen. Ich rief unsere vorherige Mannschaft aus den Vorzimmern wieder in das Böhr-Büro herein und fragte sie, ob ich zurücktreten oder weitermachen solle. Alle — mit Ausnahme meiner Frau, die beredt schwieg – bestürmten mich, weiterzumachen. Inzwischen wurden die Ergebnisse der CDU von Hochrechnung zu Hochrechnung besser, die der SPD dagegen schlechter. Dem Rat meines Generalsekretärs folgend, wollte ich aus der Deckung rausgehen und mich der wartenden Presse stellen. Der Landtag war voll und heiß, ich musste mich an Massen von Presseleuten und zahllosem Publikum vorbei zu den vorgesehenen Fernsehpulten durchkämpfen, wo ich nass geschwitzt ankam.

Meine Erklärung war kurz und knapp: Wir haben unser Wahlziel, stärkste Partei zu werden, verfehlt. Wir sind im Gegensatz zu den letzten fünf Jahren, aber wieder auf Augenhöhe mit der SPD. Die CDU kann mit der FDP eine Regierung bilden. Einzige Verlierer dieser Wahlen sind Kurt Beck und die SPD.

SPD und FDP posaunten in die Welt: Die sozialliberale Koalition wurde bestätigt, Gerster und die CDU haben verloren.

In Wahrheit hatte die SPD mit 39,8 Prozent volle 5 Prozent gegenüber der Vorwahl verloren, die CDU mit 38,7 Prozent das Ergebnis von 1991 gehalten. Die FDP hatte mit 8,9 Prozent und plus 2 Prozent gegenüber 1991 ihr bestes Ergebnis seit 1963 erreicht. Die Grünen hatten mit 6,9 Prozent und plus 0,4 Prozent ihr bestes Ergebnis bis heute erlangt. Im Langzeitvergleich hat die CDU seit den Landtagswahlen 1983 bis zu den letzten Wahlen 2006 immer gegenüber den Vorwahlen wichtige Prozentpunkte verloren. Von 51,9 Prozent in 1983 auf 32,8 Prozent in 2006. Dieser Abwärtstrend wurde nur bei „meiner" Wahl gestoppt, die CDU konnte mit der FDP eine Regierungsmehrheit bilden, was die FDP allerdings noch am Wahlabend ablehnte.

Dass die Zweitstimmenkampagne zulasten der CDU eingeschlagen war, bestätigten alle Wahlanalysen und die Tatsache, dass die CDU mit 42 Prozent bei den Erststimmen deutlich stärkste Partei vor der SPD geworden war. 58 Prozent der FDP-Wähler votierten für eine Koalition mit der CDU und nur 22 Prozent der FDP-Wähler für eine Koalition mit der SPD. Das störte den FDP-Landesvorsitzenden Rainer Brüderle nicht. Er wusste, dass er mit der SPD einen Koalitionspartner behielt, der ihm bessere Profilierungschancen bei Wirtschaft, Mittelstand und Landwirtschaft bot als in einer Koalition mit der CDU. Die Aussage, Brüderle habe Leihstimmen von der CDU genommen, lehnte ich ab, weil Parteien keine Wahlstimmen besitzen. Aber dass die FDP in einer Größenordnung von 4% im bürgerlichen CDU-Klientel gewildert hatte und dadurch die SPD bei den Zweitstimmen zur stärksten Partei gemacht hatte, lag auf der Hand.

Die Rolle des Oppositionsführers reizt mich keine Sekunde

Für mich eröffnete diese Entwicklung neue Perspektiven. Nach erfüllten Jahren in der Spitze der CDU/ CSU-Regierungsfraktion in Bonn, nach meinen Mitwirkungsmöglichkeiten im Zuge der Wiedervereinigung konnte mich die Rolle eines Oppositionsführers im rheinland-pfälzischen Landtag keine Sekunde reizen. Ich war entschlossen, etwa ein Jahr auszuharren, um dann einen geordneten Übergang zu ebnen und das Weite zu suchen. Vereinbarungsgemäß wählte mich die neue Landtagsfraktion in geheimer Wahl zu ihrem neuen Vorsitzenden. Von 41 Mitgliedern − alle waren da! − erhielt ich 39 Ja-Stimmen und 2 Nein-Stimmen. Für mich war das ein exzellentes Ergebnis, zumal ich die alte Fraktion ganz schön bedrängt und gejagt hatte, ganz zum Missfallen einiger älterer Kollegen. Ich war auf fünf Jahre gewählt. Niemand hatte wie in der Vorperiode eine Amtszeitbegrenzung von zweieinhalb Jahren gefordert. Die Fraktion hatte mit 24 neuen von 41 Mitgliedern (gegenüber 1991) den radikalsten Umbruch und die größte Verjüngung ihrer Geschichte erlebt. Der Altersdurchschnitt lag mit 45 Jahren um neun Jahre niedriger als zuvor.

Meine Botschaft an die Partei und in die Öffentlichkeit lautete: Die CDU wird den Erneuerungsprozess konsequent fortsetzen. Dies begründete ich auch damit, dass die CDU in den Landtagswahlen bei den Jungwählern mit plus 9,9 Prozent 38 Prozent und die SPD bei minus 15,5 Prozent nur noch 28 Prozent erreicht hatte.

Der jetzt anlaufende Betrieb in der Landtagsfraktion konnte mich nicht hindern, nach drei Jahren Intensiv-Wahlkampf wieder einmal zu tun, was mir mehr Freude als Politik bereitete: Am 1. Mai gingen meine Frau und ich mit Freunden aus dem Mainzer Kanu-Verein aufs Wasser. In sieben Wander-Kanadiern „durchstießen" wir die Rheinstrecke von Mainz nach Bacharach. Noch hatte ich Personenschutz, auch drei BKA-Beamte mussten ins Boot. Es war ein grandioses Erlebnis. Als Bundestagsabgeordneter hatte ich meinen Wahlkreis von Mainz bis Bacharach häufig kreuz und quer durchradelt und erwandert, ja Teile des Rheines auch durchschwommen. Nur der Plan, einmal per Boot mit eigener Armkraft den gesamten Wahlkreis zu befahren, war immer wieder verschoben worden. Jetzt war es so weit und dazu hatte ich einen kleinen Spruch parat: „Man kann sich einfach treiben lassen, Tempo machen, gegen den Strom stechen, kentern, dabei baden gehen und wieder auftauchen. Ganz wie in der Politik, nur noch unvorhersehbarer. Also durchaus Genuss mit einem kleinen Restrisiko."

Endlich angekommen: Ich kann gehen

Im Sommer kam es zu zwei wichtigen Begegnungen. Helmut Kohl kam nach Voranmeldung gegen Abend in meinem und seinem früheren Büro als Fraktionsvorsitzender an. Nach einem Gedankenaustausch über die Politik am Allgemeinen fragte er mich, was ich in Zukunft machen wolle. Ich antwortete ihm: „Die Partei ist geschlossen, finanziell saniert, auf Augenhöhe mit der SPD sowie kampf- und kampagnefähig. Ich kann also guten Gewissens gehen und ich werde gehen." Den energischen Versuch Kohls, mich in der Landespolitik zu halten, lehnte ich ebenso energisch ab wie die Frage, ob er mich als beamteten Staatssekretär in die Bundesregierung berufen solle. Als zweiter Mann in einem Ministerium sei ich nicht geeignet. Dazu sei ich zu unabhängig.

Kohl: „Ja, was willst du denn tun? Mit 55 Jahren kannst du doch nicht nichts tun."

Meine Antwort: „Mich reizen Israel oder der Balkan, so eine EU-Funktion, wie sie mein Freund Hans Koschnik in Mostar ausgeübt hatte."

Auf die Frage Kohls, ob mich der Botschafterposten in Tel Aviv reizen könnte, antwortete ich, unter Umständen ja, lieber wäre mir aber die Leitung der Konrad-Adenauer-Stiftung in Jerusalem. Ich wolle Geld für Programme, inhaltlichen Gestaltungsspielraum, auch sei ich völlig ungeeignet als Diplomat. Dem konnte Kohl unschwer zustimmen.

Kurz darauf berief der Binger Weinsenat Bernhard Vogel zum Ehrensenator. Damals war er Ministerpräsident von Thüringen und zugleich Vorsitzender der Konrad-Adenauer-Stiftung. Er rief an und fragte, ob wir uns vor dem Empfang des Binger Oberbürgermeisters und der späteren Ehrung im Restaurant der Burg Klopp treffen könnten, was für mich kein Problem war. Nach einigen freundschaftlichen Bemerkungen ging es zur Sache. Ich erklärte Vogel, dass ich aus der Landespolitik aussteigen und Leiter der Konrad-Adenauer-Stiftung in Jerusalem werden wolle. Vogel war oder tat erstaunt und fragte – wie übrigens Kohl in dem vorherigen Gespräch auch – was denn meine Frau von dieser Sache halte. Immerhin war Regina Mitglied des Mainzer Stadtrates und Ortsvorsteherin in der Mainzer Altstadt und beides mit Leidenschaft, großem Engagement und anerkannten Erfolgen. Ich teilte Vogel mit, dass sie mitgehe, wenn Wohnung und Arbeitsplatz in Jerusalem und nicht in Tel Aviv seien. Vogel erwiderte daraufhin: Er bedaure meinen Ausstieg aus der Landespolitik, habe aber volles Verständnis und im übrigen könne sich die Stiftung glücklich schätzen, einen Mann mit solch politischen und deutsch-israelischen Erfahrungen nach Israel zu schicken. Wann habe die Stiftung schon einmal mit einem Ehrendoktor des Landes, wohin dieser entsandt wird, als Auslandsmitarbeiter aufwarten können. Die Sache gehe klar, der Posten in Jerusalem werde für mich frei gemacht, ich solle mit einer Übernahme spätestens im Mai/Juni des Folgejahres rechnen. Ob Vogel von Kohl bereits geimpft war, wusste ich bei diesem Gespräch nicht. Jedenfalls besuchte mich Kohl kurze Zeit darauf in meiner Mainzer Wohnung, wo wir den Coup bis ins Detail klarmachten. Kohl und Vogel hatte ich nachdrücklich gebeten, dass mein Ausstieg und der Wechsel nach Israel vertraulich bleiben müsste, bis ich die Chance bekäme, dies selbst der Landespressekonferenz mitzuteilen.

Auf dem CDU-Bundesparteitag wurde ich am 21. Oktober als „Opfer der Frauenquote" zugunsten von Bundesministerin Claudia Nolte aus dem Präsidium heraus und dafür in den Bundesvorstand hineingewählt. Dort befand ich mich mit den Ministerpräsidenten Vogel, Biedenkopf, Seite, dem Regierenden Bürgermeister Diepgen und Bundesminister Wissmann zwar in bester Gesellschaft, dennoch verrissen sich die Politikakteure der Staatskanzlei den Mund über den erneuten Wahlverlierer Gerster. Wenn die Herrschaften nur gewusst hätten … Ich befand mich mental längst auf einem anderen Dampfer.

Am 24. Oktober veröffentlichte die Rhein-Zeitung unter der Überschrift: *„Johannes Gerster: „Kein Vorsitzender hat nur Freunde"* ein Interview, das ich Ursula Samary gegeben hatte. Dieses begann mit dem Satz: *„CDU-Landeschef Johannes Gerster, der in Hannover zum ersten Frauenopfer im Präsidium wurde, ist in diesen Tagen ungewöhnlich schweigsam. Ob er 1997 wieder für den Vorsitz kandidiert, will er jetzt noch nicht sagen."* Frau Samary hatte wieder einmal das Gras wachsen hören und zwar an der richtigen Stelle.

Am 1. Dezember verlor Norbert Schüler mit 48,6 Prozent zu 51,4 Prozent knapp die Oberbürgermeister-Stichwahl gegen Jens Beutel. Hans Robert Hauser kommentierte den Mainzer Wahlausgang im Südwestfunk mit folgenden Worten:

„Nicht wenige würden darauf ihren alten Schlapphut verwetten: Johannes Gerster, der Ranzengardist, Domchorsänger und Hans Dampf in allen Mainzer Gassen, hätte es wie kein anderer in der CDU verstanden, im OB-Wahlkampf die Töne anzuschlagen, die die Mainzer Seele zum Schwingen gebracht hätte. Der Sieg über den soliden aber spröden SPD-Kandidaten Jens Beutel, wäre — wenn überhaupt einem Christdemokraten — Johannes Gerster sicher gewesen. Doch der heimliche Traum des Meenzer Bubs vom Amtshermelin in seiner Vaterstadt war durch seinen Intimfeind Hans-Otto Wilhelm frühzeitig durchkreuzt worden. Wilhelm hatte dafür gesorgt, dass sein Protegé Schüler schon sehr früh als OB-Bewerber aufgestellt wurde. Damit war Gerster, damals noch CDU- Spitzenkandidat für die Landtagswahl, geschickt ausgebremst worden. Ob der parteiinterne Triumph Wilhelms und seiner Anhänger ihren Preis wert war, darüber mag heute die Mainzer CDU nachgrübeln. Johannes Gerster, dem Partei- und Fraktionsvorsitzenden, war damit jedenfalls die Chance eines ehrenhaften Rückzugs von der landespolitischen Front genommen worden. Dabei ist es kein Geheimnis, dass dem Vorsitzenden der CDU-Fraktion im Landtag die Rolle des Oppositionsführers längst keinen Spaß mehr macht."

Mainz braucht eine neue Synagoge

Trotz aller Abwanderungspläne lag mir noch ein Projekt besonders am Herzen: Mainz zählte über Jahrhunderte zur „Schum", dem europäischen geistigen Zentrum des Judentums am Rhein. Schum steht für die Städte Speyer, Worms, Mainz. Bis 1933 hatten in Mainz mehr als 3 000 Juden gelebt. Nach der Shoa, nach dem Zweiten Weltkrieg, betrug die Zahl der jüdischen Gemeindemitglieder unter hundert Personen. Durch jüdische Zuwanderer aus der ehemaligen Sowjetunion war diese Zahl auf 350 Gemeindemitglieder angewachsen. Die derzeitige Synagoge in der Forsterstraße war mit 70 Quadratmetern längst zu klein, sie war unwürdig für die weitgehend wieder aufgebaute Stadt Mainz. Auf Anregung des früheren Mainzer CDU-Fraktionsvorsitzenden und Architekten Heinz Laubach gründeten wir ein Kuratorium für den Aufbau einer neuen und vor allem größeren Synagoge, die dem Stellenwert des Judentums über 1000 Jahre Mainzer Stadtgeschichte Rechnung tragen sollte. Vom katholischen Bischof über den evangelischen Probst, die Intendanten von ZDF und SWF, bis zu allen maßgeblichen Politikern des Landes und der Stadt gehörten alle wichtigen Persönlichkeiten dem neuen Kuratorium an, das mich einstimmig zum Vorsitzenden wählte. Mit Energie gingen wir daran, publizistisch das Feld für die neue Synagoge zu bereiten, wälzten Pläne und gute Absichten und waren uns, ohne einen Pfennig in der Tasche zu haben, sicher, dass die neue Synagoge kommen werde. Sie wird demnächst am Platz der früheren Zentralsynagoge in der Neustadt – 14 Jahre nach Gründung des Kuratoriums – eingeweiht werden. Das Hauptverdienst kommt meinem Nachfolger im Vorsitz Herbert Heidel, Heinz Laubach und Herman-Hartmut Weyel zu. Ich hatte lediglich Vorarbeiten geleistet und musste mich mit meinem Umzug nach Jerusalem auf eine wohlwollende Beobachterposition zurückziehen.

Zum Jahreswechsel 1996/97 war der Posten in Jerusalem für mich frei gemacht. Der Vorgänger war nach zweieinhalb Jahren Jerusalem in die USA versetzt worden, was seinen Neigungen entsprach. Mit der Stiftung war ein enger Zeitplan vereinbart worden. Vertragsverhandlungen am Aschermittwoch in Bonn, dann Vorstandsbeschluss über die Einstellung, Zustimmung des Personalrates, anschließende Bekanntmachung durch mich in Mainz. Übrigens hatte dieser Fahrplan auf mich Rücksicht genommen: Ich wollte noch einmal kräftig Fastnacht feiern, danach sollten Nägel mit Köpfen gemacht werden.

Am 14. Februar feierten wir in Bad Kreuznach noch einmal den 50. Geburtstag des CDU-Landesverbandes. Zwei Jahre vorher hatten wir den Beginn der Gründerphase in Mainz gefeiert, jetzt folgte die Feier des Zusammenschlusses aller Parteibezirke, gewissermaßen das Ende der Gründungsphase. Wolfgang Schäuble hielt die Festrede, aufbauend und nachdenklich wie immer. Dazu hatte ich meinen Freund, Pfarrer Erhard Neubert, einen der geistigen Väter der friedlichen Revolution in der DDR, eingeladen. Er hielt uns „Westlern" den Spiegel aus östlicher Sicht, sieben Jahre nach der Wiedervereinigung, vor. Nicht alle verstanden seine Botschaft gegen zu viel Selbstzufriedenheit. Keiner verstand auch die Aktualität meines Appells an die Landes-CDU: „Sie war immer stark, wenn sie einig war" als das, was er gemeint war, als eine Art Schlusswort. Denn keiner ahnte, dass mein politischer Abgang bevorstand.

Natürlich hatte ich in diesen Monaten des Übergangs nicht darauf verzichtet, mich weiterhin zu wichtigen und weniger wichtigen bundespolitischen Themen zu äußern. Inzwischen hatte ich in vielfältiger Weise erfahren, dass kleine Dinge, interessant verpackt, eher an die Leute kommen als große Dinge ohne Verpackung. Die Absicht, die Polizei im Straßenverkehr nur nach der Straßenverkehrsordnung und ohne konkreten Verdacht nicht nach dem Polizeigesetz kontrollieren zu lassen, kritisierte ich mit dem Satz: *„Wenn der Mörder das Warndreieck auf der Rücksitzbank liegen hat, darf er mit der Leiche im Kofferraum weiterfahren."* (Bild vom 30.12.96) Dieselbe Ausgabe der Bildzeitung zitierte auch Ministerpräsident Kurt Beck mit seiner Feststellung: *„Ich bin nicht arrogant, ich bin locker. Das ist ein Unterschied."*

Bundesverteidigungsminister Volker Rühe verlautbarte nach der Fernsehfastnachtssitzung „Mainz wie es singt und lacht": *„Das ist eine besonders schwere Erscheinungsform von BSE."* (Und meinte damit Bovine Spongiforme Enzephalopathie, also Rinderwahn). Ich antwortete ebenso öffentlich: *„Für diesen Schwachsinn hat Rühe den Orden für den tierischen Ernst verdient."* (AZ vom 17.2.97)

Derartige Scharmützel verunsicherten diejenigen, die glaubten, ich hätte keine Lust mehr an der Politik. Andere, die in mir den Machtmenschen sahen oder sehen wollten, glaubten ohnehin nicht, dass ich von der Politik lassen könne. Wolfgang Schäuble hatte ich nach der Veranstaltung in Bad Kreuznach über meinen Ausstieg aus der Politik unter dem Siegel der Verschwiegenheit informiert. Er rief im Laufe des nächsten Tages an, ob der KAS-Posten in Jerusalem wirklich eine angemessene Alternative sei. Ich antwortete: „Es gibt Leute, die werden durch einen Posten wichtig. Und es gibt Posten, die werden durch Leute wichtig." Ich würde die zweite Variante vorziehen. Auf seine Frage, ob Böhr denn ein „Kerl" sei, der den Landesverband führen könne, antwortete ich: Wir haben keinen anderen. Er muss mit der neuen Aufgabe wachsen. Dazu sei das Feld bereitet, die größten Problemblöcke im Landesverband seien aus dem Weg geräumt. Ich gewann den Eindruck, dass Schäuble meinen Rückzug aus der rheinland-pfälzischen Landespolitik kritischer beurteilte als Kohl oder Vogel.

Am 24. Februar rief Reinhard Küchler von der AZ Mainz nachmittags meine Frau, die er von gemeinsamen DDR-Fahrten mit der CDU-Landesgruppe kannte, an und fragte, ob etwas an dem Gerücht stimmen könne, dass ich nach Israel gehen werde. Meine Frau, die nicht lügen kann, bestritt nichts, redete Küchler aber so schwindelig, dass am nächsten Tag nichts in der Zeitung stand. Es war höchste Zeit, die Presse offiziell zu informieren. Dazu lud mein Pressesprecher Manfred Beeres am nächsten Vormittag zu einer Pressekonferenz mit mir um 12 Uhr in den Landtag ein. Dort erklärte ich kurz und bündig, dass ich ab 1. Mai in die Dienste der Konrad-Adenauer-Stiftung treten und ab Juni die Leitung der KAS in Jerusalem übernehmen werde. Zuvor würde ich von allen politischen Ämtern zurücktreten. Zur schriftlichen Presseerklärung legte ich zwei Anlagen vor: Eine Presseerklärung des Generalsekretärs der KAS, Professor Gerd Langguth, der für die Stiftung meine Übernahme für Israel verkündete und einen Pressebericht der Rhein-Zeitung von meinem 50. Geburtstag am 2.1.1991 mit der Überschrift: *„Gerster: Mit 60 in einem anderen Land leben!"*

Die Überraschung war geglückt, die Journalisten waren zahlreich und hellwach erschienen und ihnen erschien meine Entscheidung für Israel aufgrund meines jahrzehntelangen Engagements für dieses Land ebenso glaubwürdig wie mein Umzug in ein anderes Land. So fiel denn auch die Berichterstattung überaus positiv aus. Zahlreiche Zeitungen schrieben über meine Entscheidung so wie ich diese empfand: als Befreiung. Ich freute mich auf die neue Herausforderung, eine Last fiel von mir ab. Zu den Kollegen aus Bonn, die mich völlig überrascht zum Bleiben überreden wollten, gehörte Norbert Blüm, mit dem ich Jahre später wegen Israel und dem Nahostkonflikt aneinandergeraten sollte.

Geordneter Rückzug

Die Fraktion wählte auf meinen Vorschlag Christoph Böhr zu meinem Nachfolger. Der Landesvorstand hat sich ebenfalls für Christoph Böhr als neuen Landesvorsitzenden ausgesprochen. Zugleich sollte ein neuer Landesvorstand gewählt werden und zwar auf dem seit längerem geplanten Landesparteitag am 26. April in Trier. Ich nutzte den April, um mich in der Stiftungszentrale in St. Augustin auf meinen Auslandseinsatz vorzubereiten. Die drei Monate lange Vorbereitungszeit konnte bei einem so alten Hasen wie mir auf gut vier Wochen verkürzt werden. Ich musste die Leute der Auslandsabteilung, die Abrechnungsmethoden und meine eigenen Möglichkeiten kennenlernen. Eine Job-Deskription, die Teil meines Arbeitsvertrages wurde, war von mir entworfen und unverändert übernommen worden. Darin hatte ich festgehalten, dass ich nicht nur für Israel, sondern auch für israelisch-arabische Friedensprojekte zuständig sein sollte. Zugleich lernte ich bei einer Privatlehrerin täglich zwei Stunden Englisch. Denn mit meiner humanistischen Bildung, mit Latein, Griechisch sowie Französisch, war in Israel nicht all zu viel anzufangen. Der Mai war für einen Englisch-Crashkurs in Dublin eingeplant. Vier Einzellehrer an jedem Tag schafften mich mehr, als mich ein Politikertag mit 16 Arbeitsstunden je geschafft hatte.

Am 18. April gab Ministerpräsident Beck eine Regierungserklärung zu „Leben und Arbeiten in Rheinland-Pfalz" ab. Ich antwortete für die CDU und verabschiedete mich mit dieser Rede aus dem Parlament, das ich zu keinem Zeitpunkt gemocht hatte. Offenbar war meine Rede besonders gut, denn einer meiner Dauerkritiker sagte mir danach: „Jetzt bist du angekommen. Wenn du immer so geredet hättest, hätte ich dich unterstützt."

Er hatte nichts verstanden: Wenn ich wirklich besonders gut war an diesem Tag, nicht weil ich endlich angekommen war, sondern weil ich gehen konnte. Der amtierende Landtagspräsident Peter Schuler dankte mir am Ende dieser Sitzung und verabschiedete mich mit freundlichen Worten, wie dies in den folgenden Tagen fast alle Kollegen aus allen Fraktionen mündlich oder schriftlich taten: Nur einer blieb aus: Kurt Beck.

Am 26. April wählte der CDU-Landesparteitag in der Europahalle Trier Christoph Böhr zu meinem Nachfolger als Landesvorsitzender. Meine auf eine Stunde geplante Rede dauerte ganze 12 Minuten und war beendet, bevor die Fernsehanstalten ihre Kameras aufgebaut hatten. Ich sagte den Weggefährten danke und wünschte meinem Nachfolger Glück und Erfolg. Mehr hatte ich nicht mehr zu sagen. „Es war gut; gut, dass es war." Hans-Robert Hauser kommentierte am gleichen Tag den erneuten Führungswechsel in der rheinland-pfälzischen CDU so:

„Trier steht also wieder mal für einen Neuanfang der rheinland-pfälzischen CDU. 1993 war es Johannes Gerster, den die Delegierten hier als Hoffnungsträger auf den Schild hoben. Heute müssen sich die von Führungspech verfolgten Christdemokraten im Stammland Helmut Kohls das Scheitern auch des dritten Versuchs eines personellen Neubeginns seit 1988 eingestehen. Gewiss: Johannes Gerster hinterlässt keinen Scherbenhaufen wie seine beiden Vorgänger. Immerhin hat er einer Partei vor der Selbstaufgabe wieder den aufrechten Gang beigebracht. Streitbar brach er zementierte Strukturen auf, schaffte es, die Landtagsfraktion zu verjüngen, die Position der Frauen in der Partei aufzuwerten und die Parteifinanzen zu sanieren. Allerdings: Das große Ziel, der CDU in Mainz die Macht zurückzuerobern, hat Gerster nicht erreicht. Nun soll's ein Jüngerer richten. An Vorschusslorbeeren trägt Christoph Böhr wahrlich nicht schwer. Zwar wird sein Fleiß gerühmt. Aber zäh wie Juchtenleder klebt an ihm auch das Klischee des Zauderers und Polit-Denkers ohne Strahlkraft. Doch personelle Alternativen hat die Partei keine. Und ein Generationswechsel ist immer auch eine Chance. Auch wenn der Weg aus der Führungskrise zurück an die Macht weit und steinig erscheint: Das Pferd für Christoph Böhr ist gesattelt. Jetzt muss er reiten."

Und Monika Paul erklärte in der AZ Mainz am 28.4.1997:

„Mochten Dank und Rührung beim Abschied von Amtsvorgänger Gerster stellenweise auch etwas dick aufgetragen wirken, ihre Berechtigung hatten sie doch: Gerster gab seinem Nachfolger beim Stabwechsel eine in sich geschlossene Partei als wichtiges und in der rheinland-pfälzischen CDU seit dem

Sturz Vogels 1988 bitter vermisstes Rüstzeug an die Hand."

Die CDU-Mainz und der Stadtbezirk Mainz-Altstadt verabschiedeten meine Frau als Stadträtin und Ortsvorsteherin im Haus am Dom. Dabei war zu spüren, wie beliebt Regina über Parteigrenzen hinweg war. Sie ging mit Neugier und Freude nach Jerusalem. Und doch erschien sie mir etwas berührter beim Verzicht auf ihre Ämter, als ich dies bei meinem Ämtersverzicht empfand. Ich dachte mit Ingeborg Bachmann: „Aufhören können, das ist nicht eine Schwäche, das ist eine Stärke."

Am 5. Juni veranstalteten CDU-Landesverband und CDU-Fraktion im Landtag einen Abschiedsempfang, zu dem mehrere hundert Politiker sowie Vertreter der Kirchen, Verbände und Vereine gekommen waren. Der Mainzer Domchor hatte mit Domkapellmeister Breitschaft den musikalischen Part übernommen. Beim mir so lieb gewonnenen vierstimmigen Chorsatz „Segne und Behüte" von Thiel kamen mir bei der dritten Strophe die Tränen. „Gib uns Deinen Frieden" und das auf der Reise nach Jerusalem, wo immer eine „Bombenstimmung" herrscht. Für meine Rührung schämte ich mich nicht. Das Musik- und Trommlercorps meiner Mainzer Ranzengarde und Margit Sponheimer, beide unangemeldet, verscheuchten die Rührung und brachten meiner Familie und mir ungetrübte Freude. Über den politischen Teil der Veranstaltung dachte ich positiv gestimmt ein zweites Mal: „Es war gut, gut dass es war."

Am 11. Juni reisten meine Frau und ich aus, mit 200 Kilo Gepäck. Der eigentliche Umzug sollte erfolgen, sobald wir eine Wohnung in Jerusalem gefunden hatten. Nach 25 Parlamentsjahren verließen wir Deutschland für drei Jahre, blieben aber neun Jahre.

Teil III: Jerusalem

Meine Frau und ich bei unserer Ankunft auf dem Ben Gurion Flughafen in Tel Aviv.

1. Das Abenteuer Israel
(1997 – 2006)

Auf israelisch-palästinensischem Feld herrschte bei unserer Ankunft in Jerusalem absolute „Eiszeit" und das bei 40 Grad im Schatten. Der Osloer Friedensprozess war am Zerbröseln. Mit der Schaffung der palästinensischen Autonomie war die wirtschaftliche Not dort gestiegen. Die Palästinenser vermissten die „Friedensdividende" und die Israelis beklagten die Zunahme von Gewalt durch die Palästinenser. Wir fühlten uns am zweiten Tag durch ein Bombemattentat vor unserer vorläufigen Hotelunterkunft sehr unfreundlich begrüßt.

Premierminister Benyamin Netanyahu erklärte, Israel werde „unter Beschuss" nicht mit den Palästinensern reden. Diese müssten vorher der Gewalt abschwören. Präsident Yassir Arafat erklärte, erst müsse Israel die besetzten Gebiete räumen, danach könne verhandelt werden. Zwischen Israelis und Palästinensern gab es dennoch privat organisierte gemeinsame Friedensgruppen bzw. immer mal wieder neue Friedensinitiativen. Das Problem bestand darin, dass die Initiatoren so weit links und so weit weg von der politischen Mitte standen, dass ihr innergesellschaftlicher Einfluss fast null war. Auf palästinensischer Seite waren die entsprechenden Gruppen mindestens ebenso einflusslos. Entscheidend war die Frage: Wie kann man die politische Mitte bis zum Likud in Israel und das Machtzentrum der Fatah um Yassir Arafat in politische Sondierungsrunden einbauen? Wie hält man es mit der radikalen Hamasbewegung?

Mein Antrittsbesuch bei Premierminister Netanyahu verlief offen, ja freundschaftlich. Er hatte unsere Begegnungen in Israel und seine erste Reise nach Deutschland, damals als Oppositionsführer, nicht vergessen. Er war der erste Likudvorsitzende, der Deutschland besucht hatte. Alle Vorgänger hatten dies mit Blick auf die Shoah vermieden. Ich hatte ihn auf dieser Reise begleitet und war Zeuge eines langen Gespräches mit Bundeskanzler Kohl, der mir nachher versicherte: „Diesen Mann muss man ernst nehmen." Also überbrachte ich die Grüße des Bundeskanzlers und informierte ihn über zwei Vorhaben, die ich in Israel angehen wollte. Die Jerusalem Foundation wollte mit Spenden aus Deutschland und mit meiner tatkräftigen Unterstützung ein Konrad-Adenauer-Konferenzzentrum erbauen, offen für Juden, Christen und Moslems, insbesondere für Israelis und Palästinenser. Ein Begegnungszentrum im Schatten des Mount Zion und der Altstadtmauer. Netanyahu, der als Hardliner verschrien war, blickte mich erstaunt an und fragte, ob Helmut Kohl diesen Plan unterstütze. Als ich dies guten Gewissens bejahen konnte, erklärte er zu meiner Überraschung, eine derartige Begegnungsstätte fehle bisher in Jerusalem und er könne mir für dieses Projekt nur Glück und Erfolg wünschen. Tatsächlich erfolgte nur zwei Jahre später die Grundsteinlegung und weitere zwei Jahre später die Einweihung. Dieses kleine, aber feine Zentrum wurde ab 2001 Treffpunkt israelischer und palästinensischer Spitzenpolitikern.

Premierminister Netanyahu und Präsident Arafat stimmen zu

Bei meinem zweiten Vorhaben reagierte Netanyahu eher kritisch und zurückhaltend. Ich berichtete ihm, dass vor dem Fall der Mauer, in der Endphase des Kalten Krieges, deutsch-deutsche Regierungskommissionen diskret und effektiv Tagesprobleme zwischen der DDR und der Bundesrepublik erörtert und gelöst hatten. Mir sei klar, dass Derartiges zwischen der israelischen und palästinensischen Regierung unter den derzeitigen Bedingungen nicht möglich sei. Aber was spreche eigentlich dagegen, mit Mitteln der Adenauer Stiftung und mit israelisch-palästinensischen Nicht-Regierungsorganisationen inoffizielle Arbeitsgruppen zu bilden, die ohne Presse und ohne öffentliche Diskussionen Probleme besprechen und Vorschläge zur Entspannung der Lage beiden Regierungen vorlegen würden. In den folgenden Wochen holte ich die Zustimmung des palästinensischen Präsidenten Arafat ein, wobei ich mir nicht ganz sicher war, ob er an die Realisierbarkeit glaubte. Netanyahu stimmte bei einem der Folgetreffen diesen „Sandkastenspielen", so einer seiner Mitarbeiter, zu. Damit waren meine zwei Arbeitsschwerpunkte in Jerusalem amtlich dokumentiert: Die deutsch-israelischen Beziehungen sollten mit der erstmaligen Widmung eines öffentlichen Gebäudes im Herzen von Jerusalem nach einem Nachkriegspolitiker, Konrad Adenauer, nicht nur einen örtlichen Symbolwert sondern auch eine neue Qualität erreichen. Ausgerechnet eine deutsche Organisation, die Konrad-Adenauer-Stiftung, wollte Motor und Katalysator israelisch-palästinensischer Gemeinschaftsprojekte werden. Dazu galt es aber, weite Wege in relativ kurzer Zeit zurückzulegen.

Zunächst musste ich das Büro der Konrad-Adenauer-Stiftung in der German Colony in Jerusalem in den Griff bekommen. Mein Vorgänger war ein halbes Jahr zuvor nach Washington versetzt worden. Im Gegensatz zu anderen KAS-Büros saß in Jerusalem ein zweiter, von Deutschland entsandter Mitarbeiter, der Projektassistent Jan Senkyr. Dieser hatte das Büro sechs Monate kommissarisch geführt, das Haus war bestellt, aber zugleich war ein erheblicher Entscheidungsstau entstanden. Dass ich mich rasch in meine neuen Aufgaben einarbeiten konnte, verdankte ich einem Team von Mitarbeiterinnen und Mitarbeitern, die motiviert und begeisterungsfähig mit mir an die Arbeit gingen. Hildegard Mohr, Kathie Hirschwitz, Katja Tsafrir, Palina Kedem und Sergej Tcherniak arbeiten noch heute für die KAS in Jerusalem. Heike Grunewald siedelte mit sechs Jahren Nahosterfahrung nach Hamburg um, wo sie heute die dortige Arbeitsgemeinschaft der Deutsch-Israelischen Gesellschaft leitet, und Yael Baron war mit Ehemann und zwei Söhnen für einige Jahre in London und ist erst vor Kurzem wieder in Israel gelandet. Diese Truppe sprach übrigens mit verteilten Rollen sechs Sprachen, nämlich als Bürosprache deutsch sowie hebräisch, englisch, französisch, russisch und arabisch. Mit deren Hilfe fanden wir unter 15, in zwei Tagen besichtigten, Wohnungen im Jerusalem Height's eine wunderbare, allerdings sehr teure Wohnung. Sie lag neben dem Unabhängigkeitspark mit Blick aus dem 9. Stockwerk über die Altstadt von Jerusalem bis zu den jordanischen Bergen. Sie bekam einen fast legendären Ruf bei europäischen Gästen, aber auch bei unseren israelischen und palästinensischen Freunden und Partnern. Wir hatten ein „Haus der offenen Tür", einen Begegnungsort für Juden und Araber, die sich bei uns privat trafen, während sie sich ansonsten

Bundeskanzler Helmut Kohl bei seiner Rede zur Grundsteinlegung für das Konrad-Adenauer-Konferenzzentrum.

gerne aus dem Wege gingen. Offenbar lockten Küche und Keller und vor allem die richtige Mischung der Speisen und Getränke, durch meine Frau aufbereitet, Freund und Feind an.

Ich fühle mich wie ein Hochstapler, weil ich das Konrad-Adenauer-Konferenzzentrum verspreche

Bereits am siebten Tag nach unserer Ankunft war mir Teddy Kollek, Bürgermeister Jerusalems von 1965 bis 1993, über den Weg gelaufen. Wir kannten uns von vielen Begegnungen. Teddy berichtete mir voller Tatendrang vom Plan seiner Jerusalem Foundation, im Herzen Jerusalems, in Miskenot Sha'ananim, ein Konferenzzentrum zu bauen. Ob er mir Grundstück und Pläne einmal zeigen könne. Also präsentierte mir der damals 86-Jährige das Traumgrundstück in der Nähe des King David Hotels gegenüber dem Zionsberg. Ich war begeistert von der Lage und Planung und fragte ihn: „Was kostet es, wenn dieses Zentrum den Namen Konrad-Adenauer-Konferenzzentrum erhält und von der Adenauer Stiftung mitgenutzt wird?" Jerusalem war immer arm gewesen; Teddy Kollek förderte das Zusammenleben von Juden und Arabern in dieser Stadt durch seine Jerusalem Foundation, die Geld in aller Welt sammelte. Ich hatte sofort gewusst, dass Teddy Kollek mich ohnehin um Geld anbetteln werde. Bei mir hatte dieser beste Geldsammler der Welt schon lange den Namen Teddy Kollekte. Und wie oft hatte ich nach seinem festen Händedruck die Finger meiner rechten Hand abgezählt, froh, dass noch alle dran waren. Also war ich der Bettelanfrage Kolleks zuvorgekommen. Er antwortete mir prompt: „Wenn du mir aus Deutschland 3,5 Millionen Dollar besorgst und Helmut Kohl die Grundsteinlegung vornimmt, benennen wir das Zentrum nach Konrad Adenauer." Wie auf dem orientalischen Pferdemarkt wurde der Kontrakt per Handschlag festgemacht. Am Abend trank ich im Laromme Hotel, wo wir bis zum Einzug in unsere Wohnung nächtigten, so viel Alkohol wie nie vorher und nachher im Nahen Osten. Ich fühlte mich als Hochstapler, der nach kurzer Zeit Israel unehrenhaft verlassen müsse. Denn woher 3,5 Millionen Dollar nehmen?

Bereits am nächsten Morgen planten Botschafter a. D. Yssakkhar

Ben-Yaacov und Irene Pollak-Rein, zwei außergewöhnliche Mitarbeiter Kolleks, und ich einen Masterplan: „Spenden für das Konrad-Adenauer-Konferenzzentrum in Jerusalem." Noch im gleichen Monat besuchte ich Helmut Kohl in Bonn und gewann ihn für ein Empfehlungsschreiben, das wir bei einer Sammelaktion quer durch die deutsche Wirtschaft einsetzen wollten. Das Ende vom Lied: Im November 1999 kam die Grundsteinlegung mit Helmut Kohl, im Mai 2001 die Einweihung des Zentrums mit den damaligen Ministerpräsidenten Clement (NRW), Teufel (BW) und Vogel (Th) und vielen weiteren Ehrengästen aus aller Welt. Wir hatten 15 Millionen DM in Deutschland und damit weit mehr als die versprochenen 3,5 Millionen Dollar gesammelt. Teddy Kollek war glücklich, die Jerusalem Foundation war glücklich, alle waren glücklich und ich schwebte einen Tag lang im siebten Himmel. Dieses Gefühl wurde während der offiziellen Einweihungsfeier nur einmal, bei der Rede Erwin Teufels kurzfristig unterbrochen: Mein Stuhl in der ersten Reihe sank zur Freude von 600 Festgästen unter meiner Last zusammen, und ich wachte unsanft aus einem kleinen Schläfchen unter der heißen Maisonne auf.

Rund um die Grundsteinlegung gab es einen netten Zwischenfall mit und um Helmut Kohl. Bereits aus Bonner Zeiten kannte ich die Gewohnheit Kohls, zwischen zwei Terminen an einem Supermarkt anzuhalten, um dort frisches Obst einzukaufen. Einmal hatte er mich bei einer Tagung des Deutschen Beamtenbundes in der Stadthalle Bad Godesberg gebeten, erstens den nach ihm sprechenden Oppositionsführer Hans-Jochen Vogel um Verständnis zu bitten, dass er vorzeitig die Veranstaltung verlassen müsse, was dieser akzeptierte. Zweitens bat mich Kohl, mit ihm die Veranstaltung vorzeitig zu verlassen, da er etwas mit mir besprechen wolle. Also sagte ich auch dem Beamtenbundvorsitzenden, dass Kohl und der offizielle Vertreter der CDU/CSU-Fraktion, nämlich ich, vorzeitig gehen müssten. Auf der Rückfahrt hielt die „Karawane Kohl" an einem Lebensmittelmarkt mitten in Bad Godesberg, wo Kohl ein Kilo Äpfel kaufte. Kunden und Kassiererin verfolgten den gewaltigen Einkauf des Bundeskanzlers mit ungläubigem Staunen. Dasselbe machte Kohl nun in Jerusalem, wo ihn ein Jahr nach seiner Abwahl fast jeder erkannte. In Israel betritt man einen derartigen Laden nur nach einer Körperkontrolle. Nach zahllosen Attentaten eine verständliche und dennoch lästige Sicherheitsmaßnahme. Also blieben die bewaffneten deutschen Sicherheitsbeamten Kohls vor der Tür. Kohl und ich kamen kontrolliert in den Laden, aber nicht mehr hinaus. Denn der private Sicherheitsdienst, der den Laden schützte, meinte; „Ein deutscher Bundeskanzler darf nicht ohne israelischen Begleitschutz auf die gefährlichen Straßen Jerusalems." Von diesem Moment an hatten wir nicht nur die deutschen BKA-Beamten, sondern auch die israelische Polizei im Gefolge.

Die Freude und der Dank der Konrad-Adenauer-Stiftung über das Konrad Adenauer Konferenzzentrums hielt sich in Grenzen. Sie hatte Anfang der 80er Jahre mit Mitteln des Bundes den Bau eines Konrad Adenauer Bildungszentrums in Tel Aviv geplant. Der damalige KAS-Vorsitzende, Bundesminister a. D., Bruno Heck, hatte an der Grundsteinlegung mitgewirkt. Als der damalige KAS-Mitarbeiter in Jerusalem vorlaut bemerkte: „Die Einweihung erlebt der Alte (gemeint war Heck) nicht mehr", wurde ihm gekündigt. Er behielt recht! Im Laufe der Jahre verfielen die großen Pläne im Nichts. Dass nun der Gerster im Alleingang mit der Jerusalem Foundation ein Konrad-Adenauer-Konferenzzentrum mit den besten Nutzungsbedingungen für die Adenauer-Stiftung präsentieren konnte, gefiel nicht jedem. Von Stund an lobte mich der KAS-Vorsitzende Dr. Bernhard Vogel, mit den Worten: „Der Gerster macht eine hervorragende Arbeit in Jerusalem. Er hat nur einen Fehler: Er meint, dort sei die Leitung der Konrad-Adenauer-Stiftung und nicht in Berlin." Warum sollte ich widersprechen? Jedenfalls habe ich in Jerusalem etwas hinbekommen, was eine große Stiftung in drei Jahrzehnten zuvor nicht geschafft hatte.

„Sandkastenspiele": Als Brückenbauer zwischen Israelis und Palästinensern

Der zweite bei Premierminister Netanyahu angesprochene Schwerpunkt, Förderung des israelisch-palästinensischen Ausgleichs, war natürlich bedeutend komplizierter und sensibler. Bereits am 6. Juli 1997, wir lebten noch immer im Hotel und warteten auf unsere

Möbel aus Mainz, trafen wir uns mithilfe des Israel-Palestine-Center for Research and Information (IPCRI) mit hochrangigen israelischen und palästinensischen Vertretern im Holiday Inn Hotel in Jerusalem, um gemeinsam Inhalte und Ziele künftiger gemeinsamer Arbeitsgruppen zu bereden. Mein Freund Gideon Esra, früherer stellvertretender Leiter des Geheimdienstes und jetzt Likud-Abgeordneter in der Knesset, Professor Alex Lubotzky, Abgeordneter von der „Dritte Weg", David Kimsche, Generaldirektor im Außenministerium waren ebenso dabei wie Hari Al Hassem, Leiter der Außenpolitischen Abteilung der Fatah, Adnan Samara, stellvertretender Minister für Wirtschaft und Handel, sowie General Nizar Ammar, Mitglied der palästinensischen Regierung und dort zuständig für die öffentliche Sicherheit. Misstrauen, Zurückhaltung, ja Ängstlichkeit bestimmten das vierstündige Gespräch, an dessen Ende immerhin die gemeinsame Absicht stand, einen ständigen Meinungsaustausch über beide Seiten betreffende Fragen zu organisieren. Ich sagte die volle Unterstützung in organisatorischer, struktureller und finanzieller Hinsicht zu. Dabei half es mir sehr, dass einige Teilnehmer mich bereits aus den 80er-Jahren und dem Verein Koexistenz kannten. So wussten die Palästinenser genau, dass ich seit Langem die Zwei-Staaten-Lösung, Israel und Palästina nebeneinander, vertrat.

Sehr rasch bemerkte ich, dass IPCRI eine ernst zu nehmende, seriöse „Nichtregierungsorganisation" war, mit der es sich lohnte, dauerhaft zusammenzuarbeiten. Sie setzte sich paritätisch aus Israelis und Palästinensern zusammen. Geleitet wurde sie von dem Israeli Gershon Baskin und dem Palästinenser Zakaria al Qak, der später durch Hanna Siniora ersetzt wurde.

Wir gingen mit unserem Partner IPCRI, „Palestine Center for Research and Information", daran, einzelne Arbeitsgruppen mit zivilen Vertretern beider Seiten, mit Wissenschaftlern, Wirtschaftsvertretern, pensionierten Beamten, aber auch mit Knesset-Abgeordneten zu den Themen wirtschaftliche Zusammenarbeit, Umwelt, Wasser, Grenzfragen, Sicherheit, Erziehung sowie eine Gruppe für politische Grundsatzfragen zu bilden. Dazu stießen dann nach und nach Generaldirektoren und Fachleute aus den Ministerien beider Seiten. Von besonderer Bedeutung war es, Politiker des Likud aus der Knesset und der Regierung zu gewinnen. Damit wurde die generelle Weigerung des Likud, mit den Palästinensern zu reden, unterlaufen.

Auf palästinensischer Seite waren Politiker der Fatah, der Partei Arafats, von Anfang an eingebunden. Mein Versuch, auch die Hamas einzuladen, scheiterte in einem sehr lebhaften Gespräch mit dem Leiter der Hamas, Scheich Yassim, an dessen Wohnsitz in Gaza. Der Scheich erklärte mir mit großem Nachdruck: „Jedes Gespräch mit Israelis wird deren Staat stabilisieren. Wir wollen Israel aber nicht stabilisieren, sondern zerstören." Suaviter in modo, fortider in re. Verbindlich in der Form, hart in der Sache!

Unter der Devise, dass man Gewalt nicht mit Gewalt, sondern nur durch Gespräche zwischen den Streitparteien überwinden kann, nahmen die verschiednen Arbeitsgruppen ihre Gespräche auf. Dabei war allen klar, dass diese Gruppen nur Sinn und Erfolg haben können, wenn sie diskret und ohne Presse und den darauf folgenden öffentlichen Druck arbeiten, dass diese Gruppen nur über die Lösung von Alltagsproblemen und nicht über den großen Frieden reden können und dass persönliche Animositäten und Eitelkeiten hinter den Versuchen, Erleichterungen für die Menschen zu erzielen, zurückstehen müssen. In den folgenden neun Jahren kamen diese Arbeitsgruppen in sehr unterschiedlicher Zusammensetzung etwa 200 Mal zusammen: In Jerusalem, in Beit Hanina, in Nazareth, am Toten Meer, in der Türkei, im KAS-Bildungszentrumn Cadenabbia am Comer See, vereinzelt in Berlin und Brüssel. Von zwei Ausnahmen abgesehen, wurde die Vertraulichkeit weder von Teilnehmern noch von beteiligten Regierungsstellen gebrochen.

Das bedeutete nicht, dass all diese Treffen reibungslos zustande kamen und abliefen. Wo immer sie stattfanden, mussten die Genehmigungen für die Ausreise der palästinensischen Teilnehmer von der israelischen Regierung eingeholt werden. Soweit palästinensische Minister eingeladen wurden, musste deren Teilnahme von Yassir Arafat persönlich gestattet werden. Für alle Genehmigungen fühlten sich nicht die teilnehmenden Minister beider Seiten zuständig, dafür musste die Konrad-Adenauer-Stiftung und ihr jeweiliger israelisch-palästinensischer Partner sorgen, beziehungsweise oftmals mühsam kämpfen. Dabei bewährten sich die ausgezeichneten Kontakte mit dem Premieroffice unter den Regierungschefs Benyamin

Netanyahu, Ehud Barak, Ariel Sharon und Ehud Olmert. Unter den Likud-Premierministern liefen diese Prozeduren in der Regel reibungsloser als unter Ehud Barak von der Arbeitspartei. Es war nicht zu klären, warum dessen Verwaltung so viele Hürden vor israelisch-palästinensischen Spitzentreffen aufbaute, galt doch die Arbeitspartei als gesprächsbereiter mit den Palästinensern als der Likud.

Bombensichere Gespräche

Erteilte Genehmigungen wurden wieder kurzfristig zurückgenommen. Oft war ein schreckliches Bombenattentat der Grund. Manches Mal war auch keine Begründung für die Rücknahme erkennbar. Oder von 15 Palästinensern bekamen zwei keine Genehmigung und die Delegation war erst bereit auszureisen, wenn die zwei Einzelgenehmigungen noch erstritten waren. Es gab fast jedes Mal eine Zitterpartie, bis alle an Ort und Stelle zusammen waren.

Wieder einmal war ein Treffen in einem Touristenhotel in En Gedi am Toten Meer geplant. Samstags zuvor fuhren meine Frau und ich dorthin, um die Örtlichkeit zu besichtigen und zum Baden. Danach gingen wir in Ostjerusalem zum Mittagessen ins „Pascha". Dort feierte ein uns bekannter palästinensischer Minister den 18. Geburtstag eines Sohnes. Seine Familie beanspruchte mit ca. 40 Personen fast den gesamten Gartenbereich dieses Lokals. Gerade als wir uns zurückziehen wollten, rief mich der Minister mit großem Hallo in die Familienrunde. Ein Entkommen gab es nicht, meine Frau und ich mussten neben ihm und seiner Frau Platz nehmen. Wir feierten fröhlich mit und mussten als Einzige frisch gezapftes palästinensisches Bier mit Namen Teipeh trinken. Das schuldeten wir seiner bestimmenden Gastfreundschaft und unserem Ruf als Deutsche! Kurz nach dem ersten Wortwechsel und meiner Einladung an den 18-Jährigen, einen Tag in unserem KAS-Büro zu verbringen, was mit Begeisterung akzeptiert wurde, flüsterte mir der Minister zu, die israelische Polizei hätte die bereits bewilligte Einreise der Palästinenser fürs kommende Wochenende wieder aufgehoben. Shabat hin, Shabat her, ich verließ die Runde, rief die Handynummer eines mir befreundeten israelischen Ministers an und schilderte die Situation. Er fragte, wo wir uns aufhielten und erklärte kurz, er komme. In kurzer Zeit tauchte er mit drei Sicherheitsbeamten im „Pascha"s auf und wurde nach kurzer Vorstellung ebenfalls in die Runde aufgenommen. Es wurde über alles Mögliche gesprochen, aber nicht über die zurückgezogene Ausreisegenehmigung. Etwa 48 Stunden später war die Ausreisegenehmigung für die Palästinenser und zwar für die gesamte Delegation ein zweites Mal erteilt. Bleibt noch nachzutragen: Bei dieser Feier hatten sich die beiden Minister das erste Mal gesehen, obwohl die Regierungen in Jerusalem und Ramallah nur 15 Kilometer voneinander entfernt arbeiten. Wäre bekannt geworden, dass ein israelischer Minister am Shabat ein Telefonat entgegennimmt und zu einem Treffen mit einem palästinensischen Kollegen und zu einem Deutschen fährt, der öffentliche Skandal wäre sicher gewesen.

Aber auch mit der Erledigung aller Formalitäten waren die Gespräche noch lange nicht gesichert. Einen Tag nach der Ermordung des israelischen Tourismusministers Rehavam „Gandhi" Ze'ev im Hyatt-Hotel in Ostjerusalem war unsere Wirtschaftsgruppe in Cadenabbia am Comer See, dem früheren Urlaubsquartier von Konrad Adenauer, zusammengekommen. Natürlich getrennt. Die Palästinenser flogen prinzipiell nicht mit der El All. Die Israelis flogen prinzipiell nur mit der El All. Unsere Versuche, beide zusammen mit der Alitalia nach Mailand zu fliegen, waren schon bei früheren Aktionen gescheitert. In Cadenabbia baten die Israelis, darunter drei Minister, um Zeit für eine interne Vorbesprechung. Der Beginn der gemeinsamen Eröffnungssitzung wurde auf den nächsten Vormittag, 9 Uhr, verschoben. Nach drei Stunden erklärte der israelische Delegationsleiter mir und unserem palästinensischen Partner, dass die Israelis wegen des Ministermordes am nächsten Morgen geschlossen zurückkreisen würden. Offenbar hatten sie nach Antritt ihrer Reise Order von Jerusalem bekommen, keinerlei Gespräche mit Palästinensern zu führen. Ich war sauer. Ich spürte aber auch, dass dem Delegationsleiter diese Absage peinlich war. Mit der Ankündigung, die KAS würde aus dem Projekt aussteigen und nach einer Kette von Telefongesprächen und einem letzten Gespräch von mir mit dem Kabinettschef im Premierminister-Office kam nach Mitternacht die erlösende Botschaft: Zwei Israelis würden am nächsten Tag zurückkreisen, der

Rest bliebe in Cadenabbia. Mit fünfzehnstündiger Verspätung begann am Morgen die Sitzung. Als ich noch auf zwei Palästinenser warten wollte, wurde mir erklärt, dass diese bereits gegen sechs Uhr den Tagungsort verlassen hatten, um ebenfalls die Heimreise anzutreten. Das war nicht gerade freundlich, aber ein logistisches Meisterwerk, denn in Cadenabbia stehen keine Taxis vor der Haustür. Aus Sicht der Palästinenser wäre es für die Israelis zu viel der Ehre gewesen, wenn die palästinensische Delegation zwei Köpfe mehr als die der Israelis aufgewiesen hätte.

Ein Treffen am Toten Meer, über ein verlängertes Wochenende angesetzt, scheiterte zunächst nicht vor, sondern unmittelbar nach Beginn der Eröffnungssitzung. Ein enger Vertrauter Arafats beschimpfte ausgerechnet einen drusischen Abgeordneten aus dem Likud, der wenig später stellvertretender Minister wurde, als Faschisten. Dieser sprang auf und verließ den Verhandlungsraum mit der Bemerkung: „Jetzt reicht es mir." Während die beiden Co-Direktoren von IPCRI auf meine Bitte die beiden Delegationen in einer Kaffee-Pause bei Laune hielten, hatte ich das Vergnügen, den sehr ehrbaren und ehrbewussten Drusen zum Bleiben zu bewegen. Voraussetzung sollte eine Entschuldigung und Rücknahme des inkriminierenden Wortes sein. Das folgende Vier-Augengespräch mit dem Arafat-Vertrauten dauerte länger. Ich gewann den Eindruck, dass der Druse als „Verräter der arabischen Sache" besonders ungeliebt war.

Die Sitzung wurde nach ca. drei Stunden wieder eröffnet. Beide Streithähne waren anwesend. Der Palästinenser beschrieb eine halbe Stunde das Elend seines Volkes, um damit zu schließen, dass er mit seinem aggressiven Wort niemanden im Saal gemeint habe. Er hatte englisch gesprochen, obwohl eine Simultanübersetzung hebräisch-arabisch zur Verfügung stand. Dem Drusen war englisch nicht sehr vertraut. Als Versammlungsleiter bedankte ich mich für diese klare Entschuldigung und für die Zurücknahme des beleidigenden Wortes. Damit bedankte ich mich für etwas, was gar nicht stattgefunden hatte. Niemand widersprach meiner Feststellung und die Beratungen konnten endlich losgehen.

Moderator und Katalysator

Die Arbeitsgruppen besprachen und diskutierten Probleme in dreifacher Richtung. Zum einen wurden Tagesprobleme zwischen beiden Völkern geräuschlos, d. h. ohne Presse, vorwärts und rückwärts behandelt. Die beteiligten Regierungsvertreter sorgten nicht selten und ebenso geräuschlos dafür, dass solche Probleme, z. B. humanitäre Fälle, gelöst wurden. Vor allem nach dem Ausbruch der 2. Intifada am 29. September 2000 wurden in Form von „Think Tanks" auch Modelle für politische Lösungen erörtert. Der Rückzug Israels aus dem Gaza-Streifen ging auf Vorarbeiten einer unserer Arbeitsgruppen zurück.

Je länger die Arbeitsgruppen in Zeiten offener Gewalt tagten, desto mehr wurden wir aus Regierungskreisen gebeten, die eine oder andere Frage in einer Arbeitsgruppe zu besprechen und auszuloten, ob eine einvernehmliche Lösung möglich werden könne. Manches Mal konnten wir gemeinsam erarbeitete Anregungen geben, oft scheiterte eine Einigung schon in unserer Arbeitsgruppe. Man kann es verkürzt und vergröbert so ausdrücken. Der „Besatzer" ruft nicht den „Besetzten" an, der „Besetzte" ruft nicht den „Besatzer" an. Im politischen Billardspiel waren wir die Bande, über die gespielt wurde. Dabei achteten wir auf unsere Unabhängigkeit. Wir wollten nicht instrumentalisiert werden.

Zu den Tagesproblemen gehörte die Frage der palästinensischen Gastarbeiter. Bis zum Ausbruch der 2. Intifada hatten rund 140 000 Palästinenser aus der Westbank und dem Gazastreifen als Tagespendler Arbeit in Israel gefunden. Mit der sicherheitsbedingten Schließung der Übergänge hatten nicht nur 140 000 Palästinenser ihren Arbeitsplatz in Israel verloren, auch ihre Familien mussten auf das regelmäßige Familieneinkommen verzichten. Daher hatten mit den 140 000 Familienernährern ein Vielfaches an Personen ihre finanzielle Basis verloren. In unserer Wirtschaftsgruppe redeten wir monatelang über dieses Problem. Der wirtschaftliche Schaden in der palästinensischen Autonomie war enorm. In Israel fehlten Arbeitskräfte auf unterem Niveau. Man holte verstärkt Arbeitskräfte aus Rumänien und dem fernen Osten als Ersatz. Wir konnten mit zwei deutschen Erfahrungen aufwarten. Wir empfahlen, die Geschichte der deutschen Gastarbeiter zu studieren. Diese seien häufig auf Zeit gekommen, aber geblieben. Ob es für den jüdischen Staat nicht besser sei, Palästinenser, die abends zu ihren Familien zurückkehren, zu beschäftigen, als auf Dauer Nichtjuden aus aller Welt zuwandern zu lassen. Das Argument saß! Auch holten wir einen Experten in unsere Arbeitsgruppe, der Modelle des großen und kleinen Grenzverkehrs zu DDR-Zeiten vortrug, um deutlich zu machen, dass Sicherheit durch entsprechende Prüfungs- und Ausweis-Verfahren auch mit palästinensischen Gastarbeitern möglich werden könne. Tatsächlich wurden nach einiger Zeit wieder Sondergenehmigungen für eine wachsende Zahl von Palästinensern erteilt, keine 140 000, aber immerhin einige Zehntausende. Dieses Beispiel zeigt, dass trotz politischer Stagnation in Zeiten der Gewalt konkrete Probleme im Interesse der Menschen auf beiden Seiten gemildert werden konnten.

Meine Mitarbeiter hatten mitgezählt: In den 30 Monaten, die uns das Thema Gastarbeiter beschäftigte, gab es im Umkreis von 300 Metern um unsere Wohnung 46 Bombenanschläge mit über 150 Toten und vielen hundert Schwerverletzten. Sarkastisch sprachen wir von einer Bombenstimmung in Jerusalem und redeten mit beiden Seiten weiter. Weitere Arbeitsgruppen sprachen über Wasserprobleme, Umweltschutzmaßnahmen, Sicherheits- und Grenzregelungsfragen.

Unsere Strategie-Arbeitsgruppe mit hochrangigen Politikern beider Seiten besprach über Jahre die Notwendigkeit einer Zweistaaten-Lösung, eines Staates Israel und eines Staates Palästina nebeneinander. Teilrückzüge der Israelis aus den besetzten Gebieten sollten den Weg ebnen. Dieses Modell hat Ariel Sharon später mit dem Gaza-Rückzug gestartet. In der Knesset Debatte nutze er unser Hauptargument, dass die Population des palästinensischen Volkes Israel zwinge, sich aus den palästinensischen Gebieten herauszuziehen. Die gewaltsame Machtübernahme der Hamas in Gaza und der Raketenbeschuss Israels haben die Folgestufen des Rückzugplanes unmöglich gemacht.

Nach der Vorlage des Friedensfahrplans (Road Map) am 30. April 2003 durch das Nahostquartett bestehend aus den USA, der EU, Russland und der UN zeigte sich wieder einmal Licht am Ende des

Tunnels. Wir hofften auf ein Ende der Gewalt. So erfreut wir über die Road Map waren, so sehr enttäuschte uns die Lektüre des Planes. Es war ein politischer Plan, in dem das Wort Wirtschaft kaum vorkam. Deshalb beriet unsere Wirtschaftsarbeitsgruppe über Monate eine „Economic Road Map", die wir über die beiden Regierungen auch dem Nahostquartett zur Verfügung stellten. In der wirtschaftlichen Zusammenarbeit und in der sozialen Verbesserung der Lage der Palästinenser sahen wir einen, vielleicht den wichtigsten, Schlüssel zu friedlicher Koexistenz. Gerne zitierte ich in diesem Zusammenhang Bert Brecht: „Erst kommt das Fressen, dann die Moral". Oder etwas gewählter: Friedensappelle helfen gar nichts, aber über die Wirtschaft kann man Gemeinsamkeiten und Vertrauen aufbauen.

Dass wir zu Briefträgern, Übersetzern, Mittlern zwischen einzelnen Ressorts beider Regierungen wurden, habe ich bereits dargestellt. Oft reichten unsere Einladungen zu einem privaten Treffen, um sich kennen- und nach Folgetreffen auch persönlich schätzen zu lernen. Unsere Wohnung über den Dächern von Jerusalem war neben dem Konrad-Adenauer-Konferenzzentrum beliebter Treffpunkt. Wichtig war in jedem Einzelfall, eine menschliche Atmosphäre herzustellen und den Alltagsärger sowie das Elend des Nahostkonfliktes vor der Haustür zu lassen. Meine Frau erwies sich dabei als perfekte Gastgeberin mit kulinarischen Spitzenleistungen. Ich erlebte zum ersten und bisher letzten Mal, dass ein wichtiger Moslem abends im Hochsommer und im nichtöffentlichen Raum 17 (!) Whiskys bei bester Laune vertragen kann.

Erziehung zum Frieden
Da Frieden ohne die Überwindung des Hasses nicht möglich wird, arbeiteten wir mit unserem Partner MECA, „Middle East Children Association", an der Entwicklung von Unterrichtsmaterialien zum Thema „moderner demokratischer, pluralistischer Staat". Beteiligt waren je 300 israelische und palästinensische Lehrer, die zwei- bis dreimal pro Jahr in Mehrtageskonferenzen zusammenkamen, um zu beraten, wie und auf welche Weise die Unterrichtsmaterialien im Sinne der Demokratieerziehung ergänzt werden könnten. Auch

in Israel gibt es erhebliche Defizite. In 15 gemischten, regionalen Arbeitsgruppen wurden Vorschläge erarbeitet, die von einem Leitungsgremium gebilligt, vervielfältigt und über die 600 Lehrer in den Unterricht eingeführt wurden. Natürlich konnten unsere Lehrer nur einen begrenzten Schülerkreis erreichen. Dennoch haben diese partiellen und vorsichtigen Unterrichtsergänzungen garantiert zum Abbau von Hass und Intoleranz sowie zu mehr Offenheit beigetragen. Wir haben uns gefragt, warum auf diesem Feld nicht die Europäische Union mit ganz anderen Möglichkeiten tätig wurde. Frieden beginnt mit der Erziehung junger Leute. Warum gibt es keine europäisch-israelisch-palästinensische Schulbuchkommission, die nach den Beispielen der erfolgreichen deutsch-französischen oder deutsch-polnischen Schulbuchkommission ans Werk geht?

Die geschilderten Projekte fanden eine Ergänzung durch gemeinsame Fortbildungsseminare für Journalisten, Studenten und Professoren. Diese fanden außerhalb der Krisenregion und aus Kostengründen meistens in Antalya statt. Man muss Israelis und Palästinenser in drei- bis viertätigen Seminaren auf neutralem Boden erlebt haben, um fast physisch zu spüren, wie Vorbehalte, Vorurteile, Mauern in den Köpfen langsam aber sicher zusammenbrachen. Immerhin führten die Studentenseminare zur Gründung der ersten israelisch-palästinensischen Studentenzeitung. Auch wurden zunehmend Artikel israelischer und palästinensischer Journalisten in Zeitungen der jeweils anderen Seite veröffentlicht.

Freihandelszone Jordanien – Israel – USA

Zusammen mit der kleinen, damals gut geführten Israelisch-Jordanischen Handelskammer arbeiteten wir an der Qiz, einer Qualified Industrial Zone, einer Freihandelszone zwischen Jordanien, Israel und den USA. Jährlich wurden am Grenzübergang Bet Shean Zelte aufgebaut, wo sich Hunderte Geschäftsleute trafen, um Möglichkeiten des Handels, des Transportes, der Abwicklung auszuloten. Warum die Treffen an diesem abgelegenen Platz? Der Grenzübergang kann von Jordanien ohne Visum erreicht werden. Er liegt auf israelischem Territorium, auch die Israelis erreichen ihn visumfrei. Jeweils die zuständigen Minister von Jordanien und Israel, die amerikanischen und europäischen Botschafter aus Tel Aviv und Ammann waren dabei. Im Laufe der Zeit kamen mit den Jordaniern auch Geschäftspartner aus anderen arabischen Staaten. Zahlreiche Geschäftsbeziehungen wurden angebahnt. Das Ergebnis: Von 1999 bis 2006 stieg das Handelsvolumen von fast lächerlichen 29 Millionen US-Dollar auf über eine Milliarde an. Auch hier gilt: Die tägliche Zusammenarbeit von Jordaniern und Israelis hilft, die von Propagandisten aufgebauten Vorurteile gegen den ungeliebten Nachbarn abzubauen. Und gerade dieses Projekt beweist: Im Dialog zwischen Juden und Arabern kommt es oft nicht auf die Höhe von Finanzzuschüssen, sondern auf neue Ideen sowie auf vermittlungs- und handlungsfähige Leute an. Aufgrund der guten Erfahrungen mit diesem Vorhaben entstand eine vergleichbare Zusammenarbeit zwischen Ägypten, Israel und den USA. Besonders hilfreich bei beiden Projekten war der damalige Wirtschaftsminister und spätere Premierminister Ehud Olmert.

Die Araber in Israel

Die Araber in Israel entwickeln seit Gründung des Staates eine doppelte Identität. Sie fühlen als Araber, sind aber zugleich israelische Staatsbürger, die um gleiche Rechte wie die Juden in Israel kämpfen. Die große Mehrheit würde nach Gründung eines palästinensischen Staates in Israel bleiben. Denn sie weiß, dass ihr Lebensstandard dort höher sein wird als in einem palästinensischen Staat. Auf der anderen Seite fühlten sie sich in den vergangenen Jahrzehnten immer mehr als Palästinenser, die mit den Menschen in der Westbank und in Gaza häufig familiär verbunden sind. Sie leiden mit diesen Familienangehörigen.

Mir war seit Langem klar, dass eine Verbesserung der Lebenssituation der Araber in Israel zu einer Verbesserung der Beziehungen der Israelis zu den Palästinensern in der Westbank und in Gaza beitragen würde. Deshalb gründeten wir an der Tel Aviv Universität ein Konrad-Adenauer-Programm für jüdisch-arabische Zusammenarbeit in Israel. Dieses Programm sollte das Bewusstsein für die Probleme und Benachteiligungen der arabischen Minderheit, die immerhin 20 Prozent der Gesamtbevölkerung Israels ausmacht, fördern. Bei der

Eröffnung sprach ein israelischer Staatspräsident erstmals öffentlich über die Benachteiligung der Araber in Israel und forderte die politischen Parteien auf, Sonderprogramme für den arabischen Sektor zu entwickeln und durchzusetzen.

Die Benachteiligung der Araber in Israel ist häufig keine Folge bewusster Diskriminierung, sie ist auch Folge regionaler und kultureller Besonderheiten. Die Araber leben vor allem in den Randregionen des Nordens und des Südens, deren Infrastruktur weniger entwickelt ist als in den Zentren des Landes. Dort stehen weniger qualifizierte Ausbildungs- und Beschäftigungsmöglichkeiten zur Verfügung. In den arabischen Familien ist traditionell nur der Vater erwerbstätig, während den jüdischen Familien durch die berufstätigen Mütter zwei Einkommen zur Verfügung stehen. Während die jüdischen Familien mit Ausnahme orthodoxer Familien in der Regel zwei oder drei Kinder haben, ist die durchschnittliche Kinderzahl in arabischen Familien sechs oder sieben. Zwei Einkommen für 5 Personen gibt nun einmal mehr her als ein Einkommen für 9 Familienmitglieder. Junge Araber sind vom dreijährigen Wehrdienst befreit. Dieser Vorteil wächst sich im späteren Berufsleben als Karrierekiller aus, denn den Nichtgedienten steht der durchaus gut bezahlte Dienst in Sicherheitsbehörden wie im sonstigen öffentlichen Bereich nicht offen. Man kann es mit einem Satz sagen: Den Arabern in Israel geht es besser als den Arabern in den arabischen Nachbarstaaten, aber schlechter als den Juden in Israel, mit denen sie sich messen.

Mit dem Konrad-Adenauer-Programm an der Universität Tel Aviv wurden diese Problemfelder in öffentlichen Konferenzen und Seminaren thematisiert. Diese Diskussionen wurden erfreulicherweise durch eine sehr wache Presse auch einem breiten Publikum zugänglich gemacht. Dabei blieben wir nicht im analytischen Bereich stehen. Es wurden Möglichkeiten und Wege zur Verbesserung der Infrastruktur im arabischen Sektor, zum Wohnungs- und Arbeitsmarkt und im Bildungs- und Ausbildungswesen erforscht und entwickelt. Wir versuchten zu vermitteln, dass eine stärkere Partizipation der Araber im öffentlichen Leben sowie eine bessere Integration der Araber in die israelische Gesellschaft auch im Interesse der jüdischen Mehrheit liegen müsse. Denn für sie muss die Stabilität des

Gemeinwesens besonders wichtig sein. Wie sehr das öffentliche Bewusstsein auf diesem Feld beeinflusst werden kann, zeigt dieses Beispiel: Nach den Zusammenstößen arabischer, gewalttätiger Demonstranten mit der israelischen Polizei und Armee im Oktober 2000 in Galiläa, bei denen 12 israelische Araber erschossen wurden, berief die Regierung auf Druck der Öffentlichkeit die Or-Kommission, welche die Vorgänge untersuchte. Das Ergebnis war für die israelischen Sicherheitskräfte vernichtend. Ermittlungen gegen die Verantwortlichen wurden eingeleitet und nach zwei Jahren still und heimlich eingestellt. Durch öffentliche Großveranstaltungen mit Mitgliedern der Or-Kommission erreichte unser Programm eine Wiederaufnahme der Ermittlungen.

Ein Pulverfass im Süden: die Beduinen

Eine besondere Rolle spielte das Förderprojekt für Beduinen, das wir an der Ben Gurion Universität des Negev gestartet haben. Dieses bestand aus zwei Teilen: Ein breit angelegtes Forschungsprojekt lieferte notwendige Erkenntnisse und Daten über die Zahl, Lage und Lebenssituation der im Negev lebenden Beduinen. Bis zu diesen Erhebungen wusste niemand genau, wie viele Beduinen dort siedeln. Offizielle Angaben schwankten je nach Ressort um bis zu 50 Prozent nach oben und unten. Das „Statistische Jahrbuch über die Beduinen im Süden", welches das Zentrum für Beduinenforschung mit unserer Hilfe herausgibt, wurde zum Standardwerk und Leitfaden für Politik, Verwaltung, Privatwirtschaft und Wissenschaft. Mit Publikationen über die soziale Lage in den Familien mit bis zu 25 Kindern und 5 Ehefrauen wird Basiswissen für politisches Gestalten geliefert. Die Rolle der Frauen, Mängel in der Gesundheitsvorsorge, Probleme in Bildung und Erziehung, aber auch Übergangsprobleme auf dem Weg in die Moderne stehen auf der Agenda, wenn Verwerfungen in der rasch wachsenden beduinischen Gesellschaft vermieden werden sollen.

Der zweite, eher praktische Teil dieses Projektes diente der Förderung von hochbegabten Schülern aus diesem schwachen sozialen Umfeld, um ihnen den sehr schweren Sprung in ein Universitätsstudium zu ermöglichen. An ihren Schulen erhielten sie in der Oberstu-

Mit Shimon Peres und Helmut Kohl in Jerusalem.

fe einen Zusatzunterricht in Hebräisch, Englisch und Mathematik. Zugleich fuhren wir sie freitags zu Kursen an die Ben Gurion Universität, zu jährlich mindestens 130 Lehrstunden, wo Defizite zum Beispiel im Bereich der Naturwissenschaften oder der Technologien abgebaut wurden. Die Abschlüsse der Studienjahre bestätigten uns: Fast 90 Prozent bestanden die jeweiligen Zwischenprüfungen, die Besten waren mehrheitlich Frauen. Die Zahl beduinischer Studenten an der Ben Gurion Universität hat sich in meiner Zeit mehr als verzehnfacht, nämlich von 53 in 1999 auf über 600 in 2006.

Als Deutscher in Israel

Dabei bewegten wir uns als Deutsche in Israel noch immer auf schwankendem Parkett. Wie schwankend zeigt dieses Beispiel: Israel erinnert am Vorabend des Shoah-Gedenktages in einer vom Fernsehen live übertragenen Veranstaltung aus Yad Vashem an die Verbrechen Nazideutschlands am Volk der Juden. Die Spitzen des Staates, die Opferverbände, Tausende ausgewählte Israelis nehmen daran teil. Dazu wurden auch die Botschafter der in Israel akkreditierten Staaten eingeladen mit Ausnahme der Botschafter Deutschlands und Österreichs. Zu meiner Überraschung hatte ich eine Einladung erhalten und mit meiner Frau zugesagt. So schrieb ich dem stellvertretenden Direktor von Yad Vashem Botschafter a. D. Yohanan Bein am 1. Februar 1998 einen Brief mit der Frage, ob es nicht 50 Jahre nach Gründung des Staates Israel Zeit wäre, auch den deutschen Botschafter zum Shoah-Gedenken in Yad Vashem einzuladen. „Sollten die Kinder und Enkel der Tätergeneration nicht die Chance haben, mitzutrauern, mitzumahnen. Sind sie nicht sogar besonders aufgerufen, für eine humanere, bessere Welt einzutreten?"

Am 17. Februar teilte mir Yohanan Bein mit, dass er meine Intervention verstehe, dass die Anwesenheit des deutschen Botschafters in Yad Vashem am Vorabend des „Yom Hazikarom" aber eine Reaktion der anwesenden Überlebenden oder Familienangehörigen der Opfer zur Folge haben könne und damit der Vertiefung der israelisch-deutschen Freundschaft schaden würde. Dann fährt er fort: „Ich möchte noch einmal betonen, dass Ihre Einstellung als Deutscher und Freund vollkommen verständlich ist und es ist mir klar, dass Sie auf dem ernsthaften Willen beruht, das Verständnis zwischen Völkern und Menschen zu vertiefen. Ihre persönliche Freundschaft ist bekannt und braucht keinen Beweis." Deshalb war ich eingeladen, der Botschafter aber nicht, obwohl an dessen Freundschaft und Integrität gegenüber Israel keinerlei Zweifel bestanden. Inzwischen werden aber auch der deutsche und österreichische Botschafter zur Shoah-Gedenkfeier nach Yad Vashem eingeladen.

Unsere Tochter Anna hatte zwei Jahre später raschen Erfolg bei Yohanan Bein. Als Informatikstudentin absolvierte sie ein fünfmonatiges Praktikum bei einer Computerfirma in Ramallah, die ein Joint venture mit einer israelischen Firma in Tel Aviv eingegangen war. Wir, die KAS, hatten dieses israelisch-palästinensische Projekt mitangeschoben. Ihre täglichen Fahrten von Jerusalem, wo sie bei uns Quartier bezogen hatte, nach Ramallah waren Abenteuer pur und alles andere als ungefährlich, mussten doch manches Mal bis zu vier Straßensperren überwunden werden. Dabei erlebte sie „hautnah" den Ausbruch erster Gewalttaten im Vorfeld der 2. Intifada, des gewaltsamen Aufstandes der Palästinenser gegen die Israelis. An einem arabischen Feiertag besuchte sie allein Yad Vashem und kam gegen Abend tief betroffen zurück. So beklagte sie nach dem gemeinsamen Abendessen ein Transparent am Eingang des alten Museums: „Die Deutschen haben uns Juden ermordet" mit der Feststellung: „Diese Verallgemeinerung bedeutet, dass auch ich Juden umgebracht habe." Ich antwortete ihr, sie solle sich nicht bei mir sondern bei dem zuständigen Mann, bei Yohanan Bein, beschweren. Darauf folgte ein Briefwechsel Anna – Yohanan, der dazu führte, dass das Transparent ersatzlos verschwand und auch im neuen, bedeutend größeren Museum nicht mehr auftauchte. Yohanan Bein hatte verstanden: Veritas facit pacem. Wahrheit schafft Frieden und Frieden erfordert Mut zur Differenzierung. Nicht alle Deutschen waren Nazi-Verbrecher und der Gerechtigkeitssinn Annas hatte sich durchgesetzt. Yohanan Bein sagte mir Jahre später: „Wenn alle jungen Deutschen so mutig sind wie deine Tochter, habe ich keine Angst um die Demokratie in Deutschland."

Zurück zu den 50-Jahr-Feiern Israels 1998: In Beiträgen für israelische Zeitungen bewertete ich die deutsch-israelischen Beziehungen als besonders belastet, besonders sensibel, besonders gut.

Niemand hat widersprochen. Wer zehn Jahre vorher diese Beziehungen als besonders gut bezeichnet hätte, hätte wenig Freude und Freunde in Israel gehabt. Im November 1998 weihten wir an der Ben Gurion Universität das erste Zentrum für Deutsche Studien in Israel ein. Bundespräsident Roman Herzog hatte Staatsbesuche in Ägypten und Jordanien für einen Tag unterbrochen und die Festrede übernommen. Uni-Präsident Avishai Bravermann, ein guter Freund, ehrte Herzog mit einem Ehrendoktor der Philosophie. Dieser Tag war einer der Höhepunkte meiner Israel-Jahre und Herzog, der sich intensiv mit unserer Arbeit in Nahost beschäftigte, nahm es gelassen hin, dass er nach mir diese hohe Auszeichnung erhalten hatte.

Inzwischen hatte sich die Zentrale der Konrad-Adenauer-Stiftung an den unkonventionellen und unabhängigen Arbeitsstil ihres Auslandsmitarbeiters Gerster einigermaßen gewöhnt. Deutlicher gesagt: Die Spitze des Hauses brüstete sich mit unübersehbaren Erfolgen der Stiftung in Jerusalem, die Arbeitsebene machte uns zeitweise Schwierigkeiten. Ich sah natürlich ein, dass wir mit Millionen Steuergeldern arbeiteten und uns an die inhaltlichen und finanziellen Richtlinien halten mussten. Ich sah aber nicht ein, wenn Hilfsreferenten in der Zentrale, die Israel nur von der Landkarte kannten, besser wissen wollten, was auf dem glatten Parkett des Nahen Ostens ging oder nicht ging. Also gab es Knatsch und Krach. Mein Frust suchte nach Möglichkeiten, mich abzureagieren. Am 1. April 1999 stellte ich einen förmlichen Antrag auf Anschaffung eines neuen Dienstfahrzeuges, eines Diensthelikopters. Wir begründeten dies mit dem explosionsartigen Anstieg des Individualverkehrs in Israel und der Notwendigkeit, ohne lästige und zeitaufwendige Kontrollen an den Straßensperren auch die palästinensischen Gebiete zügig erreichen zu können. Im Antrag hieß es: „Die israelische MGVG (Militärgeräteverwertungsgesellschaft) bietet uns einen rundum erneuerten russischen FH 211 an und garantiert uns eine fünfjährige Gebrauchsdauer (dies entspricht 7500 Flugstunden). Bei Reparaturbedarf, der 20 Prozent des Anschaffungspreises in einem Jahr überschreitet, ist eine Rücknahmegarantie gegen 80 Prozent Rückzahlung des Kaufpreises gesichert. Die Kosten betragen 83.500 US-Dollar, zahlbar in drei Jahresraten."

Zwei Ehrendoktoren der Ben Gurion Universität des Negev: Bundespräsident Roman Herzog und ich.

Dieser Antrag muss wie eine Bombe in der KAS-Zentrale eingeschlagen sein, denn wir bekamen in ungewohnter Eile nicht eine,
nein gleich drei Antworten: Einer dieser schmallippigen Hilfsshe-
riffs gab uns mit der Ankündigung eines förmlichen Bescheides
überraschenderweise grünes Licht. Ein Vorgesetzter widmete mir,
ebenfalls per Telefon, einen „Anschiss" und wurde erst normaler, als
ich auf das Datum des Antrages, den 1. April, hinwies. Der Kleinste
in der Hierarchie, der Rechnungsprüfer Bernd Baumann, gab uns
die intelligenteste Antwort: Er genehmigte die Anschaffung unter
unerfüllbaren Auflagen wie z. B. „Gerster muss erst den Piloten-
schein vorlegen." Merke: Humor und Cleverness sind nicht unbedingt bei den oberen Gehaltsgruppen beheimatet.

Am 15. Juni 1999 verlieh mir Botschafter Theodor Wallau in der
Botschaftsresidenz in Tel Aviv das Große Bundesverdienstkreuz mit
Stern. Ich war wirklich platt. Offenbar hatte sich unsere Arbeit bis
Berlin herumgesprochen. Ich nahm diese Auszeichnung – und das
war keine Floskel – in Vertretung für meine tollen Mitarbeiter in
Jerusalem entgegen.

Ein Jahr später bat mich Robert Sachse, Präsident und Generalfeldmarschall der Mainzer Ranzengarde von 1837 e.V., um ein Gespräch. Seit 1977 war ich als Ehrenoffizier in dieser Garde aktiv,
ohne diesen „Spaß an der Freud" (wie es mit einer typisch Määnze-
rischen Vedopplung heißt) an die große Glocke gehängt zu haben.
Ich war überzeugt: Wer einmal im Jahr an Fastnacht verrückt spielt,
ist für die Verrücktheiten im Rest des Jahres besser gerüstet. Auch
hatte ich mir bei meinem Umzug nach Jerusalem zwei Mainzer Termine fest eingeplant: Als ehemaliger Domchorsänger wollte ich an
Weihnachten im Mainzer Dom sein und als Ranzengardist im Rosenmontagszug mitmachen. Beides habe ich Jahr für Jahr auch ein-
gehalten. Robert Sachse fragte mich, ob ich sein Nachfolger werden
könne, er wolle sich zurückziehen. Ich lehnte ab, da ich noch einige Jahre in Jerusalem bleiben wollte und schlug Lothar Both vor.
Ihn hatte ich bei meinem 50. Geburtstag, im Januar 1991, für die
Ranzengarde geworben. Er war dort inzwischen als Ökonom im
Kommando und sicherlich für beide Ämter geeignet. Darauf war-

Zu seinem 90. Geburtstag schenkten wir dem Jerusalemer Altbürgermeister Teddy Kollek ein Foto des 90-jährigen Altbundeskanzlers Adenauer mit dem damals 55-jährigen Teddy Kollek; 2. v. l. ist der frühere rheinland-pfälzische Ministerpräsident Vogel, ganz rechts der Enkel Konrad Adenauer.

tete Robert mit der Idee auf, Both solle Präsident werden. Er sei aber besser durchsetzbar, wenn ich den mehr repräsentativen Part des Generalfeldmarschalls übernehmen werde. Das sei zeitlich mit meiner Arbeit in Jerusalem vereinbar. So kam es dann auch. Lothar wurde zum Ranzengardepräsidenten gewählt und ich am 6. Januar 2001 im großen Saal des Kurfürstlichen Schlosses als Generalfeldmarschall eingeführt. Vier Tage nach meinem 60. Geburtstag: 60 Jahre und kein bisschen weise!

Drei Tage zuvor hatten wir jeweils 12 israelischen und palästinensischen Lehrern aus Ashkelon und Gaza feierlich die Diplome für eine halbjährige gemeinsame Ausbildung im Computerwesen im Hamburger Rathaus überreicht. Warum in Hamburg? Ende September 2000 war die 2. Intifada ausgebrochen und jeglicher Grenzverkehr zwischen Israel und dem Gazastreifen unmöglich geworden. Damit war die Ausbildung der Lehrer wechselweise in Ashkelon und Gaza zu Ende. Wir brachten das gesamte Projekt in das Europa-Gästehaus nach Hamburg, wo das Lehrprogramm von ursprünglich zweieinhalb Monaten und 350 Lehrstunden in nur sechs Wochen über Weihnachten, Chanukka und Ramadan hinweg konzentriert bewältigt wurde. Alle bestanden das Examen. Der erfolgreiche Abschluss war der unsinnigen Gewalt zum Trotz möglich geworden.

Ende Mai feierten wir mit Gästen aus aller Welt den 90. Geburtstag von Teddy Kollek und – was hätte ein besseres Geburtstagsgeschenk sein können? – die Einweihung des Konrad-Adenauer-Konferenzzentrums. Mithilfe des ZDF-Korrespondenten Dietmar Schulz war es gelungen, das abendliche Festkonzert zu Ehren Kolleks aus dem Jerusalemer Theater live in 3-SAT zu senden. Es blieb bis heute die einzige Live-Übertragung eines israelischen Konzertes im deutschen Fernsehen.

Immer wieder Behinderungen

Zu Beginn des folgenden Jahres entbrannte in mehreren Ausschüssen der Knesset eine gefährliche Diskussion über die Rolle von Nicht-Regierungsorganisationen im Nah-Ost-Konflikt. Auslöser war die israelische Organisation „Te'ena", die mit Mitteln der Europäischen Union bei Einwanderern aus Osteuropa für den Friedensprozess warb. Für die rechten Parteien, die jeden Ausgleich mit den Palästinensern ablehnten, war das eine Einmischung der EU in die inneren Angelegenheiten Israels. Wir waren davon zunächst nicht betroffen. Da wir aber dafür bekannt waren, dass wir bedeutend mehr als andere politische Stiftungen israelisch-palästinensische Projekte betrieben und ständig für friedensfördernde Aktivitäten eintraten, landeten wir plötzlich doch im Zielgebiet der rechten Angriffswelle. Wir waren gefährdet. Denn wir hatten trotz aller Bemühungen keinen klaren Rechtsstatus in Israel. Wir waren geduldet. Über Monate redeten wir mit allen unseren politischen Freunden und Partnern, von Peres über Sharon und Olmert bis Netanyahu, um das von den Rechten in der Knesset gestreute Gift zu neutralisieren. Dabei kam uns eine israelische Besonderheit zu Hilfe. Dort werden ständig neue Reizthemen produziert und dadurch die alten ins Abseits gedrängt. Heiner Geißler hätte dies so formuliert: „Ständig wird eine neue Sau durchs Dorf gejagt." Nach Wochen des Kämpfens, Zitterns und Bangens waren wir auf wundersame Weise aus den Schlagzeilen und Gedanken der Hardliner verschwunden. Die maßgebliche politische Klasse in Israel wusste ohnehin unsere Arbeit zu schätzen.

Dabei versuchten wir gerade die Rückschläge der 2. Intifada bei unseren israelisch-palästinensischen Projekten zu überwinden. Mit hochrangigen Politikern beider Seiten tagten wir in Berlin, Brüssel, Cadenabbia und Antalya. Es galt, neues Vertrauen aufzubauen. Den Direktoren unseres Partners „Meca – Middle East Children Association", Adina Shapiro aus Jerusalem und Dr. Ghassan Abdullah aus Ramallah, wurde von der Konrad-Adenauer-Stiftung in Berlin der „Konrad-Adenauer-Preis für Frieden und Toleranz" verliehen. Keiner der Berliner Gesellschaft ahnte, dass der Sohn von Ghassan Abdullah als „Terrorist" in einem israelischen Gefängnis saß, und keiner erahnte, was es bedeutete, den Vater eines „palästinensischen Terroristen" von Ramallah über den Ben Gurion Flughafen nach Deutschland zu bringen. Ob das gelingen würde, war noch zwei Tage vorher unklar gewesen. Ich selbst brachte den Ehrengast durch alle Kontrollen nach Berlin und seinen Sohn mithilfe wichtiger Leute ein halbes Jahr später aus dem israelischen Gefängnis heraus. Er war an einer Straßensperre in einen „Aufstand Jugendlicher" gegen das israelische Militär geraten und hat sich dabei zumindest ungeschickt benommen. Ich glaubte an seine Unschuld, die israelischen Sicherheitsbehörden dagegen nicht. Er wurde nur gegen die Zusicherung freigelassen, dass er sich fünf Jahre zu Studien in Kairo aufhalten werde. Dort hat er sein Examen bestanden, kehrte aber nicht in die palästinensischen Gebiete zurück.

Zu den üblen Erfahrungen zählte ich unerfreuliche Erlebnisse an den Straßensperren. Zur Ehrenrettung der israelischen Armee sei gesagt, dass vor allem junge Soldaten in ständiger, auch berechtigter Lebensangst ihren Dienst verrichten mussten. Sie wurden regelmäßig durch beschäftigungslose palästinensische Jugendliche provoziert. So tauchten Dutzende Steinewerfer gelegentlich aus dem Nichts auf, bewarfen das Wachpersonal und verschwanden spurlos vom Erdboden. Auf der anderen Seite wurden palästinensische Passanten oft demütigend von eben diesen israelischen Soldaten behandelt. Wer will da genau wissen, wer, wann, wo recht hat oder nur sein Recht behauptet? Ich musste ebenfalls wiederholt Schikanen ertragen oder unter der Unlust der Kontrolleure leiden, überhaupt jemanden durchzulassen. Dies besserte sich, als mir mein Freund Gideon Esra, inzwischen stellvertretender Minister für Innere Sicherheit, ein Dokument ausstellte, wonach ich als Freund Israels ein besonderes Passierrecht bekam. „Jeder Grenzer soll mir beim Übergang helfen und bei Schwierigkeiten ihn, Gideon Esra, über die angegebenen Handy-Nummern anrufen. Bei Tag und bei Nacht!" Für mich war dieses Papier ein Gottesgeschenk, von dem ich ausgiebig Gebrauch machte. Es war wirkungsvoller als ein Diplomatenpass.

Im Sommer 2003 veranstalteten wir mit der Tel Aviv Universität eine außergewöhnliche Konferenz zum Thema „Camp David II – was lief falsch?" Mit Ausnahme Arafats, den ich auch mit einer Video-Übertragung nicht in die Konferenz hineinbringen konnte, hatten wir alle wichtigen Teilnehmer dieses Gipfels im Jahre 2000, im letzten Amtsjahr Bill Clintons, als Redner und Diskutanten gewonnen: Amerikaner, Israelis und Palästinenser. Drei Tage redeten, diskutierten, stritten die ehemaligen „Friedensverhandler", warum Camp David II misslungen war! Wir tagten im größten Hörsaal mit

Übertragung in die nächst größeren Säle, zeitweise vor 2000 Zuhörern. Die Presse überschlug sich. Unsere Dokumentation dieser Konferenz war in Kürze vergriffen. Ich hatte das Vergnügen, nach der Botschaft Bill Clintons und vor den Präsidenten der Tel-Aviv- und der Al-Quds-Universität, Professor Itamar Rabinovich und Professor Sari Nusseibeh, zu sprechen. Ich erzählte die Geschichte von Helmut Kohl und Michail Gorbatschow aus dem Bonner Sommer 1987. Damals erklärte Kohl dem sowjetrussischen Präsidenten mit Blick auf den Rhein, man könne das Wasser stauen und umleiten, aber man könne nicht verhindern, dass das Wasser in die Nordsee fließen werde. Genau so sei das mit der Deutschen Einheit. Auch die werde kommen. Und ich fügte hinzu: Und genau so sei dies mit dem Frieden zwischen Israelis und Palästinensern auf der Basis zweier Staaten: Auch der werde kommen. Seit dieser Rede hatte ich bei dem eher linken Arie Rath, früher Herausgeber und Chefredakteur der Jerusalem Post, einen Stein im Brett. Mehrere Male sprach er mich auf diese Rede an. Ein bisschen Mut braucht jedenfalls jeder Deutsche noch heute in Israel, wenn er sich in politischen Fragen weit aus dem Fenster lehnt.

Im Frühjahr 2004 legte das israelische Justizministerium den Entwurf eines Bürgerlichen Gesetzbuches vor, der das Zivilrecht in Israel vereinheitlichen, vereinfachen und noch bestehende Teile des osmanischen und britischen Rechtes ablösen sollte. Die Adenauer-Stiftung hatte dieses Vorhaben zehn Jahre lang gefördert. Leider ist dieser gelungene Entwurf bis heute nicht durch die Knesset verabschiedet worden. Hier müsste mehr Druck ausgeübt werden.

Die Jeckes in Jerusalem

Die Jerusalem Foundation veranstaltete in enger Absprache mit der Adenauer-Stiftung eine Jeckes-Konferenz in unserem Adenauer-Zentrum in Jerusalem. Dabei wollten wir den Beitrag der Jeckes beim Aufbau des Staates Israel klären und in einem Buch über die Konferenz dokumentieren. Unter Jeckes versteht man keine Kölner Jecken, sondern die jüdischen Einwanderer aus den deutschsprachigen Regionen Europas in Israel. Die Bezeichnung „Jeckes" ist nicht zu klären. Manche meinen, es komme von „Jacke", weil die Deutschen bei 40 Grad im Schatten und meist belächelt mit Jacke und Krawatte in Israel herumlaufen. Andere leiten „Jeckes" vom hebräischen Verb „ledajek" ab, was so viel bedeutet wie „pünktlich, ordentlich, korrekt sein". Sei es wie es sei: Der Beitrag der Jeckes beim Aufbau Israels, z. B. im Rechtswesen, in Wissenschaft, Wirtschaft und Kultur ist um ein Vielfaches größer als ihr Anteil an der Bevölkerung. Unsere Konferenz platzte aus allen Nähten. Jeckes von der ersten bis dritten Generation strömten aus ganz Israel herbei, manche waren verärgert, weil sie wegen Überfüllung des Auditoriums nur in Nebensälen der Konferenz folgen konnten. Wir wollten helfen, den Jeckes, die in der Moderne Israels in den Hintergrund gedrängt sind, ein geistiges Denkmal zu setzen. Zugleich wurde eine kleine Straße in der Nachbarschaft zum Konrad Adenauer Zentrum nach längeren Kämpfen mit der Stadtverwaltung in Heinrich-Heine-Straße umbenannt. Ich möchte in Anerkennung der Leistungen „dieser deutschen Juden in Israel" sagen, sie waren nicht nur „Aufbauer des Staates" sondern auch die Brückenbauer nach Deutschland. Ohne ihre aussöhnenden Reden, ohne ihr Handeln hätte das Grauen der Shoah nicht durch humanitäre Brücken zwischen Israel und Deutschland überbaut werden können.

Vom Ausmaß und Umfang vergleichbar war die Beduinenkonferenz zwei Monate später an der Ben Gurion Universität des Negev. Dort wurden die ethnischen, sozialen und wirtschaftlichen Probleme dieser wichtigen Minderheit ausführlich untersucht und erörtert. Die Beduinen leben in Israel im Spannungsfeld zwischen Mittelalter und Moderne. Im Zelt mit Fernseher und PKW oder am Rande von Städten wie Ber Sheva oder in Beduinen Städten wie Rahat. Wo sie sind, sind auch soziale Brennpunkte. Unsere Stiftung versuchte seit Langem diesem Bevölkerungsteil beim Sprung in die Moderne und damit in eine bessere Welt zu helfen. Dabei musste man vorsichtig und sensibel vorgehen. Nur langsame Anpassungsprozesse können hilfreich sein. Einer unserer bewährten Partner war Professor Alean Al-Krenawi, Direktor des Zentrums für Beduinen-Studien und Beduinen-Entwicklungen an der Ben Gurion Universität. Er lud uns am Vorabend der Drei-Tage-Konferenz in seine Großfamilie ein, nach dem er uns gewarnt hatte, dass diese Familie allein eine ganze Dorfbevölkerung stelle. So war es. Der Vater und Familienpatriarch Al-Krenawi war mit vier Frauen verheiratet und hatte 35 Kinder. Mit seinen Enkeln und Urenkeln konnte das Familienoberhaupt auf 142 von ihm abstammende Familienmitglieder herabschauen. Als ich dem 80-Jährigen begegnete, trug er ein etwa halbjähriges Kind auf den Armen. Ich gratulierte ihm zu diesem Enkel und wurde gleich korrigiert: Es war sein Sohn, sein 35. Kind! Im Laufe des Abends fragte ich den „Urgroßvater", ob es nicht langsam Zeit werde, die Produktion einzustellen. Darauf erklärte er mir mit umwerfender Vitalität: Er wolle unbedingt 144, also 12 mal 12 Nachfahren erleben. Wenn seine Söhne schlapp machen würden, müsse er selbst in die Bresche springen. Ein gutes Jahr später erfuhr ich, Al-Krenawi konnte sich über sein 36. Kind freuen und das in gesegnetem Alter von 81 Jahren. O glücklicher Orient!

Das Jahr 2004 war das aktivste und kreativste Jahr für unsere israelisch-palästinensischen Projekte. Mit JPCRI luden wir zu mehrtägigen, gemischten Arbeitsgruppen-Treffen, mit Meca zu mehrtägigen, gemischten Lehrerseminaren, mit dem Peres Center for Peace zu gemischten, hochrangig besetzten Politikerrunden und schließlich mit der israelisch-jordanischen Handelskammer zum ersten jüdisch-arabischen Handelstreffen ein. Unser Büro war am Rande seiner Leistungsfähigkeit angekommen und wegen des ständigen Kampfes um Ein- und Ausreisegenehmigungen unter Dauerdruck. Ich hätte mit meiner Ungeduld gegenüber sperrigen Behörden viel Porzellan zerschlagen, wenn ich mit diesen hätte verhandeln müssen – ein Sonderlob meinen Mitarbeiterinnen!

Im folgenden Jahr feierten wir 40 Jahre deutsch-israelische Beziehungen. Hauptattraktion sollte unter dem Motto: „Konrad Adenauers und David Ben Gurions Beitrag zu Frieden und Verständigung – Lehren für die Zukunft" ein dreitägiges Symposion in Jerusalem werden. 28 renommierte Wissenschaftler, Zeitzeugen, Diplomaten und Politiker aus Israel, Deutschland und den USA sollten Bilanz ziehen und Perspektiven entwickeln. Die Liste der Redner war beachtlich. Aus Deutschland nahmen Helmut Kohl und Bernhard Vogel und aus Israel Shimon Peres, Ehud Olmert und Ytzchak Navon teil.

Kurz danach ging in unserem Büro per E-Mail die Ausschreibung vom 2. Mai 2005 für meinen Posten in Jerusalem ein. Klar war, dass ich mit dem 65. Geburtstag Anfang kommenden Jahres in Israel aufhören wollte. Im Gegensatz zu meiner Frau, die gerne noch geblieben wäre. Am 24. August schrieb mir Helmut Kohl, der dem Vorstand der Adenauer-Stiftung angehörte, dass er es sehr bedauere, dass die Stiftung nicht für eine Verlängerung meines Vertrages eingetreten sei. Offenbar glaubte er, dass der dann 65-jährige Gerster mehr bringen würde als andere in der Stiftung. Ich konnte ihn überzeugen, dass ich nach neun Jahren „Bombenstimmung in Jerusalem" ganz gerne nach Deutschland zurückkehren würde.

In enger Zusammenarbeit mit Jürgen Serke und Jürgen Kaumkötter bereiteten wir für die zweite Jahreshälfte eine Ausstellung über „Die verbrannten Dichter" im Konrad-Adenauer-Konferenzzentrum vor. Serke hatte vor drei Jahrzehnten unter anderem als Autor beim Stern auf das Schicksal der von den Nazis verbrannten Dichter aufmerksam gemacht und mit Kaumkötter eine Ausstellung konzipiert, die bereits in Deutschland, Polen und Tschechien auf größtes Interesse gestoßen war.

Jerusalem war als Höhepunkt gedacht. Eine Woche lang wurden in Symposien, Dichterlesungen, Diskussionen nicht nur die Werke dieser Dichter, sondern ein sehr wichtiges und positives Bild deutscher Aufarbeitung der NS-Verbrechen in Jerusalem gegenwärtig. Iris Berben, Klaus Harpprecht, Otto Schily, Jürgen Serke und weitere zwei Dutzend Persönlichkeiten waren nach Israel gekommen, um dieser wichtigen Woche Gesicht und Bedeutung zu verleihen. Die Sammlung Serke ist inzwischen in Solingen als Dauerausstelung zu sehen. Jerusalem wurde jedoch tatsächlich der Höhepunkt der Ausstellungsreihe.

Weihnachten 2005 und den folgenden Neujahrs- und Geburtstag waren wir wie jedes Jahr in Mainz. Meinen 65. feierte ich mit meiner Ranzengarde im Rahmen eines musikalischen Generalappells mit gut 600 Mainzern auf höchst närrische, lockere und angenehme Weise. Dass wir dabei ein durchaus närrisches Gardejubiläum von 13 mal 13 Jahren feierten und ein ebenso schräges Prinzenpaar

1998 werde ich zum „Allerallerscheenste" gewählt; hier mit meinen Vorgängern von 1997, Herbert Bonewitz (2. v. l.) und von 1996, Jockel Fuchs.

mit Marie-Luise Thüne als Prinz und dem 2,04 Meter großen Ole Popp als Prinzessin kürten, rückte meinen Geburtstag gewollt in die zweite Reihe.

Danach ging es zur Fortsetzung meiner Abschiedstournee, die bereits am 13. November in der Hebräischen Universität in Jerusalem begonnen hatte und insgesamt 21 Empfänge, Essen und sonstige, sehr individuelle Veranstaltungen umfasste, nach Israel zurück. Dass mir Premierminister Olmert und Staatspräsident Katzav eigene Empfänge widmeten, empfand ich als ehrend und zugleich wichtig für die Arbeit der Adenauer-Stiftung in Israel.

Abschied nach neun wunderbaren Jahren

Der KAS-Vorsitzende Bernhard Vogel reiste an, um am 25. Januar 2006 im King-David-Hotel, der ersten Adresse Israels, einen Abschiedsempfang für mich und meine Frau zu geben. Spötter meinten, er sei nur gekommen, um sicherzugehen, dass ich Israel auch wirklich verlasse. 750 Freunde und Partner drängten sich an diesem Abend in die dafür umgebauten Erdgeschossräume dieses Hotels. Die Dankadressen von Shimon Peres, Minister Gideon Esra und mehrerer lieb gewonnener Partner waren warmherzig und offenbar ehrlich gemeint. Dass Dr. Chassan Abdullah auf Schleichwegen von Ramallah gekommen und die übliche palästinensische Blockade gegen das King David Hotel als Symbol israelischer Staatsmacht überwunden hatte, um mir öffentlich Dank zu sagen, war etwas Besonderes und wurde dennoch getoppt. Denn mir wurde ganz heiß und kalt, als mich der orthodoxe Bürgermeister von Jerusalem, Uri Lupoliansky, mit dem Satz, meine Leistungen seien ewig im Buch der Stadt Jerusalem eingetragen, mit der Verleihung des offiziellen Titels „Freund von Jerusalem" ehrte. Lupolianskys Familie mütterlicherseits stammte aus dem Raum Karlsruhe. Sie wurde fast vollständig von den Nazis ermordet. Als orthodoxer Jude, dem es verboten ist, einer Frau außerhalb der eigenen Familie auch nur die Hand zu geben, ehrte er ausdrücklich den Christen und seine christliche Ehefrau Regina. Dass ich angeblich als einziger Europäer diese hohe Ehrung erhielt, haute mich fast um. Mit einer ganz besonderen Überraschung wartete dann noch mein Nachfolger,

Dr. Lars Hänsel, auf: Er war bereits um die Jahrtausendwende drei Jahre mein aus Deutschland entsandter Assistent gewesen und seit Sommer 2005 zur Einarbeitung als Nachfolger wieder in Jerusalem. Er hatte heimlich mit meinem Freund Shimon Yakira, meiner Frau, meinen Mitarbeiterinnen und dem uns befreundeten Maler Moltke Blum ein Buch mit Beiträgen von 58 Israelis und Palästinensern, von Christen, Juden, Moslems, in deutsch und englisch herausgebracht: „Johannes Gerster in Jerusalem – Ein Tribut/A tribute." Dieses Buch überreichte mir Lars Hänsel an diesem Abend.

Nach dem offiziellen Teil mit wunderbarem Büfett feierten wir mit den besten Freunden und Mitarbeitern bis 1 Uhr in der Nacht im Konrad Adenauer Konferenzzentrum weiter. Um 2 Uhr brachte uns ein Taxi an den Flughafen und ein Flugzeug nach Berlin, wo ich am nächsten Abend mein Buch „Meine Briefe aus Jerusalem" in der saarländischen Landesvertretung vorstellte. Israel war ein Stück Vergangenheit und blieb doch wichtiger Teil meiner Zukunft.

Mit der Rückkehr nach Mainz, nun im Pensionsalter, kamen wir in eine veränderte, aber nicht fremde Stadt, in unsere Heimatstadt zurück. Wir hatten gerne neun Jahre in Jerusalem gelebt, hatten die Verbindung zu Mainz, der Stadt unserer inzwischen verheirateten Kinder und der Enkel, nie abreißen lassen. Wir waren regelmäßig aufgetaucht, nicht nur an Weihnachten und Fastnacht, auch zu den Festen der großen Gerster-Familie. Harald Martenstein schrieb einmal in der Zeit, „Johannes Gerster gehört … zur Gersterfamilie, die in Mainz einen ähnlichen Rang besitzt wie die Kennedys in Amerika". Die Stadtillustrierte „Der Mainzer", die alle drei Monate meine Kolumnen aus Jerusalem veröffentlicht hatte, hatte dazu beigetragen, dass wir nicht in Vergessenheit geraten waren. Im November 2005 erschienen diese Kolumnen unter dem Titel „Meine Briefe aus Jerusalem" im Leinpfad Verlag auch als Buch.

Dass Mainz sich meiner erinnerte, zeigte die Wahl als Ehrenvorsitzender der Musica Sacra am Hohen Dom zu Mainz schon Ende 1997, die Ernennung zum „Allerallerscheensten" (nach Jockel Fuchs und Herbert Bonewitz) durch den beliebten Fastnachtsverein die Allerscheensten 1998, die Verleihung des Ehrenringes der Stadt Mainz im Jahre 2000 und der Dieter-von-Isenburg-Medaille durch die Johannes-Gutenberg-Universität 2001. Im gleichen Jahr traf mich die Berufung zum Generalfeldmarschall. Das dabei abgegebene Versprechen, die Ranzengarde auf einem Mainzer Platz zu verewigen, wurde 2004 mit der Einweihung de Ranzengardebrunnens am Proviantmagazin erfüllt. Der Nieder-Olmer Künstlerin Liesel Metten war dabei ein großer Wurf gelungen. Die Freundschaft mit ihr und ihrem Ehemann Johannes hatte sich dabei besonders bewährt.

Dass uns Mainz in Israel nicht fremd geworden war, hatten regelmäßige Besucher aus der 2000 Jahre alten Stadt am Rhein in das 3000-jährige Jerusalem bewirkt. Vom Kardinal über Bundes-, Landes- und Kommunalpolitiker bis zu Pilger- und Studiengruppen sahen wir einen eindrucksvollen Querschnitt der Mainzer Gesellschaft in unserem Büro und in unserer Wohnung hoch über den Dächern Jerusalems. Höhepunkt war wieder einmal der Mainzer Domchor mit Matthias Breitschaft, der mit Konzerten im Jerusalemer Theater, vom israelischen Rundfunk übertragen, aber auch in Kirchen in Haifa, am See Genezareth und in Jerusalem die Menschen anlockte und begeisterte. Die Zeitung Ha-aretz brachte in einem begeisternden Artikel über die Haydn-Messe in Jerusalem einen Kalauer von mir als Überschrift: *„Das war ein ideales Zusammenspiel von Juden, Christen und Heiden (Haydn)."* Die rund 100 Domchorsänger und ihre Begleitmannschaft flogen morgens um 6 Uhr nach Deutschland zurück. Sie mussten also um 3 Uhr Jerusalem verlassen. Klar, dass die 50 Erwachsenen nicht ins Bett gingen, sondern bei uns in der Wohnung bis zur Abfahrt der Busse ausharrten, man könnte auch sagen, feierten. Als am nächsten Abend eine Gruppe von Knessetabgeordneten im Flur die noch nicht abgeholte Armada von leeren Bier- und Weinflaschen sah, meinte der spätere Minister Ze'ev Boim trocken: „Die Deutschen trinken doch mehr Alkohol als die Israelis." Ich glaubte, er fühlte sich in eine Trinkhölle versetzt. Jedenfalls bekam ich von ihm danach zu jeder Tageszeit entweder ein Glas Bier oder Wein vorgesetzt. Mein Widerspruch wurde jedes Mal überhört.

Den Rhein und den Dom hatten wir uns allenfalls via Bild oder Bildschirm nach Jerusalem holen können. Im Gegensatz dazu hatten wir uns rheinhessischen Wein und Määnzer Fleischworscht in Echt in die neue Heimat geholt. Die Metzgerei Schuster/Ditt aus Ebersheim lieferte uns das Rezept. Yaacov und Marco, zwei Metzgerburschen aus Rumänien ganz in unserer Nachbarschaft, wandten es unter den kritischen Blicken und Kommentaren meiner Frau an und herauskam eine durchaus als „määnzerisch" durchgehende Worscht, Määnzer Fleischworscht in Jerusalem! Dazu für teures Geld hintransportiert: Rheinhessen-Wein in Jerusalem. Dazu als Paarweckersatz: Wasser-Weck, den man auch in Jerusalem finden kann. Ausgewählte Freunde luden wir von Zeit zu Zeit zu Weck, Worscht un Woi ein, es wurden denkwürdige und durchaus kurzweilige Mainz-Abende in Jerusalem.

Natürlich zogen wir Bilanz über neun Jahre Israel, neun Jahre Jerusalem: Als 1997 der Osloer Friedensprozess längst gestorben war, der offizielle Friedensdialog von keiner Seite erneuert wurde, die Gewalt in Nahost jeden Ansatz für politische Lösungen hinderte, haben wir inoffizielle israelisch-palästinensische Gesprächskanäle mit offiziellen Vertretern eröffnet und immer wieder vorangetrieben. Den Frieden konnte das nicht bringen, aber das Leben der Menschen auf beiden Seiten wurde wenigstens teilweise erleichtert. Auch liegen Pläne für einen fairen Ausgleich, für eine Konfliktlösung auf dem Tisch.

Zur besseren Eingliederung von Arabern und Beduinen in Israel wurden Entwicklungsprogramme erarbeitet, welche die Chancen dieser benachteiligten Gruppen erheblich verbessern würden, würden sie nur energischer aufgegriffen. Mit dem Konrad-Adenauer-Konferenzzentrum in Jerusalem und dem Konrad-Adenauer-Programm für jüdisch-arabische Zusammenarbeit an der Tel Aviv Universität wurden Einrichtungen ins Leben gerufen, die Menschen unterschiedlicher Religion, Kultur und Tradition zusammenführen. Dass mir die Tel Aviv Universität den jährlich einmal vergebenen Präsidenten-Preis 2004 und die europäisch-palästinensische Handelskammer im gleichen Jahr ihre Ehrenplakette verliehen hat, zeigte mir, wie der 2006 in der Knesset verliehene Teddy-Kollek-Award, dass unsere Bemühungen vielleicht nicht umsonst waren.

Nur eine Illusion habe ich in Jerusalem verloren: Während der Fall der Mauer im Jahre 1989 durch eine friedliche Revolution von unten angestoßen wurde, wird eine Revolution zum Frieden im Nahen Osten nur auf internationaler Ebene und nur von oben aus organisiert werden können. Nicht-Regierungsorganisationen wie politische Stiftungen, zumal aus dem Ausland und allzu oft allein gelassen, sind damit überfordert. Sie können das Feld aufbereiten, aber pflügen müssen dann „Großgeräte", die Großmächte, die internationale Staatenwelt. Ich bleibe überzeugt: Nur auf der Basis von zwei Staaten nebeneinander, Israel und ein palästinensischer Nachbarstaat, kann mit internationaler Hilfe und internationalen Sicherheitsgarantien ein Ende der Gewalt und auf Dauer ein Abbau des Hasses erreicht werden. Die Zeit ist reif. Wann handelt die internationale Staatenwelt?

Wieder in Mainz

Kaum nach Mainz zurückgekehrt, stellte sich uns ein unerwartetes Problem: Seit 33 Jahren waren wir Mieter einer Sieben-Zimmer-Wohnung am Rheinufer in Mainz. Diese Wohnung hatten wir auch über die neun Jerusalemer Jahre behalten, da wir mit Herz und Seele Mainzer bleiben wollten, des Öfteren, nicht nur an Weihnachten und Fastnacht, nach Mainz kamen und dann zu Hause, d.h. nicht in einem Hotel oder bei Verwandten, leben wollten. Ein wahrer Luxus in dieser Zeit: zwei Wohnungen, je eine in Jerusalem und in Mainz. Auch wollten wir, dass unsere Kinder, die in anderen Städten studierten, ein Zuhause in Mainz und Jerusalem haben sollten. Immerhin waren im Gegensatz zu anderen Familien nicht die Kinder, sondern die Eltern zu Hause ausgezogen. Umso mehr musste die alte Mainzer Wohnung Zentrum unserer Familie bleiben.

Das Verhältnis zu unserem Vermieter, Sprecher einer Erbengemeinschaft, war bis 1990, also 17 Jahre lang, gut, teilweise freundschaftlich. Dann bekam es einen Knacks. Als innenpolitischer Sprecher der CDU/CSU-Bundestagsfraktion stand ich auf der Abschussliste der RAF, der Rote-Armee-Fraktion. Daraufhin bekam ich rund um die Uhr Personenschutz, auch meine Mainzer Wohnung wurde rund um die Uhr von Beamten des Bundeskriminalamtes kontrolliert. Dieses wollte darüber hinaus Objektschutzmaßnahmen an unserer Wohnung vornehmen, eine schusssichere Abschlusstür, schusssichere Fenster und Überwachungskameras einbauen. Der Vermieter, den ich ordnungsgemäß unterrichtet hatte, lehnte diese Einbaumaßnahmen ab und schrieb u. a. „Im Interesse der Erhaltung und Pflege meines Eigentums und auch in besonderem Interesse für die Sicherheit und für ein ungestörtes Wohnen meiner anderen Mieter, wiederhole ich meine Bitte zur Auflösung des Mietverhältnisses und ich spreche hiermit meine Kündigung zum 31.7.1992 aus." Am 4.8.1991 legte der Vermieter noch einen drauf und schrieb: „Ich betrachte mich nicht als Märtyrer für unsere Demokratie. Wenn die Regierung versagt, dem Terrorismus Herr zu werden, kann man nicht von meinen Mietern und mir erwarten, dass wir bereit sind, unser Leben und Eigentum besonderen Gefahren auszusetzen. Dies ganz besonders nicht, als wir keine Möglichkeit haben, auf das sicher nicht immer politisch geschickte Verhalten der Volksvertreter im Bundestag Einfluss zu nehmen."

Ich war sprachlos. Rechtsanwalt Dr. Manfred Meuren löste die Sache zu unserer Zufriedenheit. Wir blieben wohnen, aber das bis dahin erfreuliche Verhältnis zum Vermieter war kaputt. Zum Ende unserer Jerusalemer Zeit war er aus dem Raum Hamburg, inzwischen von seiner Frau getrennt, in das Mainzer Haus am Fischtorplatz umgezogen und traktierte uns als eine Art Ruheständler im Unruhestand mit langen und ausgedehnten Briefen, die wir als Schikanen empfanden.

Nach über 40 Berufsjahren mit zahllosen politischen Auseinandersetzungen und dann in der Stadt mit der Bombenstimmung, in Jerusalem, hatten weder meine Frau noch ich Lust, jetzt in einem von uns als unsinnig empfundenen Privatkrieg mit einem Vermieter unter dem gleichen Dach zu leben. Meine gerade fällig werdende Lebensversicherung und unser Sohn Thomas, als Entdecker einer guten Alternative, halfen uns, im Brandzentrum über den Dächern von Mainz mit vollem Blick auf den Dom eine Eigentumswohnung zu kaufen. Die große Wohnung Fischtorplatz mit besten Erinnerungen an 33 insgesamt gute Jahre war Vergangenheit ohne Zukunft geworden und mit unserem neuen Domizil hatten wir den Ballast völlig unnötiger Streitereien abgeworfen.

Präsident der Deutsch-Israelischen Gesellschaft

Bereits am 24. Februar, also einen Monat nach unserer Verabschiedung aus Jerusalem, rief gegen 17 Uhr Manfred Lahnstein bei uns zu Hause an. Manfred war der letzte Bundesfinanzminister unter Kanzler Helmut Schmidt gewesen und seit knapp 13 Jahren Präsident der Deutsch-Israelischen Gesellschaft. Es war Freitag vor Fastnacht und ich war gerade dabei, meine Generalfeldmarschalluniform für die abendliche Fernsehfastnachtssitzung „Mainz bleibt Mainz, wie es singt und lacht" anzuziehen. Wer eine solche Traditionsuniform einmal angelegt hat, weiß, was das für eine Arbeit ist, und kann sich nicht vorstellen, dass so mühsam gekleidete Leute 200 Jahre vorher darin Krieg führen konnten. Der einzig denkbare Krieg in solcher Montur wird heute mit Weck, Worscht unn Woi gegen „Mucker und Philister" geführt und natürlich jedes Jahr von neuem gewonnen. Er ist ziemlich unschädlich für Krieger und Zivilisten, nur das liebe Hüftgold überdauert die tollen Tage!

Manfred Lahnstein erklärte mir, dass er im Spätjahr nicht mehr als Präsident der Deutsch-Israelischen Gesellschaft kandidieren und dass er mich gerne als seinen Nachfolger vorschlagen werde. Ich sei durch meine langjährige Erfahrung als Vizepräsident und durch meine Jerusalemer Jahre und Erfahrungen der beste Kandidat. Ganz überraschend kam diese Anfrage nicht. Manfred hatte mich bereits vier Jahre vorher mit der gleichen Anfrage konfrontiert. Damals lehnte ich mit der Bemerkung ab, ich bliebe noch einige Jahre in Israel. Dieses Mal sagte ich, mit dem rechten Bein halb im Reitstiefel drin und halb draußen, nach kurzer Bedenkzeit zu. Ich glaubte, ich könne die Arbeit sehr bedeutender Präsidenten seit Gründung im Jahre 1966 fortführen: Bundesjustizminister Gerhard Jahn, Bundesverfassungsgerichtspräsident Professor Ernst Benda, Parlamentarischer Staatssekretär Heinz Westphal, Europaabgeordneter Eric Blumenfeld, Bremens Bürgermeister Hans Koschnick und Bundesfinanzminister Manfred Lahnstein. Damit war klar, dass zu den zahlreichen Einladungen der Konrad-Adenauer-Stiftung, von Hochschulen, Kirchen und Akademien nun auch die rund 50 Arbeitsgemeinschaften der DIG verstärkt auf dem Programmplaner erscheinen würden. Im November wählte mich die DIG-Bundesversammlung in Baden-Baden in geheimer Abstimmung mit 95 Prozent der Stimmen zum Präsidenten. Die erste Gratulantin von außerhalb der Versammlung, mitten in ein Interview mit dem Südwestrundfunk hinein, war Bundeskanzlerin Angela Merkel.

Zuvor hatte ich eine mich selbst überraschende Anfrage aus dem Bundesministerium für Familie, Senioren, Frauen und Jugend negativ beschieden. Nach langen Geburtswehen hatte der Bundestag ein Antidiskriminierungsgesetz beschlossen. Dazu musste eine Antidiskriminierungsstelle aufgebaut werden. Ich wurde gefragt, ob ich mir vorstellen könne, die Leitung dieser Stelle zu übernehmen. Nach einem ausführlichen Blick in das Gesetz und Prüfung der Möglichkeiten des Antidiskriminierungsbeauftragten sagte ich am 26. Oktober 2006 dankend ab.

Bis zum Ende dieses Eingewöhnungsjahres hatten meine Planungen für die Zukunft feste Konturen angenommen. Zunächst einmal wollte ich die wieder gewonnenen Freiheiten in vollen Zügen genießen. Schon bei meinem Ausstieg aus der deutschen Politik im Jahre 1997 hatte ich keinerlei Entzugserscheinungen erlebt. Ich entbehrte weder Ämter, Posten noch die mich bis dahin begleitende öffentliche Aufmerksamkeit. Wenn ich betrachtete, wie manche ehemaligen Parlamentskollegen versuchten, ständig in die Presse, ins Fernsehen und den Rundfunk zu kommen, wusste ich, andere Prioritäten zu setzen. Schon der Wechsel in einen anderen Kulturkreis, das Eintauchen in die Probleme des Nahen Ostens, über dreitausend Kilometer Distanz zur deutschen Politik, stoppten jedwede Darstellungsgelüste.

Jetzt hatte ich ein anderes Problem. Ich war es gewohnt, mich selbst ständig unter Druck zu setzen. Dies hatte auch in Jerusalem angehalten. Nach dem Motto „das Bessere ist der Feind des Guten" wollte ich immer noch eine Schippe drauflegen und das mit viel Kraft und vollem Einsatz. Erst langsam lernte ich jetzt, auch einmal Zeit zu haben, Freizeit genießen zu können. Ich musste nicht mehr jeden Tag bis zum Anschlag durcharbeiten. Nichtstun war noch nie mein Ding, Vollgas in jeder Stunde jetzt aber auch nicht mehr. Ich wollte einfach etwas mehr Luft für meine Frau, meine drei Kinder und Schwiegerkinder und die erfreulich wachsende Zahl von Enkelkindern haben. Wenn ich mich in meinen Freundeskreisen, ob in Deutschland oder Israel, umblicke: Wer hat schon nach Jahrzehnten die gleiche Frau, drei Kinder in stabilen Ehen und Berufen und dazu noch Enkelkinder aufzuweisen? Manches, was ich als ständig gestresster Politiker bei meinen Kindern nicht mitbekommen hatte, erlebe ich jetzt beim Heranwachsen unserer Enkel. Wie unsere Kinder sind natürlich auch sie die Besten und Wichtigsten auf der ganzen Welt. Dieses Gut gilt es zu pflegen.

Unterwegs für mehr Fairness gegenüber Israel

Darüber hinaus beschäftigen mich drei Arbeitsbereiche: Der weitere Ausbau der Deutsch-Israelischen Gesellschaft mit unserer Geschäftsstelle in Berlin, in der Hildegard Radhauer, Johanna Haller und Diana Gürtler Ungewöhnliches leisten. Israel besuche ich mindestens fünf bis sechs Mal pro Jahr für etwas längere Zeitspannen. Das sind weniger Urlaubsreisen, sie dienen auch nicht nur der Pflege bewährter Freundschaften mit Israelis und Palästinensern, vielmehr können manche Treffen zwischen den Fronten zur Lösung der einen oder anderen strittigen Frage beitragen. Darüber hinaus begleite ich manch offiziellen Gast nach Israel, beispielsweise DFB-Präsident Dr. Theo Zwanziger oder Ministerpräsidenten anderer Bundesländer. Umgekehrt suchen mich offizielle Israelis und Palästinenser häufig ratsuchend in Deutschland auf. Neben meinen Terminen in den 52 Arbeitsgemeinschaften der Deutsch-Israelischen Gesellschaft übernehme ich Konferenz-, Seminar- oder sonstige Vortragsverpflichtungen, um in Deutschland ein realistisches Bild Israels, der palästinensischen Gesellschaft und des Dauerkonfliktes zu vermitteln. Dabei rennt man oft gegen einen Zeitgeist an, der verkürzt so dargestellt werden kann: In Deutschland gibt es eine vorbildliche Erinnerungskultur. Die Verbrechen Nazi-Deutschlands, die Shoah, werden intensiv von der Schule über viele wichtige Bildungsträger in eine breite Öffentlichkeit hineinvermittelt. Oft erkennen die gleichen Menschen, die sich unserer Verantwortung für die Grausamkeiten der Vergangenheit bewusst sind, aber nicht die Gefahren, denen Juden und insbesondere Juden in Israel noch heute ausgesetzt sind. Dass der iranische Präsident Achmadinetchad Israel einen neuen Holocaust androht und es ernst meint, wird oft nicht wahrgenommen. Dafür wird Israel, an den Realitäten vorbei, eine Art Alleinschuld am Nahostkonflikt aufgeladen. Gegen diese allzu billige und falsche Bewertung der Gegebenheiten im Nahen Osten anzugehen, sehe ich als eine ganz wichtige Aufgabe. Dieser stelle ich mich. Allerdings konnte ich seit meiner Rückkehr aus Israel nur etwa ein Drittel aller Einladungen annehmen. Sobald ich einen geeigneten Nachfolger präsentieren kann, werde ich das Amt des DIG-Präsidenten abgeben, aber weiter für Israel und einen fairen Ausgleich im Nahen Osten unterwegs bleiben.

Meine CDU lässt mich fremdeln

Die Politik in Bund, Land und Stadt Mainz verfolge ich intensiver als zu meinen Israeltagen. Ich beklage das mangelhafte programmatische Profil der einstmals großen Parteien, die auch darauf zurückzuführende Zersplitterung der politischen Landschaft und insbesondere die politische Austauschbarkeit meiner eigenen Partei, der Christlich Demokratischen Union. Es ist nicht nur politische Taktik und Boshaftigkeit politischer Gegner, wenn gefragt wird, wofür die Bundesvorsitzende Angela Merkel eigentlich steht. Diese Frage ist aber nicht nur an sie, sondern an alle christdemokratischen Führungspersönlichkeiten zu stellen. Es gibt eine wachsende Nachfrage nach Orientierung und Wertevermittlung, die bisher von meiner Partei verkannt wird: Die CDU läuft Gefahr, zu einer Partei der Beliebigkeit zu werden.

Dass Rheinland-Pfalz noch immer von Kurt Beck und der SPD regiert wird und dies seit 2006 mit absoluter Mehrheit der Mandate, ist auch Schuld der CDU im Lande. Was sich die Partei unter der Führung von Christoph Böhr geleistet hat, kann einen nur traurig stimmen. Die neue Spitzenkandidatin Julia Klöckner und der CDU-Fraktionsvorsitzende Christian Baldauf sind erste Wahl und haben die realistische Chance, die Landespartei wieder auf die Beine zu stellen. Allerdings müssen sie die Folgen verfehlter Politik der Vergangenheit in personeller und finanzieller Hinsicht ausbaden. Ich hatte zu meiner Zeit vergleichbare Hypotheken abzutragen und weiß, wie viel Zeit und Kraft dadurch gebunden wird. Dennoch: Kurt Beck muss sich warm anziehen. Nach 20 Jahren SPD-Regierung sind die Abnutzungserscheinungen klar zu erkennen. Julia Klöckner ist nicht nur jünger als Kurt Beck, sie verkörpert auch einen neuen, frischen Politikstil, der Zukunft hat.

Zur Mainzer Kommunalpolitik fällt mir nicht viel ein. Es war eine Spitzenleistung besonderer Art und Güte, dass nach den Kommunalwahlen 2009 keine andere Rathausfraktion mit der eindeutig stärksten Partei, der CDU, auch nur reden wollte, wie es schien. Seit 1946, seit 64 Jahren ist die Union erstmals in der Stadtspitze nur noch mit einem Auslaufdezernenten vertreten. Das verlangt nach einem programmatischen und personellen Neuanfang. Mit einem „Weiter so" ist es nicht getan. Eine erneuerte CDU wird dringend gebraucht, denn die neue Ampelkoalition aus SPD, Grünen und FDP wird nicht die Kraft haben, Mainz aus der größten Krise seit dem Ende des Zweiten Weltkrieges herauszuführen.

Die Politik kann nicht besser sein als die Menschen, die sie machen. In meiner Partei gibt es auf allen drei Ebenen Nachwuchsleute, die es besser machen könnten als solche, die seit Jahrzehnten an offenbar unsterblichen Ansprüchen festhalten. Lasst sie ran! Und allen, denen die Politik zu schlecht ist, kann man nur raten: Tritt an und mach es besser! Das ist das Wesen demokratischer Gesinnung. Die Demokratie braucht starke Parteien und diese brauchen die Besten, die sie kriegen können.

Mit Helmut Kohl 1983.

Es war gut, gut dass es war – Statt eines Nachworts

Meine ganz persönliche Bilanz

Wenn ich meine sehr unterschiedlichen Stationen Revue passieren lasse, frage ich mich, ob ich nicht einiges besser und vielleicht bequemer hätte machen oder haben können.

Bequemer wollte ich es nie haben. Schon in der Schule musste ich härter arbeiten als andere. Im Studium war es ebenso. Das hat mich zu keinem Zeitpunkt verdrossen.

Hätte es in Mainz besser für mich laufen können? Was heißt besser?

Manche Mainzer meinten damals, ich hätte Oberbürgermeister in der Landeshauptstadt werden sollen. Ja, vielleicht wäre ich ein guter Oberbürgermeister geworden. Warum auch nicht? Nachdem ich mich allerdings in die Pflicht genommen hatte, 1996 als Ministerpräsident zu kandidieren, war für mich die Oberbürgermeisterfrage erledigt und meine innerparteilichen Spezialfreunde nahmen mir mit der vorzeitigen Nominierung eines Kandidaten auch jede Lust, meinen Hut in den Ring zu werfen. Schließlich scheute ich auch die Rolle des Wanderpokals: vom Bund über das Land in die Stadt!

Gibt es einen Grund, landespolitischen Chancen nachzuweinen?

Meine Frau behauptet bis heute, ich hätte nie Ministerpräsident werden wollen. Diese Auffassung ist richtig und falsch zugleich. Von den drei Ebenen, in denen ich politisch tätig sein durfte, interessierte mich die Landespolitik am wenigsten. Ich bin noch heute der Auffassung, dass acht Bundesländer anstelle 16 aufwendiger Landesregierungen und acht sogenannte Feierabendparlamente mehr als genug und zugleich bedeutend preiswerter zu haben wären. Dennoch wollte ich in der konkreten Situation Kurt Beck aus dem Amt drängen, was auch möglich gewesen wäre, wenn die FDP nur

gewollt hätte. Dass Kurt Beck in seinem Buch „Ein Sozialdemokrat"
erklärt, er habe sich vor allem mit mir als Gegenkandidat schwerge-
tan, zeigt, dass er sich an den Rand der Niederlage gedrängt fühlte.
Dass ich meinen Ausflug in die Landespolitik nach nur vier Jahren
beenden konnte, empfinde ich nach wie vor als Gewinn, nicht als
Verlust. Mit 56 Jahren in ein anderes Land gehen zu dürfen, neue
Sprachen erlernen zu müssen und einen völlig neuen Horizont mit
ständig neuen Leuten aufschließen zu können, war ein Erlebnis, das
ein politisches Amt in Deutschland leicht vergessen ließ. Mein neues Leben in Israel brachte neue Motivation, Neugierde und neue
Chancen, die ich nicht missen möchte.

Hätte es in Bonn besser laufen können?
    Hätte ich Minister oder Parlamentarischer Staatssekretär werden
sollen, wollen, können?
    In der Presse wurde ich des Öfteren als ministrabel beschrieben.
Klar, es gibt Kollegen, die sehen die Abgeordnetenzeit als Durch-
lauferhitzer für ein Staatsamt. Und so benehmen sie sich auch. Aus
Revoluzzern in Jugendjahren wurden weichgespülte Anpasser, die
in der Bewerbungsphase und nach ihrer Berufung in der Versenkung
verschwanden. Wer erinnert sich noch an die Legion Parlamentarischer Staatssekretäre aus 16 Jahren Helmut Kohl als Bundeskanzler? Von wenigen Ausnahmen abgesehen, niemand mehr. Schlimmer
noch: Kurz nach ihrer Berufung gaben viele ihre Meinung ab und
ließen sich durch Amt und Kabinettsdisziplin, als Sachzwänge dra-
piert, bis zur Unkenntlichkeit opportunieren. Für mich taugte diese
Art Karriere nicht. Ich genoss viel zu sehr die Freiheiten und Unab-
hängigkeiten des nur seinem Gewissen verpflichteten Abgeordneten. Für mich war kein Bundespräsident, kein Bundestagspräsident,
kein Bundeskanzler je ein Vorgesetzter. Ich wollte nie Jedermanns
Liebling sein. Wer das will, ist am Ende nichts mehr.

Freunde und Vorbilder in der Politik?
Als Politiker wurde ich oft gefragt: Gibt es Freundschaften in der
Politik, hast du politische Vorbilder?
    Ein Freund ist für mich ein Mensch, den ich im Notfall nachts

um 3 Uhr anrufe, der dann für mich da ist und mir hilft. Solche Freundschaften gibt es in der Politik selten oder gar nicht. Was dort Freundschaft genannt wird, besteht neben persönlicher Sympathie oft nur aus Übereinstimmungen in Sachfragen, gemeinsamen Interessen und einer ganzen Portion Berechnung. Natürlich hilft es politisch, wenn man solche Freunde auf höchster nationaler und internationaler Ebene hat. Echte Freundschaften haben für mich aber eine andere Qualität.

Vorbilder sind für mich Persönlichkeiten, die Großartiges leisten, die völlig integer und sauber sind, denen ich nacheifern möchte. In der Politik gibt es neben Licht viel Schatten. Das gilt für andere Lebensbereiche auch, allerdings mit dem Unterschied: Wer weniger in der Öffentlichkeit steht, kann Schwächen leichter verdecken. Wer in der Politik etwas oder gar sich selbst durchsetzen will, braucht Macht, Durchsetzungsfähigkeit, muss gelegentlich mit Tricks arbeiten. Für mich ist das kein Humus, um Vorbilder zu produzieren. Andererseits gehöre ich zu jener Generation, die Autoritäten zunächst einmal akzeptiert. Wir begegnen dem Alter, der Lebenserfahrung, herausgehobenen Positionen respektvoller als manche der jüngeren Generation. Mich faszinieren natürliche Autoritäten durchaus, was aber nicht bedeutet, dass ich mich von ihnen kritiklos einfangen lasse. Ganz im Gegenteil.

Konrad Adenauer war schon in meinen Jugendjahren ein uralter Mann. Mit 73 Jahren 1949 zum ersten Mal zum Bundeskanzler gewählt und mit 86 Jahren im Jahre 1963 ausgeschieden, war er für mich weder Idol noch Vorbild. Aber mir imponierten seine souveräne Gelassenheit, seine Konsequenz, sein klarer Westkurs und sein Kampf gegen eine russische Vormachtstellung in Europa. Wenn er von „Soffjettrussland" sprach, sah man die russische Armee an der Grenze stehen, zum Einmarsch bereit. Sein Satz, man müsse als Reaktion auf Nazideutschland zum französischen, polnischen und jüdischen Volk besondere Freundschaften aufbauen, nahm mich besonders für seine Politik ein. Adenauer sprach im moralisch und physisch zerstörten Deutschland vom Gebot der deutschen Wiedervereinigung und von einem gemeinsamen Europa, das war mutig und visionär.

Heiner Geißler war mein erster, wichtiger Förderer: Ohne ihn wäre ich niemals Berufspolitiker geworden. Seine Fähigkeit, Politik zu analysieren, die wichtigsten Fragen auf den Punkt zu bringen, für eine neue, programmatische CDU zu kämpfen, faszinierte mich. Als ich es 1988/89 ablehnte, am Sturz Helmut Kohls mitzuwirken, wurde ich für Geißler uninteressant, was ich ebenso bedaure, wie das Auseinanderdriften langjähriger politischer „Kampfgefährten" wegen einer überspitzten Machtfrage. Solche Zerwürfnisse habe ich vor allem bei politischen Hochkarätern erlebt, die zu 100% Politiker, die vielleicht „Nur-Politiker" waren. Mir selbst reichten 75%, den Rest brauchte ich für Familie, Musica Sacra, Israel, THW, Fastnacht u. a. Vielleicht gibt es für mich deshalb bis heute keinen Politiker, dem ich aus dem Weg gehen will oder muss.

Die Wege von Bernhard Vogel und mir kreuzten sich über 40 Jahre lang. Ich wurde 1973 sein Stellvertreter als CDU-Bezirksvorsitzender von Rheinhessen-Pfalz, mit ihm zusammen war ich lange im CDU-Landes- und Bundesvorstand und natürlich in der und über die Konrad-Adenauer-Stiftung verbunden. Er kümmerte sich wiederholt in freundschaftlicher Weise um mich, bot mir unterschiedliche Positionen an, die ich wegen anderer Pläne wiederholt ausschlug. Gerne hätte ich allerdings nach meiner Rückkehr aus Israel meine Erfahrungen ehrenamtlich in die Konrad Adenauer Stiftung eingebracht. Dem damals 74-jährigen KAS-Vorsitzenden Vogel war der damals 65-jährige Gerster aber zu alt. Ein Schelm, der Böses dabei denkt. „Mein Vogel heißt Bernhard", titelte die Junge Union vor 4 Jahrzehnten. Für mich gilt dieser Spruch noch immer.

Herbert Wehner, der mich des Öfteren durch Zwischenrufe im Bundestag mit Verbalinjurien bedacht hat, also Gegner im besten Sinne des Wortes war, war mir in parlamentarischer Pflichtauffassung ein Vorbild. Als Vorsitzender der SPD-Bundestagsfraktion kam er immer pünktlich zu den Plenarsitzungen und verließ sie als einer der Letzten. Aus einer alten, abgewetzten Aktentasche – wir Jungen lästerten damals, er müsse sie schon als „Komsomolze" in Moskau benutzt haben – kramte der zuckerkranke, alte Mann alle drei Stunden eine Thermosflasche und eine Blechdose mit belegten

Broten heraus, um sich mehr oder weniger heimlich zu stärken. Das Plenum verließ er nur für einen Gang zur Toilette. Telefongespräche von der Abgeordnetenbank wie Gespräche in und außerhalb des Plenums während der Debatten lehnte er konsequent ab. Er war einfach immer da und hellwach. Ich bewunderte ihn deshalb, lehnte seine Politik aber zu 95% ab.

Helmut Kohl nahm mich als Ministerpräsident und danach als Vorsitzender der CDU/CSU-Bundestagsfraktion zunächst nicht zur Kenntnis. Ich war ihm zu laut, zu unabhängig, zu frech. Auch hatte ich die Anwerbeversuche seiner engen Vertrauten in der Fraktion immer wieder zurückgewiesen. Ich wollte mich nicht „eintüten" lassen und bestand auf meiner Unabhängigkeit. Erst im Jahre 1987, als ich die Unternehmer des Deutschen Gewerkschaftsbundes im Neue-Heimat-Untersuchungsausschuss vorführte, begann er, mich zu akzeptieren. Seine menschlichen Qualitäten erfuhr ich im besonderen Maße während meiner Krebserkrankung und in seinem Engagement für Israel.

Kohls Leistungen auf europäischer Ebene, hin zu einem vereinigten Europa, sind unbestritten. Bis zum Fall der Mauer hielt er oft als alleiniger Rufer die Option zur Wiedervereinigung auf der Tagesordnung. Seine jahrelang gepflegten guten Beziehungen zu den wichtigsten Staatenlenkern in Ost und West haben diesen die Zustimmung zur Wiedervereinigung erleichtert. Mit seinem überraschenden 10-Punkte-Plan Ende November 1989 im Deutschen Bundestag hat er die Weichen zur Wiedervereinigung gestellt. Kohl hat die Wiedervereinigung nicht „gemacht". Gorbatschows Glasnost und Perestroika sowie die friedlichen Demonstranten in der DDR haben erst die Mauer zum Einsturz gebracht. Danach hat aber Kohl durch kluges und energisches Handeln auf nationaler und internationaler Ebene die Wiedervereinigung durchgesetzt. Dennoch: Auch Kohl war letztlich weder Freund noch Vorbild für mich. Ich stimme in wichtigen Grundfragen und Grundüberzeugungen mit ihm überein und fühle mich ihm freundschaftlich verbunden. Nicht mehr, aber auch nicht weniger. Warum engste Freunde, die sich jahrzehntelang von ihm fördern ließen, von heute auf morgen mit ihm brachen, ist mir ein Rätsel. Offenbar können Christen am

Meine Familie – meine Frau, drei Kinder, drei Schwiegerkinder, Ulrike geb. Hess, Dr. Markus Hermann, Matthias Grasser, und die sieben Enkel Jan Lukas, Kilian, Julian, Priska, Raphael, Eva-Sophia und Jonathan – das ist für mich Freude pur.

Besten lieben und hassen. Erst in Jerusalem habe ich gelernt, diese Erkenntnis aus Bonner Tagen zu relativieren.

Manche meinen, ich sei ein Hans-im-Glück: In Bonn kein Regierungsamt, in Rheinland-Pfalz kein Ministerpräsident, in Mainz kein Oberbürgermeister. In einem Punkt finde ich diesen Vergleich passend: Ich selbst fühle mich am Ende sehr glücklich. Ich hatte ein abwechslungsreiches, ja spannendes Leben, das zu keinem Zeitpunkt in Routine erstarrte. Ich konnte in meinem jeweiligen Arbeitsbereich gestalten, was mir ein Gefühl der Zufriedenheit verschaffte. Und ich blieb jederzeit unabhängig und war nie angepasst – sagen auch meine Freunde. Dazu eine Familie, meine Frau, drei Kinder und drei Schwiegerkinder und sieben Enkel, die für mich Freude pur und Erfüllung bedeuten. Das Lächeln eines Enkelkindes im Babyalter ist mir wichtiger als Lob und Anerkennung. Wie heißt es so schön: „Die Sterne am Himmel und die strahlenden Augen von Kindern sind das Einzige, das uns vom Paradies geblieben ist."

Vor 50 Jahren trat ich als 19-Jähriger in die CDU ein. Heute blicke ich im 70. Lebensjahr zurück, um vorwärts zu sehen und zu kommen. Mein Gefühl: Dankbarkeit und noch einmal Dankbarkeit.

Es war gut. Gut, dass es war.

Auf Hebräisch: „Haja tow, tow she haja."

Zeittafel

1941 Geburt von Johannes Gerster als sechstes Kind der Eheleute Gottfried und Elisabeth Gerster geb. Köllner

1945 Ende des Zweiten Weltkrieges

1947 Besuch der Volksschule

1949 Gründung der Bundesrepublik Deutschland und der Deutschen Demokratischen Republik (DDR)

1951 Wechsel in die Sexta des humanistischen Gymnasiums, heute Rabanus-Maurus-Gymnasium

1961 Bau der Berliner Mauer

1962 Abitur, Studium der Staats- und Rechtswissenschaften an den Universitäten Mainz, Freiburg und Bonn

1967 1. juristische Staatsprüfung

1968 Hochzeit mit Regina Linden im Mainzer Dom

1970 Große juristische Staatsprüfung – Regierungsrat z. A. in der Kreisverwaltung Mainz-Bingen und im Innenministerium des Landes Rheinland-Pfalz – Geburt des Sohnes Thomas

1972 Wahl in den Deutschen Bundestag – Geburt der Tochter Maria

1976 Geburt der Tochter Anna – Rückkehr ins Innenministerium des Landes Rheinland-Pfalz – Regierungsdirektor

1977 Rückkehr in den Deutschen Bundestag (bis 1994)

1982 Konstruktives Misstrauensvotum gegen Bundeskanzler Helmut Schmidt – Wahl von Helmut Kohl zum Bundeskanzler

1989 Fall der Berliner Mauer

1990 Deutsche Wiedervereinigung

1992 Krebserkrankung (Morbus Hodgkin)

1993 Wahl zum CDU-Landesvorsitzenden von Rheinland-Pfalz

1994 freiwilliger Verzicht auf eine erneute Kandidatur für den Bundestag – Konzentration auf die Landespolitik – Rechtsanwalt

1995 Dr. h.c. der Ben Gurion Universität des Negev

1996 Spitzenkandidat bei der Landtagswahl in Rheinland-Pfalz, die CDU wird mehrheitsfähig mit der FDP, diese setzt jedoch die Koalition mit der SPD fort – Fraktionsvorsitzender und Oppositionsführer im Landtag

1997 Ausstieg aus der deutschen Politik – Wechsel nach Israel: Leiter der Konrad-Adenauer-Stiftung in Jerusalem

1999 Großes Verdienstkreuz mit Stern des Verdienstordens der Bundesrepublik Deutschland

2000 Ehrenring der Stadt Mainz

2001 Generalfeldmarschall der Mainzer Ranzengarde

2006 Offizieller Titel „Freund von Jerusalem" und Teddy Kollek Award in der Knesset – Rückkehr nach Deutschland – Wahl zum Präsidenten der Deutsch-Israelischen Gesellschaft

2010 mit Eva-Sophia und Jonathan werden nach Jan Lukas, Kilian, Julian, Priska und Raphael das sechste und siebte Enkelkind geboren

Personenregister